2012年教育部哲学社会科学重大课题攻关项目阶段性成果
中国政法大学网络法研究中心文库13

于志刚 男，1973年生，洛阳人。中国政法大学网络研究中心主任，教育部长江学者特聘教授。法学学士（1995年，中国人民大学）、法学硕士（1998年，中国人民大学）、法学博士（2001年，中国人民大学），2001年进入中国政法大学任教，次年破格晋升副教授。2004年至2005年赴英国牛津大学做访问学者，2005年破格晋升教授，2006年被遴选为博士生导师，同年开始兼任北京市顺义区人民检察院副检察长至今，2009年至2012年5月任研究生院副院长，2012年5月任教务处处长，2015年5月任中国政法大学副校长。2007年入选教育部新世纪优秀人才支持计划，2010年获北京市五四青年奖章，当选第11届全国青联委员，2013年受聘为最高人民法院案例指导工作专家委员会委员。

近20余年来在《中国社会科学》《法学研究》《中国法学》等刊物发表学术论文200余篇，出版《传统犯罪的网络异化研究》等个人专著12部，合著多部，主持教育部哲学社会科学重大课题攻关项目、国家科技支撑计划项目、国家社科基金项目等省部级以上科研项目近20项。曾获教育部高校优秀科研成果奖、霍英东青年教师奖，钱端升法学研究成果奖、司法部科研成果奖等科研奖励，以及宝钢优秀教师奖、北京市优秀教学成果奖等教学奖励。2010年11月，当选第六届全国十大杰出青年法学家。

田 刚 男，1986年生，黑龙江齐齐哈尔人。法学博士，美国福特汉姆大学访问学者，中央民族大学法学院讲师。主要研究领域为犯罪实证研究和网络犯罪，近年来发表学术论文10余篇，主编著作1部，参编著作3部，主持部级课题1项，校级课题4项，参与国家级、省部级课题10项。

法学格致文库

穷究法理 探求真知

域外网络法律译丛·行政法卷

丛书主编 于志刚

本书主编 田 刚

中国法制出版社
CHINA LEGAL PUBLISHING HOUSE

域外网络法律译丛·行政法卷

主　　编：田刚

副 主 编：于志强　孙　强

翻译人员：（以翻译先后为序）

黄　曦　郭冰冰　刘　佳　田　刚

于志强　孙　强　郭旨龙　闫光华

域外网络法律译丛前言

互联网的出现，开创了人类社会的新纪元。早期的网络不过是信息交流的媒介，谁也没有想到，今天它已演变为新的人类活动与实践空间。由虚拟信号组成的数字之网，借由物理的路由器和交换机，突破了时间与空间的物理区隔，让世界上不同地域的人建立新的社会联系。这样，在传统的社会关系网络之外，人类又有了一个新的网络社会关系。而网络空间与现实空间的关系，也由早先的"井水不犯河水"，变成了现在的"你中有我，我中有你"，可以预料，今后早晚要变成"不分你我"。法律规范人的行为，调节利益分配，因此法律适用于网络空间也是其应有之义，这一点不该有任何疑问。

实际上，考察网络法律的立法史，我们会发现它和网络的出现几乎是同步的，只不过近十几年来世界各国有关立法工作都呈现出了加速的趋势。网络空间中法律的生成大致遵循着两条路径：一是"网络空间的法律化"运动，二是"传统法律的网络化"运动。"网络空间的法律化"是指根据网络空间的组织结构、行为模式、适用规律等为其量身打造全新的法律规范，以使其适应网络法律行为的持续增进、进化和变异，因此这基本上是一种另起炉灶的做法；"传统法律的网络化"则是指努力寻求既有法律规范与网络空间的共同点和共通处，寻求在最小的规则调整的成本基础上，通过扩张传统法律的管辖范围和适用空间，使之能够约束网络空间。世界各国的立法实践基本都遵循着这两条路径。

然而，从"无法之网"到"有法之网"的编织过程并非都是坦途。计算机和网络的出现，其意义已经超越了蒸汽机的发明以及电力的使用，从而成为人类历史上影响最深远、意义最重大的技术创新活动。网络不是农业时代的耕牛、工业时代的蒸汽机，它与以往技术创新的重要区别在于，它在很大程度上已经摆脱了工具理性的束缚，转而开始制约、乃至型构人类社会的基本关系网络和组织形态。以网络为代表的现代科学技术的不断发展和深度社会化，正在全方位地改变着人类的社会面貌和生活，这一速度是如此之迅猛，根本不等传统法律窥探清楚其演进规律。因此，网络作为信息平台的天然优势造成的传统法律的时代性滞后，以及传统法律部门自身在网络时代的重新定位和转型问题，快速成为让世界各国普遍感到焦灼的事情。

笔者研究网络法律，尤其是网络犯罪已经有十几年的时间，在此过程中越来越感到，以解决问题为导向的就事论事型的研究在网络领域固然很重要，并且应当长期坚持，但是，站在更高的起点上以更高的理论视野去审视网络对于传统法律体系的影响、网络作为信息平台的天然优势造成的传统法律的时代性滞后，以及传统法律部门面对自身在网络时代的重新定位和转型问题，恐怕对于解决现在传统法律部门在网络空间中面临的诸多彷徨和困惑更加有益。在各国网络立法已有相当数量的背景下，方法论的指导已显得异常迫切。带着这样的想法，笔者依托中国政法大学网络法研究中心为平台，并联合了国内各法学学科中研究网络法律较为精干的力量，于2012年申请了教育部哲学社会科学研究重大课题攻关项目"信息时代网络法律体系的整体建构研究"，并获准立项。项目进行两年多来，已取得较为丰硕的研究成果，在此过程中，笔者认为有必要对域外国家、地区和国际组织的有关网络法律资料进行搜集和整理。原因在于，国内学者虽有对于域外网络立法信息的引介和零星译事，但就一个部门法整体而言，则几乎没有任何系统资料可寻。而囿于学科的局限，全面了解和搜集涵盖法学各部门法学科的域外立法资料更是十分少见。笔者更可以毫不夸张地说，虽然目前研究网络法律的学者为数已经不少，然而，真正对于域外网络立法现状有一个较为全面的直观认识的人寥寥无几，更遑论深入研究，研究视野的狭小严重阻碍了国内网络法领域研究水平的提升。为了改变这一现状，笔者所带的团队在过去搜集的域外网络法各部门法基础上，又进行了集中的搜集和整理工作，并择其优者而译之，形成了这套《域外网络法律译丛》。我们出版这套译丛有两点期望，一是为我国今后的网络法律工作提供可资借鉴的依据，毕竟他山之石可以攻玉；二是为中国法律走出去，输出带有中国特色、中国气派、中国风格的法律规则做点小小的技术准备。毕竟，要想让别人认可自己的法律规则，就要在规则设计上比别人做得更好，如果连别人的法律都不了解，那怎么去预先比较优劣呢？

这套译丛初期设想是分为民商法卷、行政法卷、刑事法卷和国际法卷四本，以后视情况将会续加其他类别。这套译丛，既是对我们正在研究的项目的支持，也愿为其他学者的研究提供力所能及的帮助。需要指出的，四个翻译类别的确定只是大概的分类，网络法律有其独特性。能否完全套用传统法律部门的学科分类其实是有探讨余地的，这样的编排主要是为了大家查找和使用的便利。本译丛所选的法律都很具有代表性，代表了域外网络法律的基本特点和发展方向，可以说是目前国内域外网络法律汇编方面取得的最具完整性、专门性的研究成果。愿它的出版能够增益我国的网络法律研究水平。

本书的出版，受到中国法制出版社的大力支持，尤其是刘峰、胡艺、韩璐玮三位编辑从中做了大量的工作，在此深表谢忱！

中国政法大学网络法研究中心主任　于志刚

本书前言

本书系一部域外网络法律规则的汇编,对于域外法律,中国的法学研究者其实并不陌生。中华法系的解体,使中国法律的现代化历程有着鲜明的域外法律的烙印。回顾中国法律百余年的现代化之路,域外法在其中所起的作用大体可分为"搬"和"学"两种。"搬"顾名思义,是将域外法直接拿来为我所用。我国法律现代化开端的《大清新刑律》,以及我国文革结束后初期的许多法律都有着明显的"搬"的痕迹,而其共同的特征就是,对特定领域法律的紧迫需要的同时又面临着本土理论和实践积累的严重不足,事急从权,立法者不得已只能直接引入域外法律条文,稍作变通,缺乏系统的反思和消化吸收的过程;"学"则是指吸收域外法的部分理论和规则,结合中国法律实践,实现域外法学理论和法律规则的本土化,"学"往往是由学术研究作为先导的,上世纪 80 年代末 90 年代初,大量的域外法学教材和法例被引入到国内,掀起了法学研究的新浪潮,其影响至今依然存在。然而,随着中国法学本土理论和实践的互为相长,对于域外法的"学"逐渐被淡化,"比较研究"日益趋冷,学界将更多的视角转向中国实际问题,这亦是中国法学逐步走向成熟和自信的正常现象,法学是一门极具实践品格的学科,单纯学习域外的理论和规则,永远无法有效解决中国日益复杂的法律实践的全部问题。

因此,本书的编撰并不是重新提倡"学"更非不合时宜的回归到"搬",而是希望能够引发法学理论界和实务界对域外法的重新审视,既要发现其优势所在亦要寻找其不足,这里学习精神固然不可或缺，但对域外法批判精神才是精髓所在，或可称之为"鉴"。全球化的潮流下我们不能"封闭无知"，但建立中国自身的法学体系亦不能"唯外是从"，这种"鉴"，应当成为中国未来对待域外法的应有态度。然而，对于网络法领域而言，这种对于域外法的"鉴"还有着更深刻的特殊意义。

在互联网来袭之时，大多数人都未能预测其所具有的革命性，直到互联网以摧枯拉朽之势改变了传统社会，人们才开始意识到旧时代已经远去而新时代已经来临。我们正处在信息时代的起点，我们最大的挑战并非是互联网带来的巨大变革，而是面对这种变革我们尚未"准备好"。人们在享受着网络虚拟空间打破传统社会时间和空间"物理规则"自由的同时，部分个体也开始借助网络的技术性和虚拟性尝试去打破传统社会的"法律规则"。传统的法律规则能否继续适用？如何继续适用？怎样有效适用？新的时代背景下的法律规则的重新建构，是世界各国所面临的共同问题。人类从农业时代法律规则发展到工业时代的法律规则，经历了数千年的积累和百余年的过渡，然而，信息时代不会再给我们同样的时间准备。因此，正如同人类社会历次伟大的进步一样，文化的交流、碰撞、融合、升华都将再次起到关键的推动作用，为了应对建构互联网法律规则这一时代挑战，世界各国都将眼光扩展到全球，吸取他国的立法经验，更反思他国立法的不足，不断的完善自身法律规则体系，中国亦不可"闭门造车"。因此，同其他法律领域而言，对于域外网络法之"鉴"更加具有合理性。

而同时，对于域外网络法之"鉴"亦具有必然性。目前"虚拟"的网络空间几乎可以模拟现实空间中的一切事物，网络空间和现实空间不仅相互交织更在相互支配，人类社会结构正经历着前所未有的激烈变革。信息时代的背景下，人类社会不仅在向"经济全球化"发展，也呈现出"法律全球化"的趋势。互联网空间中"国（边）境"的功能近乎消失，人们的网络行为轻易即可实现跨国，换言之网络行为本身就可视为一种国际化的行为，而网络行为背后的人身权利、财产权利乃至抽象的公共利益、国家利益都在实现着国际性的流转。在网络法领域，未来的发展趋势必然是各国日渐"求同"而非"存异"，各国的协调一致和相互配合的重要性日益凸显，甚至在一定程度上要让渡部分司法主权，否则，各国各行其是的网络法规则、网络行为可以轻易的通过跨国化规避法律规定，滋生出大量的非法空间。因此，在网络法领域，各国立法的互相借鉴自然也就成为了必然性的选择。

中国在建构自身的网络法律规则的过程中，无法脱离对于域外相关立法的"鉴"。然而，国内对于域外网络法的引入依然较为零散，特别是在庞杂的网络行政法领域，相关的域外立法例更是稀缺。基于上述背景，在教育部哲学社会科学重大课题攻关项目"信息时代网络法律体系的整体建构研究"的支持下，以中国政法大学网络法研究中心为主导力量，综合搜集了当前主要代表性国家和地区关于网络行政法的立法例，系统的展现了网络行政法领域的域外立法现状和立法发展方向，希望为中国的网络法研究提供新的视野和研究资料。本书由田刚担任主编，参与此次编译的人员依照书中法规章节顺序如下：黄曦（中国政法大学刑事司法学院硕士研究生，翻译《日本特定电子邮件传送管理法》《日本特定电子邮件传送管理法实施细则》《韩国互联网多媒体广播业务法》《韩国互联网多媒体广播业务法实施细则》《韩国促进信息与通讯网络利用和信息保护法》《土耳其关于网络言论的管理原则和程序的规定》）；郭冰冰（中国政法大学刑事司法学院硕士研究生，翻译《印度信息技术法》《新西兰电信（拦截和安全）法案》）；刘佳（中国政法大学马克思主义学院博士研究生，翻译《欧盟关于应对网络种族歧视、国家歧视的青年计划的声明》《欧盟关于设立互联网事物专家组的指令》）；田刚（中央民族大学法学院讲师，翻译《比利时计算机程序保护法案》）；于志强（浙江理工大学法政学院讲师，翻译《美国与商业贸易有关的网络安全研究与发展法令》《巴西软件知识产权保护法》）；郭旨龙（中国政法大学网络法研究中心研究员、英国格拉斯哥大学博士研究生，翻译《美国反垃圾邮件法》）；孙强（北京市西城区人民检察院检察官，翻译《美国儿童互联网保护法案》）；闫光华（中国政法大学刑事司法学院硕士研究生，翻译《新西兰非应邀电子通讯法案》《南非电子通讯及交易法案》）。本书作为外国法律之汇编，尽管编者力求高水准、高质量，但是难免会有纰漏和疏忽之处，敬祈读者批评指正，以期在再版或修订中拾遗补缺。

亭林先生曾言学者之著书立作当求"古人所未及就，后世所不可无者"，而网络法领域的研究显然是时代发展给法学研究带来的全新又不可或缺的领域。网络法律的更新潮流，吹响了人类法律向时代迈进的号角，从农业时代到工业时代再到信息时代，一次全新的法律革命正在来临。而中国，在农业时代向工业时代的转型中落后于世界，为此付出了巨大的代价，被迫中断了自身千余年的法律传承，由此开始了一个世纪的漫长而痛苦的学习和摸索，终于再一次历史性的站在信息时代法律革新的门口。中国的法治化进程要加速进步、要有中国特色、要同国际发展接轨，甚至要时隔千年再次引领法学的国际潮流，是所有法律人的责任和梦想，而实现这一梦想依然要经历一番苦苦求索和奋斗。本书虽为外国法律的汇编，但依然立足于中国自身网络法律体系的建设，编者才学有限，不敢妄谈本书之价值，但希望本书能成为一本"有用之书"，更希望本书的出版能够成为国内学者评鉴外国网络法制现状的一个窗口，对未来的中国网络法研究有所裨益。

中央民族大学　田刚

目　　录

亚 洲 篇

欧 洲 篇

美 洲 篇

大洋洲篇

非 洲 篇

亚　洲　篇

日本特定电子邮件传送管理法[①]

第一章　总则

第1条　目的

鉴于有必要防治同时向多人发送特定电子邮件等给电子邮件的发送和接收带来阻碍，本法旨在通过明确特定电子邮件发送的恰当方式，以求营造一个更为良好的电子邮件使用环境，进而推动先进信息通信网络社会的稳健发展。

第2条　定义

本法用语定义如下：

（Ⅰ）"电子邮件"，指通过使特定人通信终端（包括输入、输出设备；下同）的屏幕上呈现文本等信息的方式，向特定人发送前述信息的电子通信（指《电子通信事业法》（1984年第86号法令）第2条第（Ⅰ）款定义下的电子通信）形式，或相关总务省令规定的电子通信形式。

（Ⅱ）"特定电子邮件"，指电子邮件发送人（限于营利团体或自营业者；下称"发送者"）为了自己或他人的经营活动，作为广告或宣传手段发送（限于从位于日本境内的电信设施（指《电子通信事业法》第2条第（Ⅱ）款规定的电信设施；本法下同）发出的传送行

---

① Act on Regulation of the Transmission of Specified Electronic Mail (2002)

为，或向位于日本境内的电信设施传入的传送行为；本法下同）的电子邮件。

（III）"电子邮件地址"，指识别电子邮件使用者的代码，包括字符、数字或其他记号。

（IV）"虚构的电子邮件地址"，指属于以下任一项的电子邮件地址：

（a）通过可自动生成多个电子邮件地址的电子程序（指一系列计算机指令，组合这些指令即可获得相关结果）生成的电子邮件地址；

（b）没有任何人实际使用的电子邮件地址。

（V）"电子邮件服务"，指与电子邮件有关的，《电子通信事业法》第2条第（III）款规定的电信服务。

第二章　特定电子邮件发送的恰当方式

第3条　特定电子邮件发送的限制

（1）发送者不得向下述各项以外的其他人发送特定电子邮件：

（I）已事先通知发送者或委托发送者（指委托他人发送特定电子邮件的人（限于营利团体或自营业者）；下同），请求对方发送或同意对方发送特定电子邮件的人；

（II）除前项规定外，已依相关总务省令或内阁政令之规定，将自己的电子邮件地址通知发送者或委托发送者的人；

（III）除前两项之规定外，与前述使用特定电子邮件作为广告或宣传手段的经营者有业务关系的人；

（IV）除前三项之规定外，已依相关总务省令或内阁政令之规定，公开了自己电子邮件地址的团体或个人（若为个人的，仅限于自营业者）。

（2）收到第（1）款第（I）项规定的通知的人，应依相关总务省令或内阁政令之规定，对相关记录予以保存，以证明其已获得对方对发送特定电子邮件的请求或同意。

（3）第（1）款下各项规定的人收到特定电子邮件后，依总务省令或内阁政令之规定，向发送者发出通知（包括向委托发送者发出通知的），要求前述发送者不再向其发送特定电子邮件（或关于特定事项的特定电子邮件）的，前述发送者不得违背其意愿向其发送特定电子邮件。但基于电子邮件接收者之意愿，主要以除广告宣传外的其他目的向其发送的电子邮件中附带有广告的，或属于相关总务省令或内阁政令规定的类似情况的除外。

第 4 条　标记义务

发送者发送特定电子邮件时，应依总务省令或内阁政令之规定，使其特定电子邮件在接收者使用的接收终端的屏幕上准确地呈现下列事项（属于第 3 条第（3）款但书中相关总务省令或内阁政令具体规定的情况时，下述第（II）项规定的事项除外）：

（I）该发送者（若该电子邮件有委托发送者的，则指对此次发送负责的发送者或委托发送者）的姓名或法人名称；

（II）总务省令及内阁政令规定的，用于对接收第 3 条第（3）款规定的通知的电子邮件地址或电信设施进行识别的代码，包括字符、数字或其他符号；

（III）相关总务省令及内阁政令规定的其他事项。

第 5 条　禁止发送虚假不实的发送者信息

在用于发送和接收电子邮件的相关信息中，发送者不得伪造以下有关发送者的信息（下称"发送者信息"）：

（I）用于发送该电子邮件的电子邮件地址；

（II）用于识别发送该电子邮件的电信设备的代码，包括字符、数字及其它标记。

第 6 条　禁止向虚构的电子邮件地址发送邮件

发送者不得以就自己或他人的经营活动发送多封电子邮件为目的，向虚构的电子邮件地址发送电子邮件。

第 7 条　行政命令

关于同时向多人发送特定电子邮件，以及其他发送电子邮件的相关事宜，总务大臣及内阁总理大臣（涉及向虚构的电子邮件地址发送电子邮件时，指总务大臣）认为发送者未遵守第 3 条或第 4 条之规定的、认为发送者向虚构的电子邮件地址发送电子邮件的、认为发送者在电子邮件中使用虚假不实的发送者信息的、或认为有必要使电子邮件的收发免受妨碍的，可命令该发送者（该电子邮件的委托发送者已收到第 3 条第（1）款第（I）项或第（II）项规定的有关该电子邮件的通知，并已依第（2）款之规定对相关记录进行保留，并实施了部分有关该电子邮件的其他活动，且该电子邮件的发送基于某种原因可被归因于该委托发送人的，则指该发送者或该委托发送者）就其电子邮件的发送方式采取必要的改进措施。

第 8 条 向总务大臣或内阁总理大臣提出请求

（1）收到特定电子邮件者发现该电子邮件违反第 3 条至第 5 条之规定时，可请求总务大臣或内阁总理大臣采取适当措施。

（2）以下各项所列的大臣中，该项前者收到前款规定的请求时（该请求针对总务大臣或内阁总理大臣提出的除外），应及时通知该项中另一位大臣：

（I）总务大臣，内阁总理大臣；

（II）内阁总理大臣，总务大臣；

（3）电子邮件服务提供者发现有违反第 6 条之规定向虚构的电子邮件地址发送电子邮件的，可请求总务大臣采取必要措施。

（4）总务大臣或内阁总理大臣接到第（1）款规定的请求时，应进行必要的调查，其基于调查结果认为有必要时，应采取本法要求的相关措施及其他适当措施。

（5）总务大臣接到第（3）款规定的请求时，应进行必要的调查，其基于调查结果认为有必要时，应采取本法要求的相关措施及其他适当措施。

第 9 条 处理投诉

特定电子邮件发送者应善意地处理针对其发送的特定电子邮件的投诉和咨询等。

第 10 条　电信事业者信息提供和技术研发

（1）提供电子邮件服务的电信事业者（指《电子通信事业法》第 2 条第（Ⅴ）项规定的电信事业者；下同）在其服务中，应尽力向用户提供有助于防止特定电子邮件、含有虚假不实的发送者信息的电子邮件、或向虚构的电子邮件地址发送的电子邮件（下称"特定电子邮件等"）对电子邮件收发造成妨碍的信息。

（2）提供电子邮件服务的电信事业者应尽力研发或引入有助于防止电子邮件的收发遭受特定电子邮件等之妨碍的技术。

第 11 条　拒绝提供电信服务

发送含有虚假不实的发送者信息的电子邮件，电信事业者认为有可能妨碍其顺利提供电子邮件服务，或认为有可能妨碍用户收发电子邮件的，或者，同时向虚构的电子邮件地址的发送大量电子邮件，电信事业者认为有可能妨碍其顺利提供电子邮件服务，或为了避免对电子邮件收发造成妨碍，其认为有拒绝提供电子邮件服务的正当理由的，该电信事业者可在避免前述妨碍发生的必要范围内，拒绝向造成或有可能造成前述妨碍的电子邮件发送者提供电子邮件服务。

第 12 条　对电信事业者社团的指导和建议

对于向其会员电信事业者提供诸如信息支持、帮助其防止特定电子邮件等对电子邮件收发造成妨碍等服务的一般社团法人，总务大臣应尽力向此类一般社团法人就其业务提供必要的指导和建议。

第 13 条　研究开发等情况的披露

对于有助于防止电子邮件的收发遭受特定电子邮件之妨碍的技术的研发情况，以及提供电子邮件通信服务的电信事业者对这类技术的引入情况，总务大臣应至少每年公布一次。

第三章　邮件发送合理化登记机构

第 14 条　邮件发送合理化机构的登记

（1）总务大臣或内阁总理大臣可让已进行过登记的人（下称"邮件发送合理化登记机构"）开展以下业务（下称"特定电子邮件

等发送合理化业务"）：

（I）向打算依第 8 条第（1）款之规定向总务大臣或内阁总理大臣提出请求的人、或打算依第 8 条第（3）款之规定向总务大臣提出请求的人提供指导或建议；

（II）应总务大臣或内阁总理大臣之要求，对第 8 条第（4）款或第（5）款规定的有关事实进行调查；

（III）收集并提供特定电子邮件等的相关信息或资料。

（2）前款规定的登记须应有意开展特定电子邮件等发送合理化业务者之要求进行。

第 15 条　不适格条件

有下列情形之一者，不得进行第 14 条第（1）款规定的登记：

（I）因违反本法或基于本法作出的相关命令，被判处罚金及以上刑事处罚，执行完毕或执行期满之日起未逾两年；

（II）依第 25 条之规定被取消登记，取消之日起未逾两年；

（III）申请登记者为法人时，其任何一位开展业务的干事具有前两项规定的情形的。

第 16 条　登记标准

（1）依第 14 条第（2）款之规定提请登记的申请者，符合以下各项规定的，总务大臣或内阁总理大臣应予以登记。总务省令或内阁政令应对登记的必经程序作具体规定。

（I）《学校教育法》（1947 年第 26 号法令）规定的大学或高等专业学校电子通信专业毕业，且有一年以上电子邮件通信业从业经验者，或从事特定电子邮件等发送合理化业务，具有同等或更高知识水平及经验者。

（II）为恰当地开展特定电子邮件等发送合理化业务，已采取了以下措施：

（a）已为特定电子邮件等发送合理化业务的实施部门任命了专门的管理人；

（b）保障特定电子邮件等发送合理化业务的管理和恰当开展，相关文件已准备妥当；

（c）已按照（b）项中相关文件内容所述，为保障特定电子邮件等发送合理化业务的管理和恰当开展设立了专门部门。

（2）应在邮件发送合理化登记机构登记簿上记入以下事项，以完成登记：

（I）登记日期、登记编号；

（II）邮件发送合理化登记机构的姓名及地址，若其为法人的，其法定代表人之姓名；

（III）邮件发送合理化登记机构开展特定电子邮件等发送合理化业务的事务所名称及地址。

第17条　登记的续展

（1）对于第14条第（1）款规定的登记，邮件发送合理化登记机构应每三年续展一次，否则其登记将过时失效。

（2）前款规定的对登记续展，比照适用第14条第（2）款、第15条及第16条之规定。

第18条　开展特定电子邮件等发送合理化业务的义务

邮件发送合理化登记机构应按照第16条第（1）款下各项列举的要求，以及总务省令或内阁政令规定的标准，公正地开展特定电子邮件等发送合理化业务。

第19条　变更通知

邮件发送合理化登记机构打算变更第16条第（2）款第（II）项或第（III）规定的事项时，应在变更之日前两星期前通知总务大臣及内阁总理大臣。

第20条　业务规程

（1）邮件发送合理化登记机构应拟定其开展特定电子邮件等发送合理化业务的规则和程序（下称"业务规程"），并在开始开展特定电子邮件等发送合理化业务前，将该业务规程通知总务大臣及内阁总理大臣。该业务规程发生变更时，前述规定同样适用。

（2）业务规程应对开展特定电子邮件等发送合理化业务的方法以

及总务省令和内阁政令规定的其他事项作出具体规定。

第 21 条　停业和结业

邮件发送合理化登记机构打算暂停或终止其特定电子邮件等发送合理化业务时，应按照总务省令或内阁政令之规定，提前通知总务大臣及内阁总理大臣。

第 22 条　财务报表等的准备与查看相关规定

（1）邮件发送合理化登记机构应在每个事业年度结束后三个月内，准备好财产目录、资产负债表、损益表或收支账目表、营业报告或业务报告（以电子记录（即以电子、电磁，或以其他不可以知觉感知的方式制造的，并由计算机进行数据处理的记录；本条下同）代替纸质文件的，即指前述文件的电子记录；在下款及第 36 条中，称为"财务报告等"），并在其事务所中留存五年。

（2）收到特定电子邮件的人或其他利害关系人，可于邮件发送合理化登记机构营业时间内的任何时候，向其提出以下要求。但提出第（II）项或第（IV）项之要求的，应按邮件发送合理化登记机构事先设定的价格向其付费：

（I）其财务报告以书面文件形式做成的，要求查看该文件或抄录该文件；

（II）要求获取前款规定的文件的副本或摘录本；

（III）其财务报告以电子记录的形式做成的，要求以总务省令或内阁政令规定的方式查看或抄录该电子记录的内容；

（IV）要求以总务省令或内阁政令规定的电子方式获得前款规定的电子记录的内容，或要求获得载有前述内容的书面文件。

第 23 条　责令遵守规定

总务大臣及内阁总理大臣发现邮件发送合理化登记机构未遵守第 16 条第（1）款下各项之规定的，可责令其采取必要措施遵守该规定。

第 24 条　责令改善业务活动

总务大臣及内阁总理大臣发现邮件发送合理化登记机构违反第 18 条之规定的，可责令其按照该条之要求改善相关特定电子邮件等发送合理化业务，或责令其采取必要措施改善相关特定电子邮件等发送合理化业务的开展方式。

第 25 条 登记的取消

邮件发送合理化登记机构出现以下情况的，总务大臣及内阁总理大臣可取消其登记，或责令其于一定期间内暂停全部或部分特定电子邮件等发送合理化业务：

（I）出现第 15 条第（I）项或第（III）项规定的情况；

（II）违反第 19 条至第 21 条、第 22 条第（1）款或第 23 条之规定；

（III）无正当理由拒绝他人依第 22 条第（2）款之规定提出的要求；

（IV）违反依第 23 条、第 24 条之规定作出的命令；

（V）以不正当手段获得第 14 条第（1）款规定的登记。

第 26 条 记录簿的记载

邮件发送合理化登记机构应按照相关总务省令之规定，准备记录簿一份，将相关总务省令及内阁政令就特定电子邮件等发送合理化业务所要求的事项记入其记录簿中，并对该记录簿进行保存。

第 27 条 公示

出现以下事项时，总务大臣及内阁总理大臣应在其政府公报上进行公告：

（I）依第 14 条第（1）款之规定登记邮件发送合理化登记机构时；

（II）收到第 19 条规定的通知时；

（III）收到第 21 条规定的通知时；

（IV）依第 25 条之规定，取消第 14 条第（1）款规定的登记，或责令暂停相关电子邮件等发送合理化业务时；

第四章 杂项

第 28 条 报告与现场检查

（1）总务大臣或内阁总理大臣可在施行本法的必要限度内，命令特定电子邮件等的发送者或委托发送者报告其邮件发送情况，或委派政府部门职员进入发送者或委托发送者办公场所，对其记录簿及相关文件等进行检查。

（2）为确保电子邮件等发送合理化业务妥善开展，总务大臣或内阁总理大臣可在为达成前述目的必要限度内，命令邮件发送合理化登记机构报告其业务开展情况或其资产情况，或者，委派政府部门职员进入发送者或委托发送者办公场所，对其业务开展情况、或记录簿及相关文件等进行检查。

（3）依前两款之规定实施现场检查的政府部门职员应携带身份证明，并向相关人员出示。

（4）第（1）款、第（2）款中现场检查的权限，不得被视作刑事调查的合法权限。

（5）以下各项所列的大臣中，该项前者单独实施第（1）款规定的权力时，应及时通知该项中另一位大臣：

（I）总务大臣，内阁总理大臣；

（II）内阁总理大臣，总务大臣；

第29条　要求提供发送者的有关信息

总务大臣可在施行本法的必要限度内，要求被授权使用可用以识别电子邮件地址或电信设施的代码（包括字符、数字及其他符号等；并限于呈现在该特定电子邮件接收者之通信终端屏幕上的信息，或用于收发特定电子邮件等的信息中与发送者相关的信息）的电信事业者等，提供其姓名或法人名称、地址以及其他可确定其身份的必要信息。

第30条　向外国执法机构提供信息

（1）对于其他国家中负责实施该国与本法相对应之法律的机构（本条下称"外国执法机构"），总务大臣可向其提供有助于其履行职责（限于与本法之规定相对应的职责；下同）的相关信息。

（2）应采取适当措施，以确保依第（1）款之规定提供的信息不被用于该外国执法机构履行职责之外的其他用途，并且，未取得下款规定的同意，该信息也不得被用于他国刑事案件之调查或审理。

（3）总务大臣收到外国执法机构之请求时，除属于以下情况外，可同意其依照该请求所述，将第（1）款规定的信息用于外国刑事案件之调查：

（I）该请求所述刑事调查的调查对象为政治犯罪案件的，或可认为该请求会被用于对政治犯罪进行刑事调查的；

（II）该请求所述刑事调查指向的犯罪行为在日本法律下不构成犯罪的；

（III）提出请求国不保证会响应日本向其提出的类似请求的；

（4）总务大臣作出前款规定的同意时，应事先分别就该请求不属于前款第（I）项、第（II）项之情况这一事项取得法务大臣的确认，就该请求不属于前款第（III）项之情况这一事项取得外务大臣的确认。

第31条 授权

（1）内阁总理大臣可依本法之规定（相关内阁政令有所规定的除外），将相关权限授予给消费者厅长官。

（2）都道府县知事可依内阁政令之规定，执行将本法规定的总务大臣之权限下的一部分事务、及前项规定的消费者厅长官被授予的权限下的一部分事务。

第32条 过渡措施

依本法之规定制定、修正或废除相关政令时，认为有合理必要的，可于其中规定制定、修正或废除该政令所必要过渡措施。

第五章 罚则

第33条 违反依第25条之规定作出的责令停业之命令的，处一年以下之惩役，或处或并处一百万日元以下之罚金。

第34条 属于以下任一情况的，处一年以下之惩役，或处一百万日元以下之罚金：

（I）违反第5条之规定；

（Ⅱ）违反依第 7 条之规定作出的命令（已依第 3 条第（2）款对相关记录进行保存的除外）。

第 35 条 属于以下任一情况的，处一百万日元以下之罚金：

（Ⅰ）违反依第 7 条之规定作出的命令（限于已依第 3 条第（2）款对相关记录进行保存的）；

（Ⅱ）违反第 28 条第（1）款之规定，未提交报告、或提交虚假的报告，或者拒绝、阻碍或逃避前述条款规定的检查。

第 36 条 属于以下任一情况的，处三十万日元以下之罚金：

（Ⅰ）违反第 21 条之规定，未提交报告、或提交虚假的报告；

（Ⅱ）违反第 26 条之规定，未进行记录、或进行虚假的记录、或未对记录进行保存；

（Ⅲ）违反第 28 条第（2）款之规定，未提交报告、或提交虚假的报告，或者拒绝、阻碍或逃避前述条款规定的检查。

第 37 条 法人代理人或法人或自然人代理人、雇用人员及其它工作人员，在从事与其法人或自然人的业务有关的事务中实施了以下条文中的违法行为时，不但应对行为人进行处罚，还应对该法人或自然人处以相应各条规定的罚金：

（Ⅰ）第 34 条，处三十万日元以下之罚金；

（Ⅱ）第 33 条、第 34 条或第 35 条，处相应条款规定的罚金。

第 38 条 违反第 22 条第（1）款之规定，未对保存财务报告等进行保存、未在财务报告等中记入应记入的事项、或作虚假记录，或者无正当理由拒绝依该条第（2）款提出的请求的，处二十万日元以下之罚款。

附则

生效日期 在本法公布之日起六个月内，于内阁政令规定的具体日期起生效。

回顾 本法施行后三年内，政府应综合考虑电信技术的发展程度、本法的施行情况等，进一步采取必要措施。

日本特定电子邮件传送管理法实施细则^①

为实施《特定电子邮件传送管理法》（2002 年第 26 号法令），现基于《特定电子邮件传送管理法》之规定，制定如下实施细则。

第 1 条　释义

本施行规则之用语同《特定电子邮件传送管理法》（下称"法令"）之示例。

第 2 条　电子邮件地址的通知方法

（1）依法令第 3 条第（1）款第（Ⅱ）项之规定，向发送者和委托发送者通知自己的电子邮件地址的，应采用书面方式进行通知；但收到以下任一项所列的特定电子邮件时，可以任意方式进行通知：

（Ⅰ）符合第 6 条所列事项的特定电子邮件；

（Ⅱ）为接收法令第 3 条第（1）款第（Ⅰ）项规定的通知而发送的特定电子邮件。

（2）即使有前款规定，但以前款规定的方式，依法令第 3 条第（3）款正文之规定向发送者或委托发送者通知电子邮件地址，要求其不再发送特定电子邮件（包括要求其不再就特定事项发送特定电子邮件）的，该通知不属于法令第 3 条第（1）款第（Ⅱ）项规定的对自己电子邮件地址的通知。

第 3 条　自己电子邮件地址的公开方式

---

① Act on Regulation of Transmission of Specified Electronic Mail (2009)

依法令第 3 条第（1）款第（IV）项之规定对自己电子邮件地址进行公开，应采取某种方式，将自己的电子邮件地址置于可使公众通过互联网查看到的状态中；但将自己的电子邮件地址，连同要求不再发送特定电子邮件这一文本内容，一起置于可使公众通过互联网查看到的状态中的，不属于对自己电子邮件地址的公开。

第 4 条 证明已获同意的记录的保存方式

（1）依法令第 3 条第（2）款之规定，为证明其已获得对发送特定电子邮件的要求或同意，应以下述任一项方式保存相关记录，以便必要时出示：

（I）对方依法令第 3 条第（1）款第（I）项之规定，就个别的电子邮件地址（限于用于接收特定电子邮件的地址）作出通知的，保存表明其收到该通知的时间及接收方式、或其他有关该通知的接收状况的记录。

（II）通过该记录可识别出用以发送特定电子邮件的电子邮件地址的，保存该记录；并且，基于以下对各种情况的分类，分别保存该种情况所述事项中，与法令第 3 条第（1）款第（I）项规定的要求或同意发送特定电子邮件的通知有关的记录：

（a）通过提出或发送文件（包括使用传真机提出文件）而获得法令第 3 条第（1）款第（I）项规定的通知的，保存该文件所述的特定事项；

（b）通过发送特定电子邮件而获得法令第 3 条第（1）款第（I）项规定的通知的，保存该特定电子邮件文本所囊括的特定事项；

（c）除（b）项所列事项外，通过使用互联网发送信息而获得法令第 3 条第（1）款第（I）项规定的通知的，保存该信息文本所囊括的特定事项。

（2）前款规定的各种记录的保存时间，应基于以下对各种情况的分类分别确定：

（I）其未发送与该记录有关的特定电子邮件（本款下称"相关发送"）的，保存至其被认为不再进行该发送之日；

（Ⅱ）其已进行了相关发送的，保存至其最后一次发送之日起一个月时。但其收到法令第 7 条规定的命令时，该命令符合下述情况的，基于该项所述分别确定保存时间：

（a）自收到法令第 7 条规定的命令之日起一年内，其进行相关发送的，保存至前述期间内最后一次发送之日起一年时，或保存至其最后一次发送之日起一个月时，比较此二时限，取其迟者。

（b）自最后一次发送之日起一个月内，其收到第 7 条规定的命令的，保存至其最后一次发送之日起一年时。

第 5 条 要求不再发送特定电子邮件的通知方式

依法令第 3 条第（3）款之规定发出通知，要求发送者不再发送特定电子邮件的（包括要求不再就特定事项发送特定电子邮件，或在一段特定时间内不再发送特定电子邮件的），该通知应以某种方式，阐明拒绝接收特定电子邮件的电子邮件地址，并要求以自由决定的方式发送电子邮件。

第 6 条 禁止向拒绝接收者发送特定电子邮件的例外

法令第 3 条第（3）款规定中，属于总务省令或内阁政令规定的情况如下：

（Ⅰ）在对方申请或签订了一项合约后，以电子邮件的方式就申请、同意或履行该合约的相关事宜通知对方时，附带有广告信息的；

（Ⅱ）若电子邮件接收者使用的电子邮件服务以向其发送广告信息为提供服务的条件，则在此种情况下，该电子邮件服务提供者在邮件接收者的接收的邮件中附带有广告信息的；

（Ⅲ）除前两项情况外，在非以广告宣传为目的而发送的电子邮件（限于不违反接收者之意愿而发送的电子邮件）中附带有广告信息的。

第 7 条 标记方式等

（1）对于法令第 4 条各项列明的必须标记的事项的呈现，应基于下述对标记事项的分类，分别确定其呈现的位置：

（Ⅰ）法令第 4 条第（Ⅰ）项及第（Ⅱ）项规定的事项，可呈现于特定电子邮件中便于邮件接收者辨认的任意位置；

（Ⅱ）法令第4条第（Ⅲ）项规定的事项（限于第9条第（Ⅰ）项规定的事项），应直接呈现于法令第4条第（Ⅱ）款规定的事项前后（法令第3条第（3）款的通知可以通过向允许接收该电子邮件者，发送电子邮件的方式实现，前述事项可呈现于该特定电子邮件中便于邮件接收者辨认的任意位置）；

（Ⅲ）法令第4条第（Ⅲ）项规定的事项（限于第9条第（Ⅱ）项和第（Ⅲ）项规定的事项），可呈现于任意位置（该事项呈现于该特定电子邮件之外时，应将表明该事项具体位置的相关信息呈现于该特定电子邮件中的任意位置）。

（2）前款各项所列事项，应以与信息文本中使用的字符代码相同的字符代码进行编码并呈现（对于前款第（Ⅱ）项所列事项，限于该事项呈现于该电子邮件中任意位置时）。但为了特定电子邮件之发送，在这一目的的必要范围内使用另一种编码方法对某些事项反复编码的，该事项应被视为是以被反复编码前所使用的字符代码所编码而成。

第8条　用以识别电信设施的代码符号

法令第4条第（Ⅱ）项中，用于识别相关总务省令及内阁政令规定的电信设施的代码，包括字符、数字及其他符号在内，指以下各项所列代码：

（Ⅰ）就用以接收法令第3条第（3）款规定的通知的，由不特定人接收其发出的电子通信信号（由公众直接接收其发出的电子通信信号的除外）的电信设施（本条下称"特定电信设施"）而言，可于互联网中识别该电信设施的代码，包括字符、数字及其他符号（限于通过以清楚简明的表述提供作出前述通知所必要的信息、或通过其他方法，便于接收者作出前述通知的代码（包括保存必要电磁记录的代码在内）；本条下称"回执部分"）；

（Ⅱ）与前项规定的代码有关的，可使特定电子邮件接收者通过其从以代码运行的通信终端链接到回执部分的代码。

第9条 要求标记的其他事项

法令第 4 条第（III）项款中，由总务省令及内阁政令规定的其他事项，指以下事项；但不适用于在第 6 条各项规定的情况下发送的特定电子邮件：

（I）应当标注电子邮件接收方可以通过特定的方式的要求不再发送电子邮件，包括法案第 5 条规定的方法，将电子邮件发送到法令第 4 条第（II）项电子邮件地址或者使用前述条文中的代码，包括字符，数字字符和标志；

（II）法令第 4 条第（I）项规定的发送者的地址；

（III）用以接受与特定电子邮件之发送有关的投诉和咨询等的电话号码及电子邮件地址，或可于互联网中识别的特定电信设施中，用以接受投诉和咨询等的单元的代码，包括字符、数字及其他符号在内，或与前述代码相关的，可使特定电子邮件接收者通过其从以代码运行的通信终端链接到前述单元的代码，包括字符、数字及其他符号在内。

第10条 向总务大臣或消费者厅长官提出请求的程序

（1）依法令第 8 条第（1）款之规定向总务大臣或消费者厅长官提出的申请，应包括以下事项：

（I）申请者的姓名或法人名称、地址及联系方式；

（II）申请所指向的发送者或委托发送者的相关事宜；

（III）申请所涉特定电子邮件或含有虚假不实的发送者信息的电子邮件呈现在接收者通信终端屏幕上的事项；

（IV）申请理由；

（V）其他参考事项。

（2）应使用附表一之样式提交前款规定的申请书。

（3）打算依法令第 8 条第（3）款之规定向总务大臣提出申请的，其申请中应包括以下事项：

（I）申请者的姓名或法定名称、地址及联系方式；

（II）申请所指向的发送者或委托发送者的相关事宜；

（III）申请所涉及的，向虚构的电子邮件地址发送的电子邮件的有关情况；

（IV）申请理由；

（V）其他参考事项。

（4）应使用附表二之样式提交前款规定的申请书。

第 11 条 申请登记

（1）依法令第 14 条第（1）款之规定进行登记的，应向总务大臣及消费者厅长官提交包含下述事项的请求：

（I）姓名或法定名称、地址，若为公司的，其法定代表人的姓名；

（II）将开展特定电子邮件等发送合理化业务的事务所之名称和地址；

（III）开展特定电子邮件等发送合理化业务的起始日期。

（2）前款规定的请求应附有下述文件：

（I）申请者为公司的，附以下文件：

（a）公司章程的副本，及登记事项证明书；

（b）作出申请登记决定的证明文件；

（c）载有董事姓名及简历的文件。

（II）申请者为个人的，附其住民票的复印件（非日本国民的，附其外国人登记证的复印件）；

（III）说明申请者不符合法令第 15 条各项之规定的相关文件；

（IV）载有符合法令第 16 条第（1）款第（I）项之条件者的姓名及简历的文件；

（V）法令第 16 条第（1）款第（II）（a）项规定的部门（第 12 条第（II）项中称为"业务实施部门"）的专门管理人的姓名；

（VI）法令第 16 条第（1）款第（II）（b）项规定的文件，具体如下：

（a）载有法令第 14 条第（1）款第（III）项所列活动的相关实施计划的文件；

（b）载有特定电子邮件等发送合理化业务的相关管理措施的文件；

（c）载有特定电子邮件等发送合理化业务的相关教育及培训活动的文件；

（VII）说明其已经设立了法令第16条第（1）款第（II）（c）项规定的专门部门（第12条第（II）项中称为"业务管理部门"）的相关文件。

第12条 特定电子邮件等发送合理化业务的实施标准

法令第18条中相关总务省令或内阁政令规定的标准，具体如下：

（I）符合法令第16条第（1）款第（I）项之要求的人，应时常开展特定电子邮件等发送合理化业务；

（II）业务管理部门应独立于业务实施部门；

（III）从事法令第14条第（1）款第（I）项规定之活动的人，应就法令的相关问题作出恰当的回答；

（IV）法令第14条第（1）款第（II）项规定的事实调查，应就第10条第（1）款各项规定之事项或第10条第（3）款各项规定之事项，以信息收集与核实的方式或其他恰当方式进行，并向要求进行该调查的总务大臣或消费者厅长官报告调查结果。

（V）法令第14条第（1）款第（III）项规定的活动，应按照第11条第（2）款第（VI）（a）项规定的文件中所载计划进行。

第13条 业务规程的记载事项

法令第20条第（2）款中总务省令或内阁政令规定的事项，具体如下：

（I）与特定电子邮件等发送合理化业务的营业时间及休息日有关的事项；

（II）与法令第14条第（1）款各项所列活动的开展方式有关的事项；

（III）与特定电子邮件等发送合理化业务的相关管理文件有关的事项；

（Ⅳ）与查阅法令第 22 条规定的财务报告等这一要求的受理有关的事项；

（Ⅴ）与开展特定电子邮件等发送合理化业务有关的其他必要事项。

第 14 条 对暂停或停止开展特定电子邮件等发送合理化业务的通知

邮件发送合理化登记机构打算依法令第 21 条之规定暂停或停止其全部或部分特定电子邮件等发送合理化业务的，应向总务大臣或消费者厅长官提交载有下述事项的文件：

（Ⅰ）其打算暂停或停止的特定电子邮件等发送合理化业务的范围；

（Ⅱ）其暂停或停止开展业务的具体日期；暂停开展业务的，其停业期间；

（Ⅲ）暂停或停止开展业务的原因。

第 15 条 电子记录的准备

（1）邮件发送合理化登记机构以《私人经营者等使用电信技术保存文件法》（2004 年第 149 号法令）第 3 条第（1）款规定的电子记录的形式准备法令第 22 条第（1）款规定的财务报告等的，可使用扫描仪（包括类似的图像读取系统）读取文件所载内容，制成电子记录，并储于邮件发送合理化登记机构的计算机文档中，或存储于使用磁盘或类似方式（下称"磁盘等"）忠实记录特定信息内容的媒介中。

（2）法令第 22 条第（2）款之事项（限于第（Ⅲ）项及第（Ⅳ）项之事项），应比照适用前款规定。

（3）依第（1）款之规定以电子记录的形式准备财务报告等的，必要时，该报告应能够通过使用该邮件发送合理化登记机构的计算机或其他设备清楚地展示于纸面上或输出设备的显示屏上。

第 16 条 电子记录内容的展示方法

（1）法令第 22 条第（2）款第（Ⅲ）项中，相关总务省令和内阁政令规定的方式，指将电子记录所载事项在纸面上或输出设备显示屏上进行呈现的方式。

（2）法令第22条第（2）款第（IV）项中，相关总务省令和内阁政令规定的方式，指邮件发送合理化登记机构从下述方式中所选择的方式：

（I）通过电信线路将邮件发送合理化登记机构所使用的计算机与提出要求者所使用的计算机联系起来，运用电子数据处理系统，使信息经由该电信线路传送至提出要求者的计算机，并存入于其所准备计算机文档中；

（II）传送至以磁盘等方式记录信息的媒介中。

（3）前款各项规定的方式，应使提出要求者可将记录内容导出，做成书面文件。

第17条　记录簿的记载

（1）法令第26条中相关总务省令和内阁政令规定的事项，具体如下：

（I）提供法令第14条第（1）款第（I）项规定的指导和建议的日期，该指导或建议的对象及内容；

（II）法令第14条第（1）款第（II）项规定的事实调查的调查结果；

（2）前款各项所列事项被记录于计算机文档或磁盘中，且在必要时，能够通过使用该邮件发送合理化登记机构的计算机或其他设备清楚地展示于纸面上或输出设备的显示屏上的，可以该记录替代法令第26条规定的在登记簿中的记载。

（3）邮件发送合理化登记机构应将法令第26条规定的登记簿，自其提供指导或建议、或进行调查之日起保存三年。

附则（2009年8月28日内阁政令·总务省令第2号）

本规则自《设立消费者厅及消费者委员会法》（2009年第48号法令）实施之日（2009年9月1日）起生效。

附表一（相关条款：第 10 条第（2）款）

长边

申请书

年　月　日

总务大臣或消费者厅长官　启

邮政编号：

地址：

联系方式：

姓名：　　　　　　　　印鉴：

　　基于下述事项，其所涉的特定电子邮件之发送违反《特定电子邮件传送管理法》第　条之规定，现根据《特定电子邮件传送管理法》第 8 条第 1 项之规定，申请采取适当措施。

相关事项

　　一、申请所指向的发送者或委托发送者的相关事宜：

　　二、申请所涉特定电子邮件或含有虚假不实的发送者信息的电子邮件呈现在接收者通信终端屏幕上的事项：

　　三、申请理由：

　　四、其他参考事项：

短边

注：

1. 纸张尺寸为日本工业规格 A4 纸；

2. 姓名一栏亲笔填写的，可不加盖印鉴；

3. 空白部分应根据案件情况及申请所涉法律条款之规定准确填写。

附表二（相关条款：第 10 条第（4）款）

长
边

申请书

年　　月　　日

总务大臣　启

邮政编号：

地址：

联系方式：

姓名：　　　　　　　印鉴：

基于下述事项，其所涉的特定电子邮件之发送违反《特定电子邮件传送管理法》第 6 条之规定，现根据《特定电子邮件传送管理法》第 8 条第 3 项之规定，申请采取适当措施。

相关事项

一、申请所指向的发送者或委托发送者的相关事宜：

二、申请所涉及的，向虚构的电子邮件地址发送的电子邮件的有关情况：

三、申请理由：

四、其他参考事项：

短边

注：

1. 纸张尺寸为日本工业规格 A4 纸；

2. 姓名一栏亲笔填写的，可不加盖印鉴。

韩国互联网多媒体广播业务法①

第一章　总则

第1条　目的

本法旨在保护用户的权利和利益，发展相关技术和产业，保障广播领域的公共利益，并提高国家文化水平，由此确保在广播服务与通讯相融合的环境中使用互联网多媒体的广播业务得到妥当运营，进而为国家经济的发展和公共福利的改善做出贡献。

第2条　定义

本法使用的用语定义如下：

（1）"互联网多媒体广播"，指用户通过电视终端接收的，提供包含数据、图像、声音、语音、电子商务在内的综合性内容和实时广播节目的广播，其使用宽带综合业务数字网络（针对使用分配给《无线电波法》第10条第（1）款第1项规定的关键电信业务的频率的服务而设立的电信线路设施除外，无论该设施是自有或租用的），并由双向互联网协议保证其服务的具体质量。

（2）"宽带综合业务数字网络等"，指《促进信息化框架法》第2条第5－2款规定的宽带综合业务数字网络，以及《公共电信服务法》第2条第3款规定的电信线路设施。

---

① Internet Multimedia Broadcast Business Act（2011）

（3）"实时广播节目"，指由互联网多媒体广播内容经营者或《广播法》第2条第3款规定的广播经营者组织的，在内容和节目安排上不作变更地实时提供或传输的节目。

（4）"互联网多媒体广播服务业务"，指符合以下条目的业务：

（a）互联网多媒体广播服务提供业务：即为了将相关内容用于互联网多媒体广播节目，互联网多媒体广播服务提供者依第18条第（1）款之规定接收到相关内容后，向用户提供这些内容的业务；

（b）互联网多媒体广播内容业务：即向互联网多媒体广播服务提供者提供互联网多媒体内容的业务。

（5）"互联网多媒体广播服务经营者"，指符合以下条目的经营者：

（a）互联网多媒体广播服务提供者：即获得第4条第（1）款规定的许可，开展互联网多媒体广播服务提供业务的人；

（b）互联网多媒体广播内容经营者：即已报告或登记，或已获得第18条第（2）款规定的批准，开展互联网多媒体广播内容业务的人。

第3条　与其他法律的关系

就互联网多媒体广播服务业务而言，本法优先于其他法律。

第二章　业务许可

第4条　对互联网多媒体广播服务提供者的许可

（1）打算开展互联网多媒体广播服务业务提供业务的，应获得韩国广播通信委员会的许可。

（2）只有公司有资格获得第（1）款规定的许可。

（3）打算获得第（1）款规定的许可的，应向韩国广播通信委员会提交一份书面申请，该申请应包括以下事项：

1. 申请公司的名称、地址，及其法定代表人的姓名；

2. 经营计划，包括广播内容的供需计划在内；

3. 其经济和技术能力的证明文件；

4. 对设施设备的计划（在租用主要设施的情况下，包括其租赁计划）；

5.《总统令》规定的其他事项。

（4）韩国广播通信委员会就互联网多媒体广播服务提供业务作出许可时，应对以下事项进行审查，并公布审查结果：

1. 把公共责任、公平正义和广播领域的公共利益付诸实践的可能性；

2. 广播内容供需计划的妥当性，以及对广播和视频产业发展的贡献程度；

3. 为保障付费广播市场的公平竞争而制定的相关计划的妥当性；

4. 包括机构组织及人才掌控在内的管理计划的妥当性；

5. 经济及技术能力；

6. 申请者为正在设立中的公司的，该公司是否已经设立完成；

7. 对设施设备的计划是否妥当；

8. 开展业务所必要的其他事项。

（5）已根据第 8867 号法令（2008 年 2 月 29 日）之规定删除。

（6）除非存在不符合资格条件的特殊理由，否则韩国广播通信委员会应在三个月内作出许可决定。

（7）第（1）款中对互联网多媒体广播服务提供业务的许可的必要程序、审查标准的分数分布及其他必要事项，由《总统令》规定。

第 5 条　许可的有效期

第 4 条第（1）款中对互联网多媒体广播服务提供业务的许可的有效期应在五年以内，具体时限由《总统令》规定。

第 5 条之二　许可的延续

（1）互联网多媒体广播服务提供者在其许可有效期届满后，打算继续开展互联网多媒体广播服务提供业务的，韩国通信委员会应延续其许可的有效期。

（2）韩国广播通信委员会打算依第（1）款之规定延续相关许可的有效期的，应对第 4 条第（4）款规定的事项及以下事项进行审查，并公布审查结果：

1. 之前为获得许可而制定的经营计划、其获得许可的条件以及其是否遵守了该条件；

2. 韩国广播通信委员会命令其纠正、处以附加罚款或过失罚款的细节和频率，以及其是否遵守了这些处置。

（3）第4条第（2）、（3）、（6）、（7）款之规定准用于第（1）款规定的对许可有效期的延续。

第6条 业务区域

（1）全国境内应被视为互联网多媒体广播服务提供业务的一个业务区域；但若韩国广播通信委员会认为有必要的，《中小企业框架法》第2条第（1）款规定的中小企业依申请第4条第（1）款规定的许可时不适用前述规定。

（2）《电信业务法》第39条第（3）款第1、2项规定的关键电信服务提供者已获得第4条第（1）款规定的许可的，韩国广播通信委员会应依《广播法》第12条第（2）款之规定公布广播区域，前述关键电信服务提供者应自其获得许可之日起，在不迟于《总统令》规定的时限内，在广播通信委员会公布的所有区域内开始提供服务；但由于自然灾害或其他不可抗力，导致关键电信服务提供者不能在前述时限内提供服务的，韩国广播通信委员会可依《总统令》之规定延长该时限，但仅可延长一次。

第7条 不合格的情形

（1）属于以下任一项者不得依第4条第（1）款之规定开展互联网多媒体广播服务提供业务：

1. 国家政府或地方政府；

2. 其持有的股份或股权超过第8条和第9条规定的所有权限制之公司；

3. 其依第24条第（1）款之规定被撤回许可不满三年之人。

（2）属于以下任一项者，不得担任获得第4条第（1）款之许可的公司的管理人员：

1. 未成年人、限制行为能力人或无行为能力人;

2. 已宣布破产,尚未复权的人;

3. 违反本法、《广播法》、《电信框架法》、《电信业务法》或《促进信息与通讯网络利用和信息保护法》之规定,被处以罚款或更严重之处罚的人,且其接受完处罚(包括其被视为已接受完处罚的)或被免予执行后不满三年的;

4. 触犯《刑法》第 87 至 90 条、第 92 条、第 101 条,《军事刑法》第 5 至 8 条、第 9 条第(2)款、第 11 至 16 条,或《国家安全法》第 3 至 9 条规定之犯罪,被处以不附带强制劳动的监禁或更重处罚的人,且其刑罚尚未执行完毕、或尚未批准免予执行、或暂停执行其刑罚的;

5. 依《安全监视法》之规定处于安全监视之下的人,或依《医疗和监护法》之规定处于医疗及监护之下的人。

(3)外国公司或组织的代表人、外国人不得担任获得第 4 条第(1)款之许可的公司的代表人。

第 8 条 禁止同时操作

(1)互联网多媒体广播服务提供者发行的股票应为记名股票。

(2)经营《促进报业法》规定的报刊公司或《促进新闻机构法》规定的新闻机构的公司(包括《总统令》认定的特别利益方),不得持有互联网多媒体广播服务提供者总股份或股权 49% 以上的股份或股权。

(3)对于参与新闻报道的普通节目编排或专门节目编排的互联网多媒体广播内容经营者,《垄断调控及公平交易法》第 2 条第 2 项规定的企业集团中,总资产等符合《总统令》规定之条件的企业集团旗下的公司及其联营公司(包括《总统令》认定的特别利益方),或者,经营《促进报业法》规定的报刊公司或《促进新闻机构法》规定的新闻机构的公司(包括《总统令》认定的特别利益方),不得持有前述经营者总股份或股权 49% 以上的股份或股权。

(4)对于《广播法》第 2 条及《广播法实施令》第 1 条之二规

定的电视广播频道经营者、无线电广播频道经营者、数据广播频道经营者，互联网多媒体广播服务提供者不得分别同时经营（即同时运作，或持有其总股份或股权5%以上的股份或股权）前述经营者总数1/5以上的经营者的广播频道业务。

第9条　对外国人持有股份的限制

（1）持股人依照其他条款之规定增持其股份或股权时，属于以下任一项者，不得持有互联网多媒体广播服务提供者或互联网多媒体广播内容经营者（参与新闻报道的普通节目编排或专门节目编排的互联网多媒体广播内容经营者除外）发行的总股份或股权49%以上的股份（限于有投票权股，亦包括投资份额及有投票权股之等价物，如存托凭证，下同；）或股权：

1. 外国政府或组织；

2. 外国人；

3. 最大股东为外国政府、外国机构或外国人（包括《外汇安全法》第2条第（20）款第1项规定的特别利益方；本项下同）的公司，且该最大股东持有的股份占其已发行的股份15%以上（若某公司持有的互联网多媒体广播服务提供者的股份或股权低于其所发行的总股份或股权1%的，则该公司除外；若某公司持有的互联网多媒体广播内容经营者的股份或股权低于其所发行的总股份或股权1%的，则该公司除外）。

（2）对于参与新闻报道的普通节目编排或专门节目编排的互联网多媒体广播内容经营者，第（1）款下任一项者不得持有其发行的总股份或股权20%以上的股份或股权。

第10条　对过量持股的股东限制

（1）违反第8条、第9条之规定的持股人不得就其持有或过量持有的股份行使表决权。

（2）韩国广播通信委员会可指定一不超过六个月的时限，命令违反第8条或第9条之规定的人，或者命令违反第8条或第9条之规定持有股份或股权的人在时限内纠正相关事项。

第11条 许可事项的修正

（1）获得第4条第（1）款规定之许可开展互联网多媒体广播提供业务者，打算依《总统令》之规定修正其许可的相关事项的，应依《总统令》之规定就该变更获得许可。

（2）第4条准用于针对修正事项的许可程序及审查的相关细节。

第三章 确保并促进公平竞争

第12条 鼓励公平竞争

（1）政府应致力于为互联网多媒体广播服务业务建立一个高效的竞争系统，创造一个公平的竞争环境，并尽力防止互联网多媒体广播服务业务中以不正当手段进行的商业操纵。

（2）政府应对互联网多媒体广播服务业的竞争情况进行评估，从而为构建第（1）款中高效的竞争系统和公平的竞争环境制定一系列竞争政策。

（3）第（2）款中竞争情况的评估事宜由《广播法》第35条之五第（1）款规定的广播市场竞争评估委员会具体负责。

（4）针对在互联网多媒体广播服务业务中以不正当手段进行商业操纵的具体防治方法，由《总统令》规定。

（5）依据第10857号法令（2011年7月14日）已删除。

第13条 对市场份额的规制

（1）相关经营者和互联网多媒体广播服务提供者（特指特殊利益方）进入市场时，特定互联网多媒体广播服务提供者不得向1/3以上的订购付费广播节目的家庭提供服务，前述付费广告服务包括在韩国广播通信委员会依《广播法》第12条第（1）款之规定公布的各个广播领域中进行的互联网多媒体广播、有线电视广播及卫星广播；但本法生效之日起一年内，相关互联网多媒体广播服务提供者不得向1/5以上的订购付费广播节目的家庭提供服务。

（2）互联网多媒体广播服务提供者违反第（1）款之规定的，韩国广播通信委员会可指定一不超过六个月的时限，命令其在时限内纠正相关事项。

（3）韩国广播通信委员会依第（2）款之规定命令广播服务提供者进行纠正的，广播服务提供者应在时限内纠正相关事项。

第 14 条　电信设施的平等使用

（1）打算开展互联网多媒体广播服务提供业务者，为提供相关服务之必要而要求接入并使用电信设施的，互联网多媒体广播服务提供者无正当理由（如其设施难以满足其自身业务需求，或其须为机密信息保密的）不得拒绝。

（2）互联网多媒体服务提供者没有正当理由的，不得就其自有的电信设施暂停或限制其他互联网多媒体服务提供者使用。

（3）互联网多媒体服务提供者不得以不公平的歧视性价格或条件向其他互联网多媒体服务提供者提供其自有的电信设施。

（4）有关第（1）款至第（3）款规定的电信设施的范围，对此类设施的拒绝、暂停或限制使用的理由、提供设施的方法和程序、使用设施的计价原则的必要事项，由《总统令》规定。

第 15 条　报告使用条款

（1）对于其打算提供的服务，互联网多媒体广播服务提供者应就用户使用该服务的费用和条件（下称"使用条款"）作出规定，并向韩国广播通信委员会报告该使用条款（报告使用条款的变更亦须报告），并获得韩国广播通信委员会对其服务费的批准（对相关事项的变更亦须获得批准）。

（2）欲就第（1）款规定的服务费获得批准（包括对变更事项的批准）者，应向韩国广播通信委员会提交证明材料，证明材料包括订购费、基础费用、使用费、追加服务的费用及其实际开支（对费用进行变更的，须包括变更前后的对比表）。

第 16 条　保护用户

（1）对于用户就其服务提出的合理意见及投诉，互联网多媒体广播服务提供者应及时处理。

（2）对于其在提供服务或电信设施的过程中所获取的用户个人信

息，互联网多媒体广播服务提供者应采取措施予以保护，且不得泄露此类个人信息；但当事人同意披露其个人信息的，或依其他法律之规定披露相关信息的除外。

（3）第（2）款规定的个人信息遭到非法披露，给用户造成损害的，互联网多媒体广播服务提供者应向用户提供合理赔偿。

第 17 条 禁令

（1）对于以下损害或有可能损害服务提供者间公平竞争或用户利益的行为，互联网多媒体广播服务提供者不得实施，也不得允许第三方实施：

1. 无正当理由拒绝提供互联网多媒体广播服务；

2. 不按照使用条款之规定提供互联网多媒体广播服务，或不按照合同规定收取服务费；

3. 非法使用其在提供互联网多媒体广播服务的过程中获取的用户个人信息；

4. 以显著优惠或不利的价格或条件提供互联网多媒体广播服务，不当地歧视或偏向用户；

5. 强迫互联网多媒体广播内容经营者签订不公平合同，或依赖其优势地位而拒绝合理分配利润；

6. 非法阻碍他人观看其他广播经营者的节目，或非法阻碍任何服务供应合同的签订；

7. 无正当理由拒绝、暂停或限制其他广播经营者为提供服务之必要而接入或使用电信设施（如电线杆塔、管道及电缆隧道）；

（2）互联网多媒体广播服务提供者实施第（1）款规定的行为的，韩国广播通信委员会在与公平交易委员会商议后，可依《总统令》之规定对相关互联网多媒体广播服务提供者处以不超过其销售额2%的附加罚款，具体罚款数额应综合考虑其违法细节、程度、持续时间、次数，以及其违法获利的数额；但其没有销售额或其销售额难以计算的，韩国广播通信委员会可依《总统令》之规定对其处以不超过五亿韩元的附加罚款。

（3）依第（2）款之规定被处以附加罚款者，未在时限内缴纳罚款的，韩国广播通信委员会应按照未按时缴纳国家税款的处理规则收取该附加罚款。

（4）有关第（1）款下各项行为的具体类型和标准的必要事项，由《总统令》规定。

第四章　互联网多媒体广播内容

第 18 条　对内容的规定

（1）《广播法》第 2 条第 3 款规定的广播经营者、《电信业务法》第 22 条规定的电信经营者、以及其他法律规定的创作或提供内容的经营者，可向互联网多媒体广播服务提供者提供互联网多媒体广播的内容。

（2）打算依第（1）款之规定提供内容者，应向韩国广播通信委员会报告或登记；但打算向互联网多媒体广播服务提供者提供专门的新闻报道内容，产品介绍及推销内容，或集新闻报道、文化及娱乐于一体的综合内容者，应取得韩国广播通信委员会的批准。

（3）第（2）款中的报告、登记或批准的必要程序、方法及具体细节的相关事项，由《总统令》规定。

第 19 条　内容产业的发展政策

政府应为发展内容产业单独指定并实施相关政策，包括促进向互联网多媒体广播服务提供者提供内容这一领域的公平竞争，以及保障促进相关产业发展所需的资金来源。

第 20 条　平等地获取内容

（1）就依第 18 条第（2）款之规定已报告、登记或获得许可的互联网多媒体广播内容经营者提供的广播节目而言，韩国广播通信委员会公告该广播节目（下称"主要广播节目"）符合《总统令》规定的标准的，前述互联网多媒体广播内容经营者应毫不歧视地以公平合理的价格将该广播节目提供给其他互联网多媒体广播服务提供者，以确保民众可观看到此类广播节目，并且，围绕主要广播节目签订的合同不得损害收看者的利益和公平的竞争秩序。

（2）韩国广播通信委员会公告第（1）款规定的主要广播节目时，应听取文化体育观光部长官、广播经营者和收看者的意见。

（3）互联网多媒体广播内容经营者违反第（1）款之规定的，韩国广播通信委员会可命令其采取必要措施进行纠正，例如停止违规行为等。在此种情况下，韩国广播通信委员会命令其采取纠正措施前，应给相关当事人一次陈述意见的机会，陈述意见应在韩国广播通信委员会指定的期限内进行；但相关当事人无正当理由不遵守前述命令的除外。

第 21 条　广播节目的管理和运营

（1）互联网多媒体广播服务提供者不得直接运营广播频道。

（2）《广播法》第 32 条、第 33 条及第 100 条之规定准用于对互联网多媒体广播内容经营者提供的实时广播节目之具体细节的审议事宜。

（3）《广播法》第 70 条第（1）至（3）款之规定准用于互联网多媒体广播服务提供者提供的实时广播节目。此时，"有线电视广播经营者"应解释为"互联网多媒体广播服务提供者"，"频道"应解释为"互联网多媒体广播服务提供者提供的实时广播节目单元"。

（4）《广播法》第 69 条、第 71 至 74 条、第 76 条、第 76 条之三、第 76 条之五、第 78 条第（1）至（4）款、第 78 条之二之规定，准用于内容经营者的广播节目编排、国内广播节目编排、非自制广播节目编排、商业广播节目、赞助者公开、广播节目的供应以及大众视听权利的保障事宜。此时，"广播经营者"应解释为"互联网多媒体广播服务提供者或互联网多媒体广播内容经营者"。

（5）《广播法》第 75 条之规定准用于对灾难性事件的播报。此时，"广播经营者"应解释为"互联网多媒体广播服务提供者"。

第五章　补充规定

第 22 条　停业及结业

（1）互联网多媒体广播服务提供者打算暂停或终止其全部或部分

业务时，应通知相关用户，并于其停业或结业前 30 天内向韩国广播通信委员会报告。

（2）互联网多媒体广播内容经营者打算暂停或终止其全部或部分业务时，应向韩国广播通信委员会报告。

第 23 条　根据第 10165 号法令（2010 年 3 月 22 日）之规定已删除。

第 24 条

（1）互联网多媒体广播服务提供者符合以下任一项的，韩国广播通信委员会可撤回其依本法之规定对相关业务作出的许可，或命令其暂停营业，广播通信委员会指定的停业期不得超过一年：

1. 其依欺诈或其他非法手段获得第 4 条第（1）款规定的许可的；

2. 其获得第 4 条第（1）款规定的许可后一年内未开展业务的，或其连续停业超过一年的；

3. 其未执行第 10 条第（2）款及第 13 条第（2）款规定的命令的。

（2）第（1）款规定的处置的标准和程序，以及其他必要事项，由《总统令》规定。

第 24 条之二　听证

韩国广播通信委员会打算依第 24 条之规定撤回对互联网多媒体广播业务的许可的，应举行听证会。

第 25 条　附加罚款

（1）互联网多媒体广播服务提供者出现第 24 条第（1）款中的情况时，若撤回对其业务的许可或责令其停业有可能给相关用户造成不便，或有可能损害公共利益的，韩国广播通信委员会可综合考虑其停业或被撤回许可的原因及其违规获利的金额，对相关互联网多媒体广播服务提供者处以不超过其互联网多媒体广播服务业务营业额 3% 的附加罚款，以作为责令停业或撤回许可的替代惩罚措施。

（2）依第（1）款之规定被处以附加罚款者未在时限内缴纳罚款

的，韩国广播通信委员会应按照未按时缴纳国家税款的处理规则收取该附加罚款。

（3）第（1）款中的违规类别及附加罚款的具体数额，以及其他相关事项，由《总统令》规定。

第 26 条 责令纠正

（1）互联网多媒体广播服务提供者符合以下任一项的，韩国广播通信委员会应责令其纠正：

1. 其业务处理程序被认为明显损害用户利益的；

2. 其互联网多媒体广播服务出现以外故障时未及时采取必要措施的；

3. 其违反本法或其他法律之规定的。

（2）对于未获得本法第 4 条第（1）款之许可而开展互联网多媒体广播服务提供业务的人，韩国广播通信委员会可责令其停止相关业务。

（3）对于未依第 18 条第（2）款之规定对其互联网多媒体广播业务进行报告、登记或获得许可的人，韩国广播通信委员会可责令其停止相关业务。

（4）韩国广播通信委员会可责令实施第 17 条第（1）款之违法行为的相关经营者采取纠正措施，如停止违法行为、变更使用条款及删除相关合同规定。

第六章　罚则

第 27 条 处罚规定

（1）符合以下任一项者，处两年以下有期徒刑，或处三千万韩元以下的罚款：

1. 未取得第 4 条第（1）款规定的许可（包括对变更事项的许可）而开展互联网多媒体广播服务提供业务者；

2. 违反第 14 条第（1）款之规定，无正当理由拒绝他人接入或使用必要的电信设施者；

3. 违反第 14 条第（2）款之规定，无正当理由暂停或限制他人使用互联网多媒体广播服务提供者自有的电信设施者；

4. 违反第 14 条第（3）款之规定，以不公正的歧视性价格或条件向其他互联网多媒体广播服务提供者提供其自有的电信设施者；

5. 违反第 16 条第（2）款之规定泄露信息者；

6. 违反第 24 条第（1）款中责令停业的命令者；

（2）公司的法定代表人、公司或其他个人的代理人、员工或其他雇佣人员，在履行该公司或个人之职责时，违反第（1）款第 2 至 4 项之规定的，除处罚行为人之外，还应对前述公司或个人处以相应的罚款；但该公司或个人为防止此类违法行为的发生已尽了合理的注意及监管义务的除外。

第 28 条 对过失的罚款

（1）符合以下任一项者，处一千万韩元以下的过失罚款：

1. 未提交第 12 条第（4）款规定的数据者；

2. 未依第 15 条第（1）款之规定报告其使用条款或就其服务费取得批准而开展互联网多媒体广播服务提供业务者；

3. 未提交第 15 条第（2）款规定的数据者；

4. 未依第 16 条之规定采取措施保护用户个人信息者；

5. 未依第 22 条之规定进行报告者；

6. 未执行第 26 条规定的纠正命令者。

（2）第（1）款规定的过失罚款由韩国广播通信委员会（下称"处罚机构"）依《总统令》之规定作出决定并收取。

（3）对第（2）款中过失罚款的决定不满的，可于其接到罚款通知之日起 30 日内，向处罚机构提出异议。

（4）对第（2）款中过失罚款的决定不满的人依第（3）款之规定向处罚机构提出异议的，处罚机构应毫不延迟地通知相关管辖法院，管辖法院接到通知后应依《非讼案件诉讼法》之规定对该过失罚款进行审理。

（5）被处罚者在时限内既未提出异议，又未缴纳罚款的，处罚机构应按照未按时缴纳国家税款的处理规则收取前述罚款。

生效日期 本法于公布之日起 6 个月后生效。

韩国互联网多媒体广播业务法实施细则①

第1条　目的

本法旨在对《互联网多媒体广播法》授权之事项及其他必要事项作出相关规定。

第2条　对互联网多媒体广播服务提供业务的许可

（1）《互联网多媒体广播法》（下称"法令"）第4条第（3）款第5项中，"《总统令》规定的事项"为下述事项：

1. 公司章程（正在设立中的公司除外）；

2. 将要设立或正在设立过程中的公司的相关文件（及该设立中的公司的附随文件）；

3. 公司的股份或股权文件。

（2）韩国广播通信委员会收到法令第4条第（3）款规定的申请后，应通过《电子政府法》第21条第（1）款规定的行政信息共享查阅注册公司登记簿（正在设立中的公司除外）。申请者与登记信息不符的，应提交相关证明文件。

（3）广播通信委员会收到法令第4条第（3）款规定的申请后，应对其是否符合法令第4条之规定进行审查，以决定是否许可其申请。广播通信委员会许可其申请的，应核发互联网多媒体广播业务许可证明。

---

① Implement law of the Internet Multi Media Broadcasting Business Act（2009）

（4）法令第 4 条第（4）款中每项审查事项之分值见表一。

（5）除第（1）款至第（4）款中已规定的事项外，审查的具体程序和方法、审查事项的具体细节以及许可互联网多媒体广播业务的其他必要事项，由互联网广播通信委员会进行规定。

第 3 条 法令第 5 条规定的对互联网多媒体广播业务的许可的有效期为五年。

第 4 条 许可有效期的延续

（1）依法令第 5 条之二之规定，互联网多媒体广播服务提供者打算延长其许可有效期的，应在其有效期届满前三个月内向广播通信委员会提交许可申请书，申请书应包含法令第 4 条第（3）款规定的事项，并附其营业情况的报告和互联网多媒体广播业务许可证明复印件，以要求延长其许可有效期。

（2）依法令第 4 条第（4）款之规定，针对延长许可有效期的申请，应审查以下事项：

1. 其是否实施了之前许可所批准的经营计划、之前的许可条件、以及之前许可的有关事项；

2. 广播通信委员会对其作出的纠正命令、广播通信委员会对其作出的附加处罚的内容和次数，以及其是否遵守了这些命令和处罚。

第 5 条 全国服务的起始时间

（1）法令第 6 条第（2）款中"《总统令》规定的时限"为三年。

（2）法令第 6 条第（2）款中取得许可的关键电信服务提供者由于自然灾害或其他不抗力的原因未能在第（1）款规定的时限内开展业务的，广播通信委员会可应关键电信服务提供者之要求将该时限延长一次，延长时间不超过一年。

第 6 条 禁止同时操作等

（1）法令第 8 条第（2）款、第（3）款中的"特别利益方"，指《广播法实施细则》第（1）款至第（4）款（第（2）款第 1 项除外）规定的相关人等。

（2）法令第 8 条第（3）款中"《总统令》规定的标准"，是指依

《垄断调控及公平交易法》第 14 条之规定被指定为须遵守互相投资限制的集团企业时，其总资产超过十万亿韩元。

第 7 条　对变更事项的许可

依法令第 11 条第（1）款之规定，对以下事项的变更需要获得许可：

1. 互联网多媒体广播提供者的收购和拆分；

2. 全部或部分或联网多媒体广播业务的转让。在此种情况下，业务受让者应就开展互联网多媒体广播业务的相关事项依法令第 4 条之规定获得许可；

3. 经营范围的变更。

第 8 条　促进公平竞争

（1）依法令第 12 条第（1）款之规定，为防止其他产业的主导业务向互联网多媒体广播产业转移，互联网多媒体广播提供者应依照广播通信委员会的相关公告，对其互联网多媒体广播业务的账目和其他业务的账目作出区分。

（2）互联网多媒体广播提供者应在每个会计年度结束前三个月内，向广播通信委员会提交包括第（1）款规定的账目在内的业绩报告，以及其网上订购业务的相关证明。

（3）广播通信委员会应对第（2）款规定的业绩报告进行核查。

（4）广播通信委员会依第（3）款之规定对互联网多媒体广播提供者的相关事实进行核查时认为有所必要的，可要求其提交相关数据或对其进行视察。

第 9 条　竞争情况评估委员会的设立和运作

（1）在广播通信委员会下设立竞争情况评估委员会（下称"评估委员会"），以依照法令第 12 条第（2）款之规定对以下事项进行审查：

1. 对互联网多媒体广播提供者之间的竞争情况进行分析和评估；

2. 给互联网多媒体广播提供者建立一个高效的竞争系统和公平的竞争环境；

3. 为给互联网多媒体广播产业建立一个公平的竞争环境而列入评估委员会主席（下称"主席"）议程中的其他事项；

（2）委员由主席从符合以下任一项条件的人选中提名或任命：

1. 行政岗位的高级公务员或政治性质的公务员；

2. 曾在符合《高等教育法》第二款第 1 至 3 项之规定的学校任高级教员 10 年以上，研究领域为广播、通信或公平竞争专业者；

3. 曾在著名研究中心任研究员 10 年以上，研究领域为广播、通信或公平竞争专业者；

4. 曾任法官、检察官或律师 10 年以上者；

5. 现在或曾经在与传媒产业（例如广播、通信等）相关的委员会或组织中任主管人员 10 年以上者；

6. 现在在公民组织（即《非盈利性非政府组织支助法》第 2 条规定的非盈利性非政府组织）中从事广播、通信或公平竞争领域的研究，并具有第 2 款至第 4 款规定的相关知识与经验者。

（3）每位委员的任期为两年，可连任一次。

（4）评估委员会的会议由主席召集并主持。

（5）主席召集评估委员会的会议时，应在会议召开前 7 日内将会议时间、地点和议程以书面或电子邮件形式通知各委员；但出于紧急原因或其他合理原因的除外。

（6）评估委员会决议应同时经过全体委员多数同意和参加会议的委员多数同意。

（7）评估委员会可于必要时听取公务员或相关专家的意见。

（8）评估委员会中应设一名监督人，该监督人由评估委员会主席从广播通信委员会中的公务员中指定。

（9）评估委员会委员可获得一定预算限制内的津贴；但公务员参加相关会议的，不享受该津贴。

（10）除第（1）款至第（9）款之规定外，有关评估委员会之设立和运行的必要事项，由评估委员会及其主席以决议形式决定。

第 10 条 评估竞争状况的标准、程序和方法等

（1）评估委员会为评估竞争情况而划分核心市场和连带市场时，应综合考虑下列因素：

1. 服务供需的可替换性；

2. 服务提供的领域和地理范围；

3. 不同购买能力和议价能力的用户的特征，或用户的个体特征。

（2）评估委员会以依第（1）款之规定划分的核心市场和连带市场为基础对竞争情况进行评估时，应综合考虑以下因素：

1. 市场结构：竞争的经营者的数量、竞争的经营者的股份或股权持有情况、市场进入的壁垒、市场份额、广播内容的供需情况等；

2. 用户反应：服务信息的可及性、服务的可选择性或更换该服务的难易程度等；

3. 市场表现：经营者的费率、服务质量、营利性等；

4. 互联网多媒体广播提供者的行为：费用、质量竞争、技术研发的水平。

5. 互联网多媒体广播提供业务的核心市场和连带市场的其他情况。

（3）为对竞争情况进行评估，评估委员会可设立专门机构进行调查研究及统计分析等工作。

第 11 条　构建公平竞争环境的政策

广播通信委员会应基于竞争环境的评估结果制定并实施相关政策，以给互联网多媒体广播业构建一个高效的竞争系统和公平的竞争环境。

第 12 条　电信设施的平等使用

（1）法令第 14 条第（1）款规定的电信设施是指开展互联网多媒体广播业务所必需的设施。打算开展互联网多媒体广播业务者依法令第 14 条第（1）款之规定要求接入或使用前述必要设施时，若遭到拒绝而自行设立相关设施或改用他人之设施的，则可认为前述必要设施丧失了市场竞争力且未进行公平竞争。

（2）将法令第 14 条第（1）款中的电信设施可分为线路设施

（如数字网络）和基础设施（如电线杆塔、管道及通信装置）两类，具体的设施类别由广播通信委员会加以规定并公布。

（3）可依法令第 14 条第（1）款之规定拒绝提供电信设施的合理理由如下：

1. 第（1）款规定的电信设施的相关设施不符合技术标准或国家标准的；

2. 所需提供的或更换的电信设施属于不同的技术类型，有可能对商业运营造成损失或破坏的；

3. 提供该电信设施会对依赖于该电信设施的相关服务造成明显损害的；

4. 没有多余的设施或容量可供他人使用的；

5. 对保护互联网多媒体广播提供者的销售信息有明显必要的；

6. 自接到接入或使用设施的要求之日起一年内，有针对设施改善的施工计划或设施搬迁计划的。

（4）可依法令第 14 条第（2）款之规定暂停或限制他人使用电信设施的合理理由如下：

1. 第（3）款第 1 项至第 3 项之理由；

2. 由于遭受黑客攻击或计算机病毒而导致技术故障的；

3. 停业或结业的；

4. 设施由于遭受自然灾害而难以正常运作的。

（5）依法令第 14 条第（1）款之规定要求接入或使用电信设施的人（下称"业务要求方"），应向拥有该电信设施的互联网多媒体广播提供者提交书面材料，列明其所需设施的条件、类型、标准及其使用地点、期限和方法。

（6）互联网多媒体广播提供者收到第（5）款规定的要求后，应于 15 日内告知业务要求方其是否能够提供该电信设施，以及其何时能够提供该电信设施。互联网多媒体广播提供者有第（3）款规定的合理理由而不能提供电信设施的，其应将相关理由书面告知业务要求方。

（7）互联网多媒体广播提供者收到第（5）款规定的要求后，依第（6）款之规定告知业务要求方其能够提供电信设施的，其应于收到要求之日起45日内与业务要求方签订合同，并应于合同签订之日起30日内提供该电信设施。

（8）法令第14条第（4）款规定的电信设施的使用费，应基于该电信设施的使用成本协商设定。此时，电信设施的使用成本应综合其折旧费、维修费及运营费等，以公平合理的方式进行计算。

（9）除第1项至第8项之规定外，有关平等使用电信设施的必要事项，由广播通信委员会规定并公布。

第13条　附加罚款

（1）法令第17条第（2）款中，"营业额"指互联网多媒体广播提供者开展互联网多媒体广播业务以来最近三个会计年度的年平均营业额；但互联网多媒体广播提供者开展该业务不足三年的，则将其开展该业务以来最近一个会计年度的营业额视为其年平均营业额，其在最近这一个会计年度才开展该业务的，则将其从开展该业务之日到其违规之日期间的营业额视为其年平均营业额。

（2）依法令第17条第（2）款之规定处以附加罚款的违法类型、罚款限额及其计算标准，见表二。

（3）法令第17条第（2）款中，"其没有营业额或其营业额难以计算"指以下情况：

1. 因其尚未开展业务或已停业而无营业额可循的；

2. 自然灾害等导致其相关数据受损或丢失，因而难以计算其营业额的。

第14条　附加罚款的作出和收取

（1）广播通信委员会依法令第17条第（2）款之规定作出附加罚款决定时，应查明并确认相关违法情况，将违法事实、罚款数额、提出异议的方法和时限书面告知受罚的互联网多媒体广播提供者，通知其缴纳罚款。

（2）依第（1）款之规定被处以附加罚款者，应于其收到罚款通知之日起 20 日内至广播通信委员会指定的相关机构处缴纳罚款；但其因自然灾害或其他原因不能按时缴纳罚款的，应在阻滞事由消失后 7 日内缴纳罚款。

（3）收缴罚款的机构依第（2）款之规定收到罚款后，应向缴纳罚款者出具收据。

（4）收缴罚款的机构依第（2）款之规定收到罚款后，应将该罚款已经收缴的事实通知广播通信委员会。

第 15 条　禁令的类型和标准

（1）法令第 17 条第（1）款所禁止的行为的类型及其标准，见表三。

（2）广播通信委员会可就第（1）款规定的类型和标准的具体条件进行公告。

第 16 条　内容经营者的报告和登记

（1）属于以下任一项者（法令第 18 条第（2）款已作出规定的除外），应依法令第 18 条第（2）款正文之规定，就其互联网多媒体广播内容业务向广播通信委员会进行报告：

1.《广播法》第 2 条第（3）款规定的广播经营者，其打算向互联网多媒体广播提供者提供广播内容（若其为普通有线广播经营者或卫星广播经营者，则仅指为相关频道所直接使用的内容）的；

2. 依《电信业务法》第 21 条之规定须向广播通信委员会进行报告的增值电信服务经营者（包括依《电信业务法》第 21 条之规定无须实际进行报告的增值电信服务经营者，本条下同），其打算向互联网多媒体广播提供者提供广播内容的；

3. 依其他法律之规定创制并向互联网多媒体广播提供者提供广播内容者。

（2）属于以下任一项者，应依法令第 18 条第（2）款正文之规定，就其互联网多媒体广播内容业务于广播通信委员会处进行登记：

1.《广播法》第 2 条第（3）款规定的广播经营者，其打算向互联网多媒体广播提供者提供未依《广播法》之规定获得批准或进行登记、核查的实时广播节目内容（若其为普通有线广播经营者或卫星广播经营者，则仅指为相关频道所直接使用的内容）的；

2. 依其他法律之规定创制并提供广播内容者，及依《电信业务法》第21条之规定须向广播通信委员会进行报告的增值电信服务经营者，其打算向互联网多媒体广播提供者提供实时广播节目内容的。

第17条 内容经营者进行报告或登记的程序

（1）打算依第16条第（1）款之规定就其互联网多媒体广播业务进行报告者，应向广播通信委员会提交互联网多媒体广播内容业务报告表，报告表应包括下列内容：

1. 经营者的名称；

2. 其首席执行官的姓名；

3. 其产品或服务的名称；

4. 该内容所涉领域；

5. 其主要办公场所及主要设施的所在地；

6. 实收资本（仅针对公司而言）；

7. 所持有的股票或股份占其已发行的股票或总股份5%以上的股东或投资者之组成（仅针对公司而言）；

8. 法令第9条规定的外国人的持股情况，以及相关证明材料（仅针对公司而言）；

9. 依照其他法律之规定，证明其从事广播内容的创制及供应业务的材料（仅针对第16条第（1）款第3项规定的广播内容创制及提供者）；

（2）广播通信委员会依第（1）款规定的对开展互联网多媒体广播内容业务的报告申请后，应向报告者发放互联网多媒体广播内容业务报告表。

（3）已依第（1）款之规定向广播通信委员会作出报告的互联网多媒体广播内容经营者，其变更第（1）款第1项规定之事项的，应于其变更之日起7日内向广播通信委员会报告该变更；但第（1）款第7项或第8项规定之事项发生变更的，互联网多媒体广播内容经营者应将该年年底前的变更内容于来年三月底前向广播通行委员会进行报告。

（4）第16条第（2）款规定的对互联网多媒体广播内容业务进行登记的相关事项，应适用《广播法实施细则》第8条之规定。

（5）除第（1）项至第（4）项之规定外，有关对互联网多媒体广播内容业务进行报告或登记的具体程序和方法，广播通信委员会可于必要时作出规定并予以公布。

第18条　对内容业经营者的批准程序

（1）打算依法令第18条第（2）款之规定就其互联网多媒体广播内容业务获得批准者，应向广播通信委员会提交互联网多媒体广播内容业务申请批复表，该申请批复表应包括第17条第（1）款规定之事项。但法令第18条第（1）款规定的经营者尚未依《广播法》第9条第（5）款之规定就其广播频道业务获得批准的，其应遵照《广播法实施细则》第10条之规定行事。

（2）在其已获批准的事项中，互联网多媒体广播内容经营者打算变更以下事项的，其应向广播通信委员会就其互联网多媒体广播内容业务提交变更申请表，此时，对变更以下第2项、第3项之事项的批准，适用《广播法实施细则》第15条第1款、第2款之规定；并且，互联网多媒体广播内容经营者打算变更其已获批准的第17条第（1）款（第4项除外）规定的事项的，其应于变更之日起7日内向广播通行委员会报告：

1. 第17条第（1）款第4项规定之事项；

2. 内容经营者的最大投资方（即其自身和其关联人所持有的有投票权的股权或股份总计占比最大的投资方）；

3. 实际握有支配性管理权的人。

（3）广播通信委员会收到第（1）款、第（2）款规定的申请表或变更申请表后，应于收到申请之日起30内决定是否批准，并向申请者通知其决定。

（4）除第（1）款至第（3）款之规定外，有关批准（包括对变更相关事项的批准）的具体程序及方法，广播通信委员会可于必要时作出规定并予以公布。

第19条 平等地获取内容

对于互联网多媒体广播内容经营者提供的实时广播节目，广播通信委员会综合考虑以下各项标准后，可依法令第20条第（1）款之规定对其进行公告：

1. 该实时广播节目的收视率或市场占有率是否超过了广播通信委员会规定的比率；

2. 该实时广播节目所带来的公共利益；

3. 若拒绝、暂停或限制对该实时广播节目的接收、使用或交易，是否会导致互联网多媒体广播提供者竞争力的明显下降，进而阻碍其与其他经营者间的公平竞争。

第20条 适用《广播法实施细则》之规定

（1）针对互联网多媒体广播内容提供者提供的实时广播节目的内容审查制度，适用《广播法实施细则》第21条和第66条之二之规定。此时，"广播经营者、有线电视广播经营者和电子公告板经营者"改为"依法令第18条第（2）款之规定进行报告（依第16条第（2）款、第（3）款之规定进行报告的经营者除外）、登记或获得许可的互联网多媒体广播内容经营者"。

（2）互联多媒体广播提供者提供的实时广播节目的组成及运营，用《广播法实施细则》第53条第（1）款第2项、第（2）款第2项（其下子项（a）和子项（b）除外）、第（3）款、第（4）款、及第54条之规定，并遵守以下规则：

1.《广播法实施细则》第53条第（1）款第2项下子项（a）中，"超过70个频道"改为"超过70或70以上（适用于所有互联网多媒体广播内容经营者提供的电视实时广播节目单元超过70个时）个频道"；

2.《广播法实施细则》第53条第（1）款第2项下子项（a）、（b）、（c）中，"广播频道使用者"改为"广播频道使用者（仅指互

联网多媒体广播内容经营者)";

3. 《广播法实施细则》第 53 条第（2）款第 2 项下子项（d）中，"超过20%（以卫星接收信息的手持式多媒体广播经营者除外）"改为"超过20%（以卫星接收信息的手持式多媒体广播经营者除外）的（适用于所有互联网多媒体广播内容经营者提供的电视实时广播节目单元超过 70 个时）";

4. 《广播法实施细则》第 54 条第（1）款中，"公共频道及传播宗教信仰的频道"改为"公共频道及传播宗教信仰的频道（适用于互联网多媒体广播内容经营者提供的实时广播节目）"。

（3）互联网多媒体广播内容经营者对广播节目的编排，适用《广播法实施细则》第 50 条至第 52 条、及第 52 条之二之规定；依第 16 条第（2）款正文之规定、第 18 条第（1）款之规定已登记或已获批准的互联网多媒体广播内容经营者，其对特定广播节目的编排，适用《广播法实施细则》第 50 条第（4）款第 1 项下子项（c）之规定。此时，"广播经营者"改为"依法令第 18 条第（2）款之规定已报告、登记或已获批准的互联网多媒体广播内容经营者（依第 16 条第（1）款第 2、3 项进行报告的经营者除外）"。

（4）互联网多媒体广播内容经营者对自制的广播节目的编排，适用《广播法实施细则》第 57 条之规定；依第 16 条第（2）款正文之规定、第 18 条第（1）款之规定已登记或已获批准的互联网多媒体广播内容经营者，其自制国内广播节目的比例，适用《广播法实施细则》第 57 条第（1）款第 3 项之规定。此时，"广播经营者"改为"依法令第 18 条第（2）款之规定已报告、登记或已获批准的互联网多媒体广播内容经营者（依第 16 条第（1）款第 2、3 项进行报告的经营者除外）"。

（5）互联网多媒体广播内容经营者对他人制作的广播节目的编排，适用《广播法实施细则》第 58 条之规定。此时，"广播经营者"改为"依法令第 18 条第（2）款之规定已报告、登记或已获批准的互联网多媒体广播内容经营者（依第 16 条第（1）款第 2、3 项进行报告的经营者除外)"。

(6) 互联网多媒体广播内容经营者的商业广告节目,适用《广播法实施细则》第 59 条之规定;依第 16 条第 (2) 款正文之规定、第 18 条第 (1) 款之规定已登记或已获批准的互联网多媒体广播内容经营者,其商业广告节目的许可范围,适用《广播法实施细则》第 59 条第 (2) 款第 2 项之规定。此时,"广播经营者"改为"依法令第 18 条第 (2) 款之规定已报告、登记或已获批准的互联网多媒体广播内容经营者(依第 16 条第 (1) 款第 2、3 项进行报告的经营者除外)"。

(7) 互联网多媒体广播内容经营者对其赞助商的公告事宜,适用《广播法实施细则》第 60 条之规定。此时,"广播经营者"改为"依法令第 18 条第 (2) 款之规定已报告、登记或已获批准的互联网多媒体广播内容经营者(依第 16 条第 (1) 款第 2、3 项进行报告的经营者除外)"。

(8) 互联网多媒体广播内容经营者就民众观看广播节目的权利应采取的保障措施,适用《广播法实施细则》第 60 条之三至第 60 条之六之规定。此时,"广播经营者"改为"依法令第 18 条第 (2) 款之规定已报告、登记或已获批准的互联网多媒体广播内容经营者(依第 16 条第 (1) 款第 2、3 项进行报告的经营者除外)"。

(9) 互联网多媒体广播经营者的转播事宜,适用《广播法实施细则》第 61 条之规定。此时,"普通有线广播经营者和有线电视广播经营者"改为"互联网多媒体广播提供者"。

(10) 对外国广播经营者通过互联网多媒体广播提供者向国内转播广播节目的批准,适用《广播法实施细则》第 61 条之三(第 (2) 款第 1 项下子项 (a) 除外)之规定。此时,"广播经营者"和"普通有线广播经营者和卫星广播经营者"均改为"互联网多媒体广播提供者"。

第 21 条　经营者的出资

(1) 依法令第 23 条之规定,广播通信委员会可要求互联网多媒体广播提供者向《广播法》第36条设立的广播发展基金会出资，但其互联网多媒体广播提供业务已通过批准3年的除外。

（2）广播通信委员会应综合考虑该互联网多媒体广播提供者的财政状况、其下工作人数及其业务所带来的公共利益，以确定第（1）款规定的出资额占其互联网多媒体广播业务营业额的比例，该比率不得超过6%。

（3）互联网多媒体广播提供者应向广播通信委员会提交必要的相关数据，以供广播通信委员会计算第（2）款规定的出资额。

（4）广播通信委员会依第（1）款、第（2）款之规定要求互联网多媒体广播提供者出资的，应通知其出资额、付款时限和收款人。

（5）互联网多媒体广播提供者收到第（4）款规定的通知后，应在付款时限内向广播通信委员会指定的收款人缴付出资。

（6）除第（1）款至第（5）款之规定外，有关出资额的计算和决定，广播通信委员会可于必要时作出规定并公布。

第22条　撤回许可等

（1）法令第24条第（1）款规定的撤回许可和责令停业的标准，见表四。

（2）广播通信委员会依法令第24条第（1）款之规定作出撤回许可或责令停业的决定的，应将相关事实书面告知该互联网多媒体广播提供者。

第23条　附加罚款

（1）法令第25条第（1）款规定的"营业额"，适用第13条第（1）款之规定。

（2）广播通信委员会决定附加罚款的数额时，应考虑其违法的程度和次数。

（3）依法令第25条第（1）款之规定可处以附加罚款的违法类型及其罚款数额，见表五。

（4）法令第25条第（1）款规定的附加罚款的作出和缴付，适用第14条之规定。

第 24 条 罚款的作出

依法令第 28 条第（1）款之规定处以罚款的标准，见表六。

生效日期 本法自公布之日其生效。

表一 各审查事项之分值

（相关条款：第 2 条第（4）款）

审查事项	分值
1. 将公共责任、公平正义和广播领域的公共利益付诸实践的可能性。	80
2. 广播内容供需计划的妥当性，以及对广播和视频产业发展的贡献程度。	100
3. 为保障广播市场的公平竞争而制定的相关计划的妥当性。	80
4. 包括机构组织及人才掌控在内的管理计划的妥当性。	80
5. 经济能力。	80
6. 设备方案的妥当性和技术能力。	80
总分	500

表二 处以附加罚款的违法类型、罚款限额及其计算标准

（相关条款：第 13 条第（2）款）

1. 不同违法类型的罚款限额：

A. 实施法令第 17 条第（1）款第 1、2、4 项之行为：其营业额 1% 以下；

B. 实施法令第 17 条第（1）款第 3 项之行为：其营业额 1.5% 以下；

C. 实施法令第 17 条第（1）款第 5 至 7 项之行为：其营业额 2% 以下；

D. 无营业或营业额难以计算的：5 亿韩元以下。

2. 附加罚款的计算步骤和标准：

A. 附加罚款的计算步骤：附加罚款应考虑法令第 17 条第（2）款规定的因素，以及该违法行为是否对相关市场造成了重要影响，在标准额之上进行强制加重，再进行酌定加重或减轻，最后得出数值。

B. 基于计算步骤和考量因素的计算方法：

1）标准额的计算：

A）标准额为营业额乘以 B）项规定的处罚比例，此处的营业额指互联网多媒体广播提供者的违法行为在其违法期间所直接或间接涉及的服务的营业额（下称"相关营业额"），标准额不得超过相关营业额的2%。

B）处罚比例按照违法级别（违法级别取决于违法的内容和程度）的不同，分为以下三档：

违法级别	处罚比例
极其严重违法	1% ~ 2.5%
严重违法	0.5% ~ 1%
非严重违法	1% 以下

C）计算相关营业额时，违法期间是指从其开始违法之日起至违法行为结束时所经过期间，并且，相关营业额应以诸如业绩报告等会计数据为基础进行计算。

D）无相关营业额可循或相关营业额难以计算的，标准额的计算应取决于其违法级别、相关会计数（如该互联网多媒体广播提供者及类似业务提供者的财政报表）、销售情况的数据（如会员数及其比例）、以往的营业表现、经营计划和市场情况。此时，计算所得的标准额超过五亿韩元的，以五亿韩元计。

2）强制加重：

A）考虑到当事人违法次数和持续时间的不同，在其标准额之上添加不超过其标准额50%的数值，再将这一计算结果与其违法获利额进行比较，较高者即为其强制加重额。

B）违法行为的持续时间分为短期、中期和长期，且有连续多次违法行为的，违法的持续时间与其违法次数成正比。

3）酌定加重或减轻：

考虑到违法行为对相关市场造成的影响，如该当事人是否为主犯、是否故意违法、是否悔罪、是否配合调查、在调查期间是否仍持续或加重了其违法行为、违法行为导致的其市场份额或会员数的变化，对计算强制加重额时的50%酌定加重或减轻。

3. 具体标准

处以附加罚款的各计算步骤中标准额、强制加重、酌定加重或减轻的具体细节，以及加重、减轻时各考量因素的具体标准，由广播通信委员会进行规定并公布。

表三 禁止实施的行为类型及标准

（相关条款：第 15 条第（1）款）

1. 拒绝提供服务

法令第 17 条（1）款第 1 项禁止实施的行为指以下任一项行为：

A. 某一业务领域的互联网多媒体广播提供者的特定用户提出使用要求时，无正当理由（例如缺乏相应设施）拒绝向其提供互联网多媒体广播服务；

B. 无正当理由拒绝向特定用户提供特定服务；

C. 尽管并未出现使用协议中列明的理由（如对方延迟付款），无正当理由仍暂停向对方提供互联网多媒体广播服务或终止使用条款；

D. 无正当理由将互联网多媒体广播服务与电信业务捆绑销售，而拒绝单独提供互联网多媒体广播服务。

2. 违反使用协议之规定提供服务或收取服务费

法令第 17 条（1）款第 2 项禁止实施的行为指以下任一项行为：

A. 违反使用协议之规定提供服务，明显损害用户利益的；

B. 违反使用协议之规定收取服务费，明显损害用户利益的；

C. 未确认用户是否有接受该服务的意愿就向其提供服务，明显损害用户利益的。

3. 不当使用用户信息

法令第 17 条（1）款第 3 项禁止实施的行为指以下任一项行为：

A. 不当披露其在提供互联网多媒体广播服务的过程中所获取的用户信息，或向第三方非法提供该信息；

B. 在销售活动中使用其在提供互联网多媒体广播服务的过程中所获取的用户信息。

4. 不当歧视用户

法令第 17 条（1）款第 4 项禁止实施的行为指以下任一项行为：

A. 在多媒体广播服务的服务费、服务条件和服务装置的条款中，提供或拟定优势或劣势条款，对用户构成歧视的；

B. 与用户签订在使用费或使用期限方面明显不利于用户的合同，对特定用户构成歧视的，如故意向特定用户提供歧视性的服务或删除销售记录；

C. 将互联网多媒体广播服务与其他电信业务或广播业务捆绑销售时，向使用这种捆绑业务的用户以更有利的使用费或使用期限提供互联网多媒体广播服务，对其他单独使用互联网多媒体广播服务的用户构成歧视的。

5. 滥用其对于互联网多媒体广播经营者的优势地位

法令第17条第（1）款第5项禁止实施的行为指以下任一项行为：

A. 利用其优势地位，通过在合同中限制对互联网多媒体广播内容经营者的损害赔偿责任，或限制互联网多媒体广播内容经营者的合同解除权，而使该合同对互联网多媒体广播内容经营者明显不利；

B. 利用其优势地位，要求相关互联网多媒体广播内容经营者拒绝与其他互联网多媒体广播经营者签订内容供应合同，或要求其与他人签订歧视性合同；

C. 利用其优势地位，向相关互联网多媒体广播内容经营者进行明显不合理的、或明显超出正常水平的、或明显不足的利润分配。

6. 阻碍其他广播经营者

法令第17条第（1）款第6项禁止实施的行为指以下任一项行为：

A. 以不当方式阻碍他人提供服务，如损坏其他互联网多媒体广播内容经营者的设施设备，以抑制其他互联网多媒体广播内容经营者服务的使用率；

B. 通过延迟访问链接、非法教唆、提供高额利润等方法，阻碍其他互联网多媒体广播内容经营者与用户间服务合同的签订，以抑制其他互联网多媒体广播内容经营者服务的使用率；

C. 通过提供其他互联网多媒体广播内容经营者或其自己的互联网多媒体广播内容经营者在互联网多媒体广播服务使用费、使用期限及服务质量方面的错误信息，阻碍相关内容供应合同的签订；

D. 签订不当排除用户和其他互联网多媒体广播内容经营者享受互联网多媒体广播服务的排他性合同。

7. 拒绝、暂停或限制对法定电信设施的使用或接入

法令第17条第（1）款第7项禁止实施的行为指以下任一项行为：

A. 其他互联网多媒体广播内容经营者为提供服务之必要而要求使用或接入法定电信设施时，无正当理由拒绝与其磋商、签订合同或履行相关合同；

B. 无正当理由阻止或限制其他互联网多媒体广播经营者依合同之规定使用其电信设施；

C. 无正当理由对其他互联网多媒体广播经营者使用其电信设施提出有差别的使用价格和使用条件。

表四 撤回许可等的标准

（相关条款：第22条第（1）款）

1. 常规标准

A. 有两项处罚标准不同的违法行为时，依较重的处罚规则进行处罚；处以两项以上的停业处罚时，应累加各项处罚的停业时间，但总时长不得超过一年；

B. 广播通信委员会作出停业命令时，可结合其违法程度，责令其在一定时间内暂停部分业务。

C. 当事人已经停业的，广播通信委员会可综合考虑其违法程度和违法次数，延长或缩短其停业期，延长或缩短的停业期不得超过其本来停业期的1/2；并且，延长其停业期的，总时长不得超过1年。

2. 具体标准

违法行为	相关条款	处罚标准
1. 以欺诈或其他非法手段获得许可的	法令第24条第（1）款第1项	撤回许可
2. 自其获得许可之日起一年内未开展业务的，或其停业超过一年的	法令第24条第（1）款第2项	撤回许可（若其行为是由自然灾害多所引起的，或有合理原因的，则责令停业六个月）
3. 未执行第10条第（2）款规定的命令的	法令第24条第（1）款第3项	责令停业六个月
4. 未执行第13条第（2）款规定的命令的	法令第24条第（1）款第3项	责令停业六个月

表五 不同违法类型的附加罚款
（相关条款：第 23 条第（3）款）

违法行为	相关条文	附加罚款额
1. 以欺诈或其他非法手段获得许可的	法令第 25 条第（3）款	第 13 条第（1）款规定的营业额的 2%
2. 自其获得许可之日起一年内未开展业务的，或其停业超过一年的	法令第 25 条第（3）款	第 13 条第（1）款规定的营业额的 1.5%
3. 未执行第 10 条第（2）款及第 13 条第（2）款规定的命令的	法令第 25 条第（3）款	第 13 条第（1）款规定的营业额的 1%

表六 不同违法类型的罚款标准
（相关条款：第 24 条）

违法行为	相关条文	罚款额
1. 未提交法令第 12 条第（4）款规定的数据者；	法令第 28 条第（1）款第 1 项	一千万韩元
2. 未依法令第 15 条第（1）款之规定报告其使用协议或就其服务费取得批准而开展互联网多媒体广播服务提供业务者；	法令第 28 条第（1）款第 2 项	一千万韩元
3. 未提交法令第 15 条第（2）款规定的文件者；	法令第 28 条第（1）款第 3 项	五百万韩元
4. 未依法令第 16 条之规定采取措施保护用户个人信息者；	法令第 28 条第（1）款第 4 项	一千万韩元
5. 未依法令第 22 条之规定进行报告者；	法令第 28 条第（1）款第 5 项	五百万韩元
6. 未执行法令第 26 条规定的命令者。	法令第 28 条第（1）款第 6 项	一千万韩元

韩国促进信息与通讯网络利用和信息保护法①

第一章　总则

第1条　目的

本法旨在促进对信息与通讯网络的利用，保护信息与通讯服务使用者的个人信息，营造更加完善安全的信息与通讯网络使用环境，从而改善国民生活、加强公共福利。

第2条　定义

（1）本法使用的用语定义如下：

1. "信息与通讯网络"，指通过《电信业务法》第2条第2款规定的电信设施设备，或通过利用计算机及与这些电信设施设备有关的计算机应用技术来收集、加工、储存、搜索、传输或接收信息的信息与通讯系统。

2. "信息与通讯服务"，指《电信业务法》第2条第6款规定的电信服务，以及利用此种电信服务提供信息或提供信息中介的服务。

3. "信息与通讯服务提供者"，指《电信业务法》第2条第8款规定的电信业务运营者，以及其他以营利为目的而利用电信运营者提供的服务来提供信息或提供信息中介的人。

---

① Act on Promotion of Information and Comunicantions Network Utilization and Information Protection（2010）

4．"用户"，指使用信息与通讯服务提供者所提供的信息与通讯服务的人。

5．"电子文件"，指通过能够进行信息加工的装置（例如电脑）以电子化的规范文件形式预制、传输、接收或储存的数据。

6．"个人信息"，指属于一个生存着的个人的信息，包括可以通过姓名、身份证号码或类似的代码、字母、语音、声音、图像的形式，或其他任何形式对特定人进行识别的信息（包括其本身虽不可能识别出特定人，但若比照其他信息则使对特定人的识别更加容易的信息）。

7．"入侵"，指以黑客行为、计算机病毒、逻辑炸弹、邮件炸弹、拒绝服务、大功率电磁波等方式对信息与通信网络或对与此种网络有关的信息系统进行攻击所引起的事件。

8．"信息保护产业"，指发展、生产、传播信息保护产品的行业，或与信息保护的咨询服务等有关的产业。

9．"开放式留言板"，指以下这种计算机程序或技术设备，无论其名称如何，用户可以在信息与通讯网络中通过其以代码、字母、语音、声音、图像、影片或其他形式发布信息并有意将该信息公开。

10．"电信计费服务"，指信息与通讯服务所经营的下列业务活动：

（a）对他人出售或提供的商品或服务（以下称"商品或服务"），连同其自身所提供的电信服务的费用一并进行计费和收费的业务活动；

（b）为使他人出售的商品或服务的费用及其自身所提供的电信服务的费用得以被计算并收取，而传输和接收交易的电子信息的业务活动；或代表他人处理该费用的业务活动；或对以上费用的支付提供中介的业务活动。

11．"电信计费服务提供者"，指根据本法第 53 条之规定已登记的提供电信计费服务的人。

12．"电信计费服务的用户"，指使用电信计费服务提供者所提供的电信计费服务来消费或使用商品或服务的人。

（2）除第（1）款所列之外，本法用语之定义受《促进信息化框架法》规制。

第 3 条 信息与通讯服务提供者和用户的责任

（1）信息与通讯服务提供者应促进对用户权利和利益的保护，并通过保护用户的个人信息和提供信息与通讯服务来增强其完善和安全地运用信息的能力。

（2）用户应尽力协助构建一个更为健康的信息社会。

（3）对于由信息与通讯服务提供者或用户组成的组织所进行的，对个人信息及信息与通讯网络中的青少年提供保护的活动，政府可向其提供支持。

第 4 条 拟定促进信息与通讯网络之利用和信息保护的政策

（1）行政安全部长官、知识经济部长官或广播通信委员会应拟定方针政策，通过对信息与通讯网络促进利用、对此种网络进行稳定管理和运营、对用户个人信息进行保护、以及其他相关活动（以下称"促进信息与通讯网络之利用、信息保护或其他相关事项"），为信息社会构建稳固根基。

（2）第（1）款中的方针政策应当包括以下内容：

1. 发展并传播信息与通讯网络的相关技术。

2. 使信息与通讯网络标准化。

3. 促进对信息与通讯网络的使用，包括开发信息内容和发展本法第 11 条规定的信息与通讯网络的应用服务。

4. 通过信息与通讯网络简化信息共享。

5. 促进对互联网的使用。

6. 保护通过信息与通讯网络收集、加工、储存和使用的个人信息，并发展和传播相关技术。

7. 保护信息与通讯网络中的青少年。

8. 加强信息与通信网络的安全性和可靠性；以及

9. 其他促进信息与通信网络利用、信息保护或其他相关事项所必需的内容。

（3）行政安全部长官、知识经济部长官或广播通信委员会准备第（1）款之方针政策时，应确保该政策符合《促进信息化框架法》第5条之信息化简化基本方案。

第5条　与其他法律的关系

促进信息与通讯网络利用、信息保护或其他相关事项均受本法规制，其他法律另有规定的除外；但本法之规定与《电子金融交易法》之规定均适用于第七章中电信计费服务相关事项时，本法优先于《电子金融交易法》。

第二章　促进信息与通讯网络利用

第6条　促进技术发展

（1）知识经济部长官可依《总统令》之规定聘用相关研究机构，开展研究开发、技术合作、技术转让、技术指导或类似的项目，以促进与信息与通讯网络相关的技术设备之发展。

（2）对依第（1）款进行研究开发或类似项目的研究机构，政府可资助其开展此种项目所需费用之全部或一部分。

（3）第（2）款规定之费用的拨出与管理的相关必要事项由《总统令》规定。

第7条　技术相关信息的管理与传播

（1）知识经济部长官应对与信息与通讯网络相关的技术及设备之信息（本条称"技术相关信息"）进行系统全面的管理。

（2）在系统全面地管理技术相关信息之必要时，知识经济部长可要求相关行政机关及国家或公共研究机构为其提供与技术相关信息有关之数据。在此种情况下，该机关或机构之责任人一经要求，即应满足其要求，另有特殊理由的除外。

（3）知识经济部长官应开展传播技术相关信息的项目，以使技术相关信息之利用更简易快捷。

（4）信息与通讯网络相关的技术设备之范围，即依第（3）款应予以传播的信息之范围的相关必要事项，由《总统令》规定。

第8条 信息通讯网络的标准化及认定

（1）知识经济部长官应建立并公布信息与通讯网络之标准，以促进对信息与通讯网络的运用，并可建议信息与通讯服务提供者或与信息与通讯网络相关的产品制造者、供应者参照该标准；但由《工业标准法》第12条所建立的韩国工业标准所涉及之事项，仍应受韩国工业标准规制。

（2）与信息与通讯相关的产品生产者、供应者，生产或供应符合第（1）款规定之标准的产品的，经第9条第（1）款规定的认证机构认证后，可于其产品上标记表明该产品符合以上标准的标识。

（3）某产品符合第（1）款但书之规定，且已获《工业标准法》第15条之认证的，则该产品应被认定为已通过第（2）款规定的认证。

（4）除获得第（2）款规定之认证的人外，任何人不得于其产品上标记表明其产品符合上述标准的标识或类似标识，也不得出售或以出售为目的展示带有类似标识的产品。

（5）知识经济部长官可命令违反第（4）款之规定出售或以出售为目的展示产品的人收集并召回其产品，或要求其获得标记该标识的认证，也可采取其他必要的矫正措施。

（6）标准化的对象、标准化的方法与程序、第（1）款至第（3）款下的认证标志、第（5）款下的收集、召回、矫正措施等的相关必要事项，由《知识经济部条例》规定。

第9条 认证机构的指定

（1）知识经济部长官可指定一所机构，并授权其对与信息与通讯网络有关的产品进行认证（以下称"认证机构"），此类产品须由人为生产或供应，并符合第8条第（1）款正文规定的已公布的标准。

（2）认证机构违反以下任一项的，知识经济部长官可撤销指定，或责令其停业，停业时间不超过六个月；但认证机构违反第一项的，知识经济部长应毫无例外地撤销对其的指定。

1. 该机构以欺诈或其他欺骗性手段获得指定的；

2. 该机构无正当理由中止其认证业务达一年以上；且

3. 该机构不符合第（3）款规定之标准的。

（3）与指定认证机构的标准与程序、第（1）款和第（2）款下撤销指定和责令停业的条件以及其他相关事项有关的必要事宜，由《知识经济部条例》规定。

第 10 条 支持开发信息内容

为确保国家竞争力、促进公共利益，政府可向开发有价值的信息内容，并通过信息与通讯网络进行传播的人提供经济支持、技术支持及其他支持。

第 11 条 促进信息与通讯网络应用服务的发展

（1）任何国家机关、地方政府、公共机构发展、运营以下应用服务的，即通过利用信息与通讯网络提高其业务程序效率、升级或自动化其业务处理程序的应用服务（下文称"信息与通讯网络应用服务"），政府可向其提供经济支持、技术支持及其他必要支持。

（2）政府可向旨在促进其自身信息与通讯网络应用服务发展的私营部门提供经济支持、技术支持及其他必要支持，并应采取以下措施，以增加信息与通讯网络应用服务之发展所必需的技术人力资源：

1. 支持各级学校及其他教育机构开展互联网教育。

2. 扩大国民互联网教育。

3. 支持提升信息与通讯网络领域技术人力资源的项目。

4. 建立并支持提升信息与通讯网络领域技术人力资源的机构。

5. 支持使用信息与通讯网络的教育项目的发展和传播。

6. 支持建立与信息与通讯网络相关的技术资格制度，同时支持提升其所需的信息与通讯网络领域技术人力资源。

7. 其他提升信息与通讯网络相关的技术人力资源的必要措施。

第 12 条 建立信息共享系统

（1）政府可鼓励信息与通讯网络建立一套信息共享系统，其通过链接操作、信息与通讯网络的标准化或其他方法，以使网络得到高效利用。

（2）政府可向建立第（1）款中信息共享系统的人提供经济支持、技术支持或其他必要支持。

（3）其他关于第（1）款、第（2）款下鼓励和支持措施的必要事项，由《总统令》规定。

第 13 条 促进利用信息与通讯网络的项目

（1）为促进信息与通讯网络在公共服务、地方社区、工业、生活及社会福利等各个领域的利用，并消除无障碍获取信息方面的差距，知识经济部长官可依《总统令》之规定实施相关项目，这些项目旨在促进与信息与通讯网络有关之技术、设备及应用服务的高效利用和传播。

（2）政府可向参与第（1）款之项目的人提供经济支持、技术支持或其他必要支持。

第 14 条 推广互联网

政府应引导公共及私营部门利用其互联网设施推广互联网，通过教育及互联网上的公关活动扩大互联网的用户群，并准备和施行相关政策以消除不同地区、性别、年龄间无障碍上网的差距。

第 15 条 改善互联网服务质量

（1）知识经济部长官应准备和施行相关政策，以保障互联网服务的用户的权利和利益，并确保互联网服务质量的改善和互联网服务的稳定提供。

（2）知识经济部长官施行第（1）款之政策时认为确有必要的，可制定并公布一定标准，以测量和评估互联网服务质量、听取信息与通讯服务提供者组织、用户组织及其他人的意见。

（3）信息与通讯网络服务提供者可依照第（2）款之标准自发评估其互联网服务当前的质量情况，并向用户公布评估结果。

第 16 条 已依据第 7142 号法案（2004 年 1 月 29 日）删除。

第 17 条 已依据第 7142 号法案（2004 年 1 月 29 日）删除。

第三章　通过电子文件中继者利用电子文件

第 18 条　通过电子文件中继者处理文件

（1）国家机关或地方政府之领导打算通过经营电子文件中继设施的人（下称"电子文件中继者"）以电子文件的形式处理法令及附属法律规定的许可、授权、批准、登记、报告、申请或类似事项（本条称"许可或类似事项"）时，应依《总统令》之规定，对包括所涉事务和电子文件中继者在内的必要事项进行规制并公布相关规定。

（2）依第（1）款进行处理的电子文件，其中含有代表文件提出者之名称的字母，以及依《数字签名法》第 2 条第 3 款之规定经官方认证的数字签名的，应被视为是符合相关法令及附属法律的文件，同时，其也被视为是当时在该电子文件上签名并盖章者名下之文件。

（3）依第（1）款之规定以电子文件形式处理的许可或类似事项，应被视为已符合相关法令及附属法律规定的处理程序。

（4）与指定电子文件中继者的要求及程序相关的必要事项，由《总统令》规定。

第 19 条　发送或接收电子文件的时间

（1）电子文件进入除该文件制定者或代理制定者外任何人控制下的计算机之时，即应被视为已发送。

（2）电子文件符合以下任一项之时，即应被视为已接收：

1. 若收件人已指定一台计算机以接收该电子邮件，则当其进入该计算机之时；但若该电子文件已进入除被指定的计算机外的其他计算机，则应将该电子文件的发出之时视为其被接收之时；且

2. 若收件人未指定用于接收该电子文件的计算机，则当其进入收件人控制下的任一计算机之时。

第 20 条　电子文件内容的推定

（1）若当事人或利益相关者对电子文件内容产生争议，则应推定该电子文件含有下述信息，即相关电子文件中继者计算机中的相关文件对该电子文件所记录的信息。

（2）每个电子文件中继者都应依《公共档案管理法》第 19 条对电子文件进行保存。

第 21 条　对披露电子文件的限制

电子文件中继者不得向公众披露由其电子文件中继设施所处理的电子文件或其他任何相关记录，除非其披露符合正当法律程序，或获得该电子文件发件人和收件人的同意。

第四章　保护个人信息

第一节　个人信息的收集、使用及提供

第 22 条　对收集及使用个人信息的同意

（1）凡信息与通讯服务提供者打算以使用为目的收集用户的个人信息时，其都应将以下事项告知该用户，并取得该用户之同意；其打算更改以下事项时，本规定同样适用：

1. 收集和使用该个人信息的目的；

2. 其打算收集的个人信息之条目；

3. 其打算持有并使用该个人信息的期限。

（2）符合以下任一情况时，信息与通讯服务提供者收集和使用用户的个人信息可毋需依照第（1）款之规定取得用户同意：

1. 若该个人信息是提供信息与通讯服务时履行合同所必需，但又由于经济或技术原因明显难以以通常方式取得同意；

2. 若该个人信息是支付（信息与通讯服务提供者）所提供的信息与通讯服务的费用所必需；且

3. 本法或其他法令另有特殊规定。

第 23 条　对收集个人信息的限制

（1）信息与通讯服务提供者不得收集他人诸如意识形态、信仰、过往的医疗记录等有可能对其权利、利益或隐私造成严重侵犯的个人信息；但已依第 22 条第（1）款取得该用户同意，或其他针对个人信息收集之法令另有特别许可的，信息与通讯服务提供者可以收集此类

个人信息。

（2）无论何时，信息与通讯服务提供者对个人信息的收集都应局限于其提供信息与通讯服务所必需的最小范围。并且，除必要的最少信息外，信息与通讯服务提供者不得因相关用户不提供其他个人信息而拒绝为其提供信息与通讯服务。

第 23 条之二　毋需提供身份证号码的会员订购途径

（1）信息与通讯服务提供者所提供的任一种信息与通讯服务的日均用户量符合《总统令》所规定的标准时，该信息与通讯服务提供者应向用户提供一种会员订购途径，以使用户通过信息与通讯网络进行会员订购时毋需提供其身份证号码。

（2）符合第（1）款之条件的信息与通讯网络提供者也可同时提供要求身份证号码的会员订购途径，以供用户在订购会员时进行选择。

第 24 条　对使用个人信息的限制

凡依第 22 条和第 23 条第（1）款之但书所获取的个人信息，除用于相关用户所同意的目的或第 22 条第（2）款下任一项特殊目的外，信息与通讯网络服务提供者不得将其用于其他任何目的。

第 24 条之二　对提供个人信息的同意

（1）凡信息与通讯服务提供者打算将用户个人信息提供给第三方时，其均应将以下事项告知该用户，并取得该用户同意，但依照第 22 条第（2）款第 2 项、第 3 项使用信息的除外；以下任一事项若有变更，本规定同样适用：

1. 该个人信息的提供对象；

2. 该信息的提供对象使用该信息的目的；

3. 所提供的个人信息的条目；

4. 该个人信息的提供对象将持有并使用该个人信息的期限。

（2）依第（1）款从信息与通讯服务提供者手中取得用户个人信息者，不得将该个人信息提供给第三方，或以用户提供该信息的初衷外任何目的使用该信息；已获得该用户同意或法律另有规定的除外。

第25条　委托处置个人信息

（1）信息与通讯服务提供者，或依第24条之二第（1）款从信息与通讯服务提供者手中取得用户个人信息者（下称"信息与通讯服务提供者或类似地位者"），若其打算委托第三方处理有关个人信息的商业事务（下称"委托处理个人信息"），使第三方完成对用户个人信息的收集、保护、使用、加工、提供、管理、销毁及类似处理措施（下称"处理"），则其应当将以下事项告知用户，并取得用户同意；以下任一事项若有变更，本规定同样适用：

1. 被委托处理个人信息者（下称"受托人"）；以及

2. 委托处理个人信息业务的细节。

（2）若该个人信息为提供信息与通讯服务时履行合同所必需，且第（1）款下所有事项已依第27条之二第（1）款向公众披露，或已依《总统令》所规定之方式（如通过电子邮件的方式）向用户告知，则信息与通讯服务提供者或类似地位者可省略第（1）款下将委托处理个人信息告知用户并取得其同意这一步骤。

（3）信息与通讯服务提供者或类似地位者委托他人处理个人信息时，其应提前明确受托人处理用户个人信息时所持目的之范围，且受托人处理用户个人信息时不得违背该目的范围。

（4）信息与通讯服务提供者或类似地位者应对受托人进行控制和监督，以确保受托人不违反本章之规定。

（5）受托人违反本章对委托处理个人信息相关事项之规定，并对用户造成损害的，确定损害责任时，该受托人应被视为信息与通讯服务提供者或类似地位者之雇员。

第26条　业务转让附带的个人信息转让

（1）信息与通讯服务提供者或类似地位者，因其全部或部分业务转让、并购或类似原因而转让用户个人信息的，应通过在其主页中发出公告、发送电子邮件或《总统令》规定的其他任何方式，将以下事项告知用户：

1. 个人信息将被转让这一事实；

2. 将受让该个人信息的人（下称"业务受让者及类似地位者"）的名称（若该人为法人，则指该法人之名称；本条下文亦同）、地址、电话号码及该人的其他联系方式。

3. 用户若不愿其个人信息被让与他人的，其撤回同意的方法与步骤。

（2）业务受让者及类似地位者一经受让个人信息，即应毫不延迟地将这一事实以在其主页中发出公告、发送电子邮件或《总统令》规定的其他任何方式告知用户；但相关信息与通讯服务提供者或类似地位者已依第（1）款之规定将该转让告知用户的除外。

（3）业务受让者及类似地位者仅能在这一目的范围内使用或提供个人信息，即最初为信息与通讯服务提供者或类似地位者使用或提供用户个人信息而确定的目的范围；但另外取得用户同意的除外。

第 26 条之二 为取得同意可采取的方法

为获得第 22 条第（1）款、第 23 条第（1）款之但书、第 24 条之二第（1）款或第（2）款、第 25 条第（1）款、第 26 条第（3）款之但书、第 63 条第（2）款所规定的同意（下称"对收集、使用、提供及以类似方式处理个人信息的同意"）可采取的方法，应由《总统令》综合考虑收集个人信息的媒介、各种业务的独特性、用户数量及其他相关方面，进而加以规定。

第二节 个人信息的管理与销毁

第 27 条 个人信息管理责任人的指定

（1）每位信息与通讯服务提供者或类似地位者均应为个人信息的管理指定一位责任人，该责任人保护用户的个人信息，并处理用户关于个人信息的投诉；但信息与通讯服务提供者或类似地位者的员工数量、用户数量及其他相关事项符合《总统令》所规定的标准的，可无需指定此种责任人。

（2）信息与通讯服务提供者或类似地位者不按第（1）款之规定为个人信息的管理指定责任人的，则其个人信息管理责任人为该服务提供者或类似地位者的业主或代表人。

（3）个人信息管理责任人的资质要求及关于指定责任人的其他必要事项，由《总统令》规定。

第 27 条之二　个人信息处理政策的公开披露

（1）处理用户个人信息时，信息与通讯服务提供者或类似地位者应以《总统令》指定的方式制定并向公众披露其个人信息处理政策，使用户在任何时候均能轻松地知悉该政策。

（2）第（1）款所规定的个人信息处理政策应包含下述事项：

1. 收集和使用个人信息的目的，所收集的个人信息的条目，以及收集方法；

2. 个人信息的提供对象之名称（若其为法人，则指该法人之名称）；个人信息被提供给第三方的，被提供个人信息者的使用目的；所提供的个人信息的条目；

3. 持有和使用个人信息的期限，销毁个人信息的步骤和方法（包括须依第 29 条诸项前但书之规定予以保存的个人信息的范围及条目）；

4. 委托处理个人信息业务的细节以及受托人（本项仅适用于委托他人处理个人信息时）；

5. 用户及其法定代理人的权利，行使该权利的方法；

6. 关于自动收集个人信息装置（例如用于连接互联网的信息文件）的安装、操作和拒绝方法；

7. 个人信息处理责任人、个人信息保护相关事务的责任部门及处理投诉的责任部门的名称和地址，以及此类人员和部门的其他联系方式。

（3）信息与通讯服务提供者或类似地位者修改第（1）款下规定的个人信息处理政策时，应毫不延迟地以《总统令》指定的方式公告修改原因及具体修改细节，并采取措施确保用户在任何时候均能轻松地知悉该修改。

第 28 条 个人信息的保护措施

（1）信息与通讯服务提供者或类似地位者处理用户个人信息时，应依照《总统令》规定的准则采取以下技术措施及行政措施，以防止个人信息的丢失、被盗、泄露、篡改或毁损：

1. 制定并施行内部防控方案以使个人信息得到稳妥处置；

2. 安装并运行访问控制装置（例如防入侵系统）以杜绝非法获取个人信息；

3. 采取措施防止捏造及篡改访问记录；

4. 采取使用加密技术等方法的安保措施，以保障个人信息的安全储存和传送；

5. 采取包括安装并运行防护软件在内的措施，以防止计算机病毒入侵；

6. 采取保障个人信息安全所必要的其他防护措施。

（2）信息与通讯服务提供者或类似地位者应将可能处理用户个人信息的人数降至最少。

第 28 条之二 披露个人信息的禁令

（1）处理或处理过用户个人信息的人不得损毁、入侵或泄露其在履行职务时所了解到的个人信息。

（2）任何人不得以营利或任何非法目的，对明知是已泄露的个人信息仍故意获取。

第 29 条 个人信息的销毁

出现以下任一情况时，信息与通讯服务提供者或类似地位者应毫不延迟地销毁相关的个人信息；但依其他法律之规定应予以保留的个人信息除外：

1. 依第 22 条第（1）款、第 23 条之但书、第 24 条之二第（1）款或第（2）款取得用户同意的收集和使用个人信息的目的达成时，或者第 22 条第（2）款下任一目的达成时。

2. 依第 22 条第（1）款、第 23 条第（1）款之但书、第 24 条之二第（1）款或第（2）款所规定的其被允许持有和使用个人信息的期限经过时。

3. 依第 22 条第（2）款之规定毋需取得用户同意即可收集和使用个人信息的，则依第 27 条之二第（2）款第 3 项所规定的其被允许持有和使用个人信息的期限经过时。

4. 其业务永久性终结时。

第三节 用户的权利

第 30 条 用户的权利

（1）用户可随时撤回其允许信息与通讯服务提供者或类似地位者对其个人信息进行收集、使用、提供或作其他处置的同意。

（2）用户可要求信息与通讯服务提供者或类似地位者允许其对以下事项进行监督、查阅；若其中有错误之处，用户亦可要求该提供者作出订正：

1. 信息与通讯服务提供者或类似地位者所持有的该用户的个人信息；

2. 信息与通讯服务提供者或类似地位者所使用的或向第三方提供的该用户的个人信息的当前情况；

3. 用户同意信息与通讯服务提供者或类似地位者收集、使用或提供的其个人信息的当前情况。

（3）用户依第（1）款之规定撤回其同意的，信息与通讯服务提供者或类似地位者应毫不延迟地采取包括销毁其所收集的个人信息在内的必要措施。

（4）一旦收到用户依第（2）款作出的监督或查阅相关事项的要求，信息与通讯服务提供者或类似地位者应毫不延迟地采取必要措施。

（5）一旦收到用户依第（2）款作出的订正错误的要求，信息与通讯服务提供者或类似地位者即应对错误作出订正；若该错误无法订正，其应告知用户无法订正该错误的原因，或采取其他必要措施，且在此类措施完成前，其不得使用或向他人提供相关个人信息；但依其他法律之规定要求提供该个人信息的，则信息与通讯服务提供者或类似地位者可使用或向他人提供该个人信息。

（6）信息与通讯服务提供者或类似地位者应使依第（1）款之规定撤回同意、依第（2）款之规定要求监督或查阅相关信息、或要求其订正错误，较之收集个人信息更为容易。

（7）第（1）款至第（6）款之规定准用于业务受让者及类似地位者；在此种情况下，须将条款中"信息与通讯服务提供者或类似地位者"解释为"业务受让者及类似地位者"。

第31条 法定代理人的权利

（1）若信息与通讯服务提供者或类似地位者希望就个人信息的收集、使用、提供或其他处理事项取得未满14周岁之儿童的同意，则其须取得该儿童之法定代理人的同意；在此种情况下，为取得其法定代理人之同意，信息与通讯服务提供者或类似地位者可要求该儿童提供最低限度的必要信息，例如其法定代理人的姓名。

（2）法定代理人可就其所代表的儿童的相关个人信息行使第30条第（1）款及第（2）款下的用户权利。

（3）法定代理人依第（2）款之规定撤回同意、要求监督或要求订正错误的，第30条第（3）款至第（5）款同样适用。

第32条 损害赔偿

信息与通讯服务提供者或类似地位者违反本章之规定，对用户造成损害的，用户可要求该信息与通讯服务提供者或类似地位者就该损害作出赔偿。在此种情况下，除非信息与通讯服务提供者或类似地位者对该损害既无故意又无过失，否则不得解除其责任。

第四节 个人信息纠纷调解委员会

第33条 个人信息纠纷调解委员会的设立及其组成

（1）设立个人信息纠纷调解委员会（下称"纠纷调解委员会"），以调解个人信息方面的纠纷。

（2）调解委员会应由至多十五名委员组成，其中包括主席一名，且其中一名委员应为常任委员。

（3）委员应由行政安全部长官依《总统令》之规定从符合以下任一条件的人选中指定或委任；在此种情况下，委员中应包括至少一名符合以下任一条件的人：

1. 曾任或现任大学、高等学院或官方认可的研究机构之副教授或以上职位，且专业为个人信息保护相关领域；

2. 四级或以上等级之公务员（包括一般公务领域中的高级公务员）；或者，现任或曾任公共机构之同等职位，且有处理个人信息保护事务之经历；

3. 持有法官、检察官或律师资格证；

4. 现任或曾任信息与通讯服务用户组织之主管人；

5. 现任或曾任信息与通讯服务提供者或类似地位者之主管人，或信息与通讯服务提供者组织之主管人；

6. 依《非营利性、非政府组织援助法》之规定由非营利性非政府组织推荐的人。

（4）每名委员任期为三年，可连任。

（5）主席由行政安全部长官从委员会委员中指定。

（6）在第52条所规定的韩国互联网振兴院（下称"韩国互联网振兴院"）中设立秘书处，以协助调解委员会处理其事务。

第33条之二　调解小组

（1）为对纠纷进行高效调解，调解委员会应组建不超过五人的调解小组，且小组中应有一名成员持有律师资格证。

（2）纠纷调解委员会可在其认为必要时，委托第（1）款所规定的调解小组对部分纠纷进行调解。

（3）第（1）款规定的调解小组之组成及其运作的相关必要事项，由《行政安全部条例》进行规定。

第34条　对委员职位的保障

非经其本人自愿，任何委员不得被解雇或开除，除非其被判处停职或更严重的处罚，或其由于精神或身体障碍不能再继续履行职务。

第 35 条　委员会委员的回避

（1）委员会委员符合以下任一项时，在提请进行纠纷调解的案件（本条下称"案件"）的审议和裁决中，其应当回避：

1. 该委员或其配偶，或其前配偶，是该案件的当事人之一，或是与该案件相关的共同权利所有人或共同责任人；

2. 该委员现在或曾经是该案件当事人的亲属；

3. 该委员曾为该案件的有关事项作证或出具专家意见；

4. 该委员因现任或曾任该案件当事人之代理人、主管人或员工而与该案件有关。

（2）在案件的审议和裁决中，任何一方当事人确信某位委员会委员难以做到公平公正的，其可针对该委员向纠纷调解委员会提出回避申请。在此种情况下，纠纷调解委员会认为回避申请合理的，应作出决定使该委员回避。

（3）符合第（1）款或第（2）款之规定事项的委员，可自愿对案件的审议和裁决提出回避申请。

第 36 条　纠纷调解

（1）希望就个人信息纠纷提请调解者，可向纠纷调解委员会提交纠纷调解申请。

（2）一旦收到第（1）款规定的纠纷调解申请，纠纷调解委员会应于该申请提交之日起 60 日内审查案件并拟定初步调解方案；但存在不可避免的事由时，纠纷调解委员会可作出决议延长审查时限。

（3）依第（2）款之规定延长审查时限的，申请者应被告知审查时限延长的原因及审查时限延长的其他相关事项。

第 37 条　对提交数据的要求

（1）纠纷调解委员会可要求纠纷的当事人向其提交调解该纠纷所必需的数据。在此种情况下，纠纷当事人非有正当理由不得拒绝这一请求。

（2）纠纷调解委员会可在其认为必要时，要求纠纷当事人及证人前往纠纷调解委员会并听取其意见。

第 38 条　调解结果

（1）初步调解方案一经拟定，纠纷调解委员会即应毫不延迟地将其送达纠纷的各方当事人。

（2）收到第（1）款规定的初步调解方案后，纠纷的各方当事人应于其收到该初步调解方案之日起 15 日内，通知纠纷调解委员会其是否接受该初步调解方案。

（3）若纠纷的各方当事人均接受初步调解方案，则纠纷调解委员会应立即制定一份调解书，该调解书应由委员会主席及纠纷各方当事人签名并盖章。

（4）一旦纠纷各方当事人均接受初步调解协议，并在第（3）款规定的调解书上签字并盖章，即视作纠纷各方当事人已就该调解书所载事项达成合意。

第 39 条　调解的驳回和终止

（1）若纠纷调解委员会认为某项纠纷其性质本身不适宜由纠纷调解委员会进行调解，或认为某调解申请是基于不公平的目的而提出，则可驳回该调解申请。在此种情况下，纠纷调解委员会应将驳回该调解申请的原因及其他相关事项告知申请人。

（2）纠纷的一方当事人在案件的调解程序进行过程中，又就该案件提起诉讼的，纠纷调解委员会应终止调解程序并告知各方当事人。

第 40 条　调解程序

除第 36 条至第 39 条的规定外，关于纠纷调解程序和方法的必要事项、具体调解事务的推进及其他相关事项，由《总统令》规定。

第五章　保护信息与通讯网络之用户

第 41 条　青少年保护政策的拟定

（1）为保护青少年免受信息与通讯网络中诸如淫秽信息、暴力信息等不良信息（下称"青少年不良信息"）之危害，广播通信委员会应就以下措施拟定相关政策：

1. 内容过滤软件的开发及推广；

2. 青少年保护技术的开发及推广;

3. 青少年保护的教育及公关活动;

4.《总统令》规定的关于青少年保护的其他事项。

（2）为施行第（1）款规定的政策，广播通信委员会可对《广播通信委员会设立及运营法》规定的通信标准委员会（下称"通信标准委员会"）、信息与通讯服务提供者组织或用户组织、以及其他保护青少年的专门机构开展的活动提供支持。

第42条 对青少年不良媒介产品的标记

可以通过电信业务运营者提供的电信服务向公众公开提供信息的人（下称"信息提供者"），若其意图提供《青少年保护法》第7条第4款规定的媒介产品中符合上诉法律第2条第3款之定义的青少年不良媒介产品，则其应依《总统令》所规定的方法加注标记，以表明其为青少年不良媒介产品。

第42条之二 对青少年不良媒介产品广告的禁令

任何人不得通过信息与通讯网络以代码、字母、语音、声音、图像或图片的形式，向符合《青少年保护法》第2条第1款之定义的青少年传送以下信息，即含有《青少年保护法》第7条第4款规定的媒介产品中符合该法第2条第3款之定义的青少年不良媒介产品的广告的信息，也不得在未采取措施限制青少年接触此类信息的情况下展示该信息。

第42条之三 青少年保护责任人的指定

（1）信息与通讯服务提供者的日均用户量、销售额及其他方面符合《总统令》所规定之标准的，其应指定一名青少年保护责任人，以保护青少年免受信息与通讯网络中不良信息之危害。

（2）青少年保护责任人应从相关业务运营者的主管人、或任青少年保护相关事宜责任部门领导之同等职位的人中选取。

（3）青少年保护责任人应封锁和控制信息与通讯网络中的青少年不良信息，并开展保护青少年的相关事务，其中包括为保护青少年免受不良信息之危害而制定方案。

（4）指定青少年保护责任人的相关必要事项，由《总统令》规定。

第 43 条 视觉或声音信息提供者的信息保存责任

（1）由《总统令》所列明的，从事提供《青少年保护法》第 7 条第 4 款规定的媒介产品中符合该法第 2 条第 3 款之定义的青少年不良媒介产品之业务的信息提供者，以某种方法使不良媒介产品无法被储存或记录于用户的计算机中的，则该信息提供者应将相关信息予以保存。

（2）第（1）款规定的信息提供者须保存相关信息的期限，由《总统令》规定。

第 44 条 信息与通讯网络中权利保障

（1）任何用户不得通过信息与通讯网络传播侵害他人权利（包括侵犯隐私和诽谤）的信息。

（2）信息与通讯服务提供者应尽力制止第（1）款规定的信息在其运营及管理的信息与通讯网络中传播。

（3）为防止传播于信息与通讯网络中的信息对他人权利造成侵害（包括侵犯隐私及诽谤），广播通讯委员会可就相关的技术发展、教育、公关活动及其他活动拟定政策，并可建议信息与通讯服务提供者适用该政策。

第 44 条之二 对删除信息的要求

（1）通过信息与通讯网络故意公开的信息，侵犯他人隐私、诽谤他人或对他人权利造成其他侵害的，侵害的受害者可就其所称的侵害向处理该信息的信息与通讯服务提供者提供证明材料，以要求处理该信息的信息与通讯服务提供者删除该信息或发布反驳声明（下称"删除或反驳"）。

（2）一旦收到针对第（1）款规定的信息的删除或反驳要求，信息的信息与通讯服务提供者即应删除该信息、采取临时性措施或其他必要措施，并立即告知该要求的申请者和该信息的发布者。在此种情况下，该信息与通讯服务提供者应通过在相关开放式留言板上发布公告或其他方式，告知用户其已采取必要措施。

（3）信息与通讯服务提供者运营和管理的信息与通讯网络中，出现违反第 42 条下标记规则的青少年不良媒介产品的，或出现青少年不良媒介产品的广告内容且未依第 42 条之二的规定采取措施防止青少年接触此内容的，其应毫不延迟地删除这些内容。

（4）若信息与通讯服务提供者难以判断某信息是否侵害他人权利，或其认为利益相关方之间可能会产生纠纷的，其可采取措施暂时封锁该信息的获取途径（下称"临时性措施"），而无需考虑依第（1）款之规定提出的删除该信息的要求。在此种情况下，临时性措施的时间不得超过 30 日。

（5）信息与通讯服务提供者应提前在其格式协议中清楚地列明关于必要措施的细节、程序及其他事项。

（6）信息与通讯服务提供者依第（2）款之规定，对通过其运营和管理的信息与通讯网络传播的信息采取必要措施的，则对于该信息所造成的损害，可以减轻或免除其责任。

第 44 条之三　酌定的临时性措施

（1）若信息与通讯网络提供者发现，通过其运营和管理的信息与通讯网络传播的信息侵犯某人隐私、诽谤某人或对某人权利造成侵害的，其可自行决定采取临时性措施。

（2）第 44 条之二第（2）款的后部、第 44 条之二第（4）款的后部、及第 44 条之二第（5）款，准用于第（1）款规定的零时性措施。

第 44 条之四　自我约束

信息与通讯服务提供者组织可针对信息与服务提供者制订并施行一套行为准则，以求更加完善可靠地保护用户和提供信息与通讯服务。

第 44 条之五　开放式留言板的用户的身份验证

（1）符合以下任一项条件的人，若其打算安装并运作一个开放式留言板，则其应依《总统令》之规定，采取包括拟定一套验证开放式留言板用户身份的方法和程序在内必要措施（下称"用户身份核实措施"）：

1. 国家机关，地方政府，公营企业，《公共机构管理法》第 5 条第（3）款规定的准政府机构，或者，《地方公共企业法》规定的地方政府投资的公营公司或地方公营公司（下称"公共机构"）；

2. 符合《总统令》规定的标准的、其提供的各项信息与通讯服务的日均用户量达到或超过 100000 人的信息与通讯服务提供者。

（2）符合第（1）款第 2 项之标准的信息与通讯服务提供者未采取任何身份验证措施的，广播通信委员会可责令其采取身份验证措施。

（3）政府应拟定相关政策，为第（1）款规定的身份验证开发一套更加完善可靠的系统。

（4）若公共机构或信息与通讯网络服务提供者作为像一个善良管理那样谨慎地采取了身份验证措施，则对于因第三方对用户身份的欺诈性使用所造成的损害，可以减轻或免除该公共机构或信息与通讯网络服务提供者的责任。

第 44 条之六　对提供用户信息的请求

（1）主张由某特定用户发布或传播的信息侵犯了其隐私、对其构成了诽谤、或侵犯了其权利的人，可向第 44 条之十规定的诽谤纠纷调解小组提出请求，请求该小组责令相关的信息与通讯服务提供者提交其所掌握的关于肇事者的信息（指提请民事或刑事诉讼所必需的、由《总统令》限定的、包括姓名及地址在内的最少信息），以及支持其本人所主张的侵权的材料，以便于其对该肇事者提起刑事或民事诉讼。

（2）接到第（1）款规定的请求，除非无法与相关用户取得联系或有另有特殊理由存在，否则诽谤纠纷调解小组听取相关用户之意见后，应就是否提交信息作出决定。

（3）依第（1）款之规定取得相关用户信息的人，除为提起民事或刑事诉讼外，不得以其他任何目的使用该信息。

（4）关于满足提交用户个人信息的请求的其他必要事项及其程序，由《总统令》规定。

第 44 条之七　禁止传播非法信息

（1）任何人不得通过信息与通讯网络传播以下非法信息：

1. 以代码、文字、声音、图像或图片形式公开散布、出售、出租或展示的淫秽信息；

2. 以故意公开散布诋毁他人名誉的事实（无论该事实真实与否）的方式诽谤他人的信息；

3. 以代码、文字、声音、图像或图片形式反复骚扰他人，引起他人害怕或恐惧的信息；

4. 损毁、破坏、更改或伪造信息通讯系统、数据、程序等的信息，或无正当理由妨碍该系统、数据、程序等的运行的信息；

5. 未尽相关法律及附属法规规定的责任和义务（包括核实对方年龄的责任和标记责任），而以营利为目的提供的，属于《青少年保护法》规定的青少年不良媒介产品的信息；

6. 法律及附属法规禁止的投机倒把活动的信息；

7. 泄露法律及附属法规规定的秘密或其他国家机密的信息；

8. 《国家安全法》禁止的活动的信息；

9. 含有意图犯罪、协助犯罪或教唆犯罪的内容的信息。

（2）广播通信委员会可听从通信标准委员会的审议决定，责令信息与通讯服务提供者、开放式留言板的管理者或运营者拒绝、暂停或限制对第（1）款第 1 项至第 6 项规定的信息的处理；但对于第（1）款第 2 项或第 3 项规定的信息，相关受害人明确表示不予追究的，广播通信委员会可不作出要求（相关人员）拒绝、暂停或限制处理（该信息）的命令。

（3）第（1）款第 7 项至第 9 项规定的信息满足以下各项条件的，广播通信委员会应责令信息与通讯服务提供者、开放式留言板的管理者或运营者拒绝、暂停或限制对该信息的处理：

1. 相关中央行政机构的领导提出请求；

2. 接到第 1 项规定的请求起 7 日内，通信标准小组经过审议后，依《广播通信委员会设立及运营法》第 21 条第 4 款之规定作出纠正要求；

3. 信息与通讯服务提供者、开放式留言板的管理者或运营者未遵照纠正要求（纠正相关信息）。

（4）将依第（2）款或第（3）款之规定对信息与通讯服务提供者、开放式留言板的管理者或运营者作出责令的，广播通信委员会应事先给他们或相关用户一次陈述自己意见的机会；但案件符合以下任一情况的，委员会可不给上述人机会陈述意见：

1. 为保障公共安全和福利而必须紧急处理的；

2. 依《总统令》之规定，有理由相信听取意见难以做到或明显没有必要的。

3. 相关人员明确表示其放弃该陈述意见的机会的。

第 44 条之八　已依据第 8867 号法案（2008 年 2 月 29 日）删除。

第 44 条之九　已依据第 8867 号法案（2008 年 2 月 29 日）删除。

第 44 条之十　诽谤纠纷调解小组

（1）某信息侵犯他人隐私、诽谤他人或侵害他人权利而引起纠纷的，为对该纠纷进行高效调解，通信标准委员会应组建不超过五人的诽谤纠纷调解小组，且小组中应至少有一名成员持有律师资格证。

（2）诽谤纠纷调解小组之成员应由通信标准委员会主席征得通信标准委员会同意后委任。

（3）第 33 条第二款第（2）项，以及第 35 条至第 39 条，准用于诽谤纠纷调解小组的纠纷调解程序。在此种情况下，（前文所列法条中的）"纠纷调解委员会"应解释为"通信标准委员会"，"关于个人信息的纠纷"应解释为"通过信息与通讯网络传播的，侵犯他人隐私、诽谤他人或侵害他人权利的信息引起的纠纷"。

（4）关于建立诽谤纠纷调解调解小组及进行纠纷调解的必要事项，以及其他相关事项，由《总统令》规定。

第六章　确保信息与通讯网络的稳定性

第 45 条　确保信息与通讯网络的稳定性

（1）信息与通讯网络服务提供者应采取保护性措施，确保用于提供信息与通讯服务的信息与通信网络的稳定性，并确保信息的可靠性。

（2）广播通信委员会应就信息保护的措施、安全检查的程序和方法、费用指定并公布相关准则（下称"信息保护准则"），对第（1）款规定的保护性措施的细节作出详细说明，并可建议信息与通讯服务提供者遵守该准则。

（3）信息保护准则应包含下述事项：

1. 技术性保护和物理保护措施，包括安装并运行预防或阻止未经授权者进入或入侵信息与通信网络的信息保护系统；

2. 防止非法泄露、篡改或删除信息的技术性保护措施；

3. 确保信息与通讯网络得到持续使用的技术性保护和物理保护措施；

4. 针对信息与通讯网络稳定性及信息保护的行政保护措施，包括保障相关人力资源、组织及经费，制定相关方案。

第 45 条之二　已依据第 8289 号法案（2007 年 1 月 26 日）删除。

第 46 条　信息与通讯集成设备的保护

（1）通过运营和管理信息与通讯集成设备来代表他人提供信息与通讯服务的业务运营者（下称"信息与通讯集成设备运营者"），应采取《总统令》规定的保护性措施，以保障信息与通讯集成设备的稳定运行。

（2）信息与通讯运营集成设备运营者应依《总统令》之规定，为可能因信息与通讯集成设备之损毁或其他故障所造成的损失安排保险。

第 46 条之二　信息与通讯集成设备运营者的应急对策

（1）以下任一事件发生时，信息与通讯集成设备运营者可按照用户格式协议的规定，暂停提供全部或部分相关服务：

1. 若其认为某使用信息与通讯集成设备的人（下称"设备使用者"）的信息系统出现异常，有可能引起其他设备使用者的信息系统或信息与通讯集成设备本身故障的；

2. 若其认为出现外部入侵，有可能引起信息与通讯集成设备故障的；

3. 若遭到严重入侵，广播通信委员会或韩国互联网振兴院要求其暂停服务的。

（2）信息与通讯集成设备运营者依第（1）款之规定暂停服务时，应立即将暂停服务这一事项告知设备使用者，特别说明其暂停服务的原因、起始日期、持续时间、具体细节及其他相关事项。

（3）导致服务暂停的事件一旦结束，信息与通讯集成设备运营者应立即恢复其服务。

第 46 条之三　信息保护的安全检查

（1）符合以下任一条件的人，每年均应接受对其信息与通讯网络或信息与通讯集成设备的信息保护安全检查。安全检查依照信息保护准则进行，由广播通信委员会承认的人（下称"安全检查机构"）具体执行。在此种情况下，安全检查机构应当是一个法人，其应至少有十五名专门从事信息保护的技术人员，并至少在最近三年内就信息保护提供过咨询服务：

1. 在全国范围内提供信息与通讯服务，且符合《电信业务法》第 2 条第 8 款之定义的电信业务运营者；

2. 信息与通讯集成设备运营者；

3. 符合《总统令》规定的销售量、用户数及其他相关事项之标准的信息与通讯服务提供者。

（2）依第（1）款之规定接受信息保护安全检查的业务运营者，应配合安全检查机构开展安全检查的相关工作，如向其提供相关信息、允许其接触相关设备、允许其进入相关地点等，并应依《总统令》之规定向广播通信委员会提交信息保护安全检查的结果。

（3）依第（1）款之规定必须接受信息保护安全检查的业务运营者，若其依《信息与通讯基础设施保护法》第9条第（1）款之规定对其漏洞进行了分析和评估，或其依第47条之规定取得了信息保护与管理系统认证的，则在其进行分析和评估或取得认证的相关年间，该运营者应被视为已经接受了第（1）款规定的信息保护安全检查。

（4）安全检查机构可根据安全检查之结果，建议依第（1）款之规定接受信息保护安全检查的业务运营者改进其信息保护措施。

（5）安全检查机构依第（4）款之规定就信息保护措施的改进提出建议的，其应将该建议的细节以及执行该建议所取得的效果告知广播通信委员会。

（6）广播通信委员会可于必要时，根据第（2）款规定的信息保护安全检查的结果、以及第（5）款规定的建议细节，责令依第（1）款之规定接受信息保护安全检查的业务运营者改进其信息保护措施。

（7）第（1）款规定的信息保护安全检查的方法、程序和步骤，安全检查机构的承认程序，专门从事信息保护的技术人员的资质标准，信息保护咨询服务的业绩记录，以及其他相关事项，由《总统令》规定。

（8）为查明是否满足第（1）款第3项规定的要求，广播通信委员会可于必要时，要求存有相关数据的主管行政机关、机构，或相关的信息与通讯服务提供者，提交必要数据或核实相关事实。

第47条 信息保护和管理系统认证

（1）某人为确保信息与通讯网络的稳定性和可靠性而建立并运行包括技术性措施和物理措施在内的综合管理系统（下称"信息保护和管理系统"）的，由广播通信委员会或韩国互联网振兴院指定的机构（下称"信息保护和管理系统认证机构"）可就该信息保护和管理系统是否符合广播通信委员会依第（2）款之规定公布的标准进行认证。

（2）广播通信委员会可就第（1）款规定的认证制定并公布必要的标准，例如信息保护和管理的标准。

（3）获得第（1）款规定的信息保护和管理系统认证的人，可依

《总统令》之规定展示或做广告宣传该认证的详情。

（4）关于第（1）款规定的认证的方法和程序，以及其他必要事项，由《总统令》规定。

（5）与指定信息保护和管理系统认证机构的程序和标准、指定的有效期有关的必要事项，以及其他相关事项，由《总统令》规定。

第47条之二　撤回对信息保护和管理系统认证机构的指定

（1）依第47条之规定被指定为信息保护和管理系统认证机构的法人或组织，符合以下任一项条件的，广播通信委员会可撤回对其的指定，或责令其暂停全部或部分相关业务，责令其暂停业务的期限不得超过一年；但该法人或组织符合第1项或第2项条件的，广播通信委员会应毫无例外地撤销对其的指定。

1. 其以欺诈或其他欺骗性手段获得指定而成为信息保护和管理系统认证机构的；

2. 其在停业期间仍进行认证的；

3. 其无正当理由拒不发放认证的；

4. 其违反第47条第（4）款之规定发放认证的；

5. 其不再符合第47条第（5）款规定的指定认证机构的标准的。

（2）与第（1）款规定的撤回指定及责令停业有关的必要事项，及其他相关事项，由《总统令》规定。

第47条之三　用户信息的保护

（1）政府可就保护用户信息制定必要准则并推荐用户遵守这些准则，同时可采取必要措施防止入侵和阻止入侵蔓延，包括检测漏洞和提供技术支持。

（2）若信息与通讯服务的主要提供者预见到某使用其服务的用户的信息系统、信息与通讯网络、或其提供的类似系统，将会因其信息与通讯网络遭到严重入侵而发生重大问题的，其可要求用户采取用户格式协议规定的必要保护措施；用户不执行该要求的，其可对进入相关信息与通讯网络设置临时限制。

（3）《软件产业推广法》第2条规定的软件经营者生产出可以改

善安全漏洞的程序时，应将其产品告知韩国互联网振兴院，并且，其应在生产之日起一个月内，至少向用户通知该软件产品两次。

（4）用户格式协议应就第（2）款中采取保护措施的要求作出详细规定，其他相关事项由《总统令》规定。

第48条 对入侵信息与通讯网络等行为的禁令

（1）任何人不得在未获入网授权的情况下入侵信息与通讯网络，或超越其入网授权入侵信息与通讯网络。

（2）任何人不得无正当理由损毁、破坏、篡改或伪造信息与通讯系统、数据或程序等，也不得传输或散布有可能妨碍信息与通讯系统、数据或程序等运行的程序（下称"恶意程序"）。

（3）任何人不得通过大量发送信号或数据、使网络处理非法指令等方式故意妨碍信息与通讯网络的稳定运行，引起信息与通讯网络故障。

第48条之二 针对入侵的对策

（1）广播通信委员会应执行以下事务，以合理对抗入侵；如有必要，其也可同时要求韩国互联网振兴院执行以下全部或部分事务：

1. 收集和扩散关于入侵的信息；

2. 预防并警告入侵；

3. 采取反入侵紧急措施；

4. 采取《总统令》规定的对抗入侵的其他对策。

（2）符合以下任一项条件的人，应依《总统令》之规定向广播通信委员会或韩国互联网振兴院提交入侵行为的有关信息，包括各种入侵行为的统计资料、相关信息与通讯网络流量的统计资料、以及访问通道使用情况的统计资料。

1. 信息与通讯服务的主要提供者；

2. 信息与通讯集成设备的运营者；

3. 《总统令》规定其他的运营信息与通讯网络的人

（3）韩国互联网振兴院应对第（2）款规定的信息进行分析，并向广播通讯委员会报告。

（4）须依第（2）款之规定提交信息的运营者，无正当理由拒不提交信息，或提交错误信息的，广播通信委员会可责令该运营者在委员会指定的合理期限内作出纠正。

（5）为采取对策对抗入侵，广播通信委员会或韩国互联网振兴院应在这一目的的必要限度内合理使用（他人）依第（2）款之规定提交的信息。

（6）广播通信委员会或韩国互联网振兴院在采取对策对抗入侵所必要时，可要求符合第（2）款下任一项条件的人向其提供援助人员。

第 48 条之三　对入侵行为的报告等

（1）符合以下任一项条件的人，若其发现入侵的，应立即向广播通信委员会或韩国互联网振兴院报告。在此种情况下，依《信息与通讯基础设施保护法》第 13 条第（1）款作出的通知应被视为前述条文中的报告。

1. 信息与通讯服务提供者；

2. 信息与通讯集成设备运营者。

（2）广播通信委员会或韩国互联网振兴院一旦接到第（1）款规定的报告，或对入侵有所察觉时，应采取第 48 条之二第（2）款规定的必要措施。

第 48 条之四　对入侵原因的分析等

（1）包括信息与通讯服务提供者在内的运营信息与通讯网络的人，在发生入侵时，应对入侵的原因进行分析并防止损害扩散。

（2）信息与通讯服务提供者运营的信息与通讯网络中遭到严重入侵时，为防止损害扩散、采取对策对抗入侵、弥补损失和防止再次遭受此类入侵，广播通信委员会可组建一个由具有信息保护专业知识的人组成的官民联合调查团，对发生该入侵的原因进行调查。

（3）为依第（2）款之规定调查入侵原因，广播通信委员会可于必要时责令信息与通讯服务提供者和信息与通讯集成设备运营者保留相关数据，例如信息与通讯网络的访问记录。

（4）为调查入侵原因，广播通信委员会可于必要时要求信息与通讯服务提供者和信息与通讯集成设备运营者提交入侵的相关数据，且可命令第（2）款规定的官民联合调查团进入相关人员的工作场所对入侵原因进行调查；但《通信秘密保护法》第 2 条第 11 款规定的访问日志这类数据的提交，应受《通信秘密保护法》规制。

（5）除为分析入侵原因和制定对策外，广播通信委员会或官民联合调查团不得以其他任何目的使用由（他人）提交的数据和依第（4）款规定进行的调查所得出的信息；并且，对入侵原因的分析完成后，其应立即销毁该信息。

（6）有关组建第（2）款规定的官民联合调查团和保护依第（4）款之规定提交的入侵的相关数据的必要事项，及其他相关事项，由《总统令》规定。

第 49 条　保护秘密等

任何人不得篡改他人通过信息与通讯网络处理、保存或传输的信息，也不得侵犯、盗用或泄露他人秘密。

第 49 条之二　禁止以欺诈方式收集个人信息

（1）任何人不得通过信息与通讯网络以欺诈方式收集他人个人信息，也不得以欺诈方式诱使他人提供信息。

（2）信息与通讯服务提供者一旦发现违反第（1）款之规定的情况，应立即向广播通信委员会或韩国互联网振兴院报告。

（3）广播通信委员会或韩国互联网振兴院接到第（2）款规定的报告，或对违反第（1）款之规定的情况有所察觉的，应在必要时采取以下措施：

1. 对该违法行为的有关信息进行收集和扩散；

2. 对类似的损害进行预防并警告；

3. 为防止损害扩散而采取应急措施，例如要求相关信息与通讯服务提供者中断访问通道。

第 50 条　对发送营利性广告信息的限制

（1）收信人明确表示其拒绝接收该信息的，任何人不得违背其意志通过电子邮件或《总统令》规定的其他媒介向其发送营利性广告信息。

（2）某人打算向他人电话或传真机发送营利性广告信息的，应事先取得收信人之同意；但在以下情况中，无须取得前述同意：

1. 在某项商品交易中直接获得收信人联系方式的人，打算就其经营的商品向收信人发送营利性广告信息的；

2. 相关广告信息是《电子商务交易的用户保护法》第13条第（1）款规定的广告信息，或是《上门推销法》第6条第（3）款对电话推销所要求的信息的。

（3）尽管第（2）款有相关规定，但任何人打算在晚上九点至次日早上八点间向收信人的电话或传真机发送任何营利性广告信息的，均应（就每次发送）分别取得收件人的事先同意。

（4）通过电子邮件或《总统令》规定的其他媒介发送营利性广告信息的人，应依《总统令》之规定，在其营利性广告信息中详细列明下述事项：

1. 其所发送的信息的类别和主要内容；

2. 发送者的姓名和联系方式；

3. 其获得该邮件地址的来源（仅适用于该信息通过电子邮件发送时）；

4. 关于收信人拒收该信息的方法和途径的事项，该方法和途径须使收信人能轻易地表明其拒绝接收该信息的意愿。

（5）向收信人的电话或传真机发送营利性广告信息的人，应依《总统令》之规定，在其营利性广告信息中详细列明下述事项：

1. 发送者的姓名和联系方式；

2. 关于收信人撤回其同意的方法和途径的事项，该方法和途径须使收信人能轻易地表明其撤回对接收该信息的同意。

（6）营利性广告信息发送者不得采取以下任一项技术性措施：

1. 就接收广告信息而言，回避或阻碍用户拒绝或撤回同意的措施；

2. 通过对数字、代码或字母的组合自动生成收件人联系方式（如电话号码或电子邮件地址）的措施；

3. 为发送营利性广告信息而自动注册电子邮件地址的措施；

4. 隐藏广告信息发送者身份或广告发送源的各种措施。

（7）营利性广告信息发送者应采取《总统令》规定的必要措施，以避免收件人在拒绝接受该信息或撤回对接受该信息的同意时承担经济支出（如电话费）。

第 50 条之二　禁止未经授权收集电子邮件地址

（1）未经互联网主页的运营者或管理者事先同意的，任何人不得通过电子邮件地址自动收集程序或其他技术装置从该互联网主页中收集电子邮件地址。

（2）任何人不得出售或散布违反第（1）款之规定收集的电子邮件地址。

（3）任何人不得在信息传送中使用其明知是违反第（1）款、第（2）款之规定收集、出售或散布的电子邮件地址。

第 50 条之三　营利性广告信息的委托发送

（1）委托他人代表其发送营利性广告信息的，委托人应控制并监督受托人，以确保受托人不违反第 50 条及第 50 条之二的规定。

（2）在确定因违反相关法律而引起的损害责任时，依第（1）款之规定受托发送营利性广告信息的人，应被视为委托人的雇员。

第 50 条之四　对提供信息发送服务的限制

（1）出现以下任一项情况的，信息与通讯服务提供者可采取措施，拒绝提供相关服务：

1. 若对广告信息的发送和接收引起或有可能引起其提供的服务出现故障的；

2. 若某用户不愿接收广告信息的；

3. 若信息与通讯服务提供者按用户格式协议之规定向用户提供的服务被用于发送非法广告信息的。

（2）信息与通讯服务提供者打算依第（1）款之规定采取措施拒绝提供服务的，应将关于拒绝提供相关服务的条款纳入其就相关信息与通讯服务而与用户签订的用户协议中。

（3）信息与通讯服务提供者打算依第（1）款之规定采取措施拒绝提供服务的，应将其措施事先通知其之前提供服务的用户和相关利益方；但事先难以通知的，其应在采取拒绝提供服务的措施后毫不延迟地进行通知。

第 50 条之五　安装营利性广告程序

信息与通讯服务提供者打算在其用户的计算机中安装旨在展示广告信息或收集个人信息的程序，或安装《总统令》所列明的其他信息处理装置的，应取得用户同意。在此种情况下，其应告知用户该程序的使用目的及卸载方法。

第 50 条之六　推广旨在阻止发送营利性广告信息的软件

（1）广播通讯委员会可开发并推广相关软件或计算机程序，以使用户能方便地阻止或报告违反第 50 条之规定发送的营利性广告信息。

（2）广播通信委员会可向相关公共机构、法人、组织或类似机构提供必要支持，以促进第（1）款规定的阻止或报告信息发送的软件或计算机程序的开发和推广。

（3）若信息与通讯服务提供者所提供的电信服务被用于发送违反第 50 条之规定的营利性广告信息的，广播通讯委员会可建议该信息与通讯服务提供者采取必要措施，例如发展为收件人提供保护的技术、教育和公关活动。

（4）依第（1）款之规定进行开发和推广的方法，以及依第（2）款之规定提供支持的相关必要事项，由《总统令》规定。

第 50 条之七　对投放营利性广告信息的限制

（1）互联网主页的运营者和管理者明确表示其拒绝（接受营利性广告信息之投放）的，任何人不得违背其意愿在其互联网主页上投放营利性广告信息。

（2）互联网主页的运营者和管理者可针对违反第（1）款之规定投放的营利性广告信息采取一定措施，包括删除该信息。

第 50 条之八　禁止发送违法行为的广告信息

任何人不得通过信息与通讯网络发送宣传本法或其他法律禁止的

商品或服务的广告信息。

第51条 对重要信息流入国外的规制

（1）政府可要求信息与通讯服务的提供者和用户采取必要措施，以防止关于本国工业、经济、科学、技术等的重要信息通过信息与通讯网络流入国外。

（2）第（1）款规定的重要信息的范围如下：

1. 关于国家安全和主要政策的信息；

2. 关于国内前沿科学以及成熟技术或设备的细节信息。

（3）政府可要求处理第（2）款下各项信息的信息与通讯网络服务提供者采取以下措施：

1. 安装防止非法使用信息与通讯网络的系统装置或技术装置；

2. 采取防止非法损毁或操纵信息的系统性措施或技术性措施；

3. 采取措施防止信息与通讯服务提供者泄露其在处理重要信息时了解到的信息。

第52条 韩国互联网振兴院

（1）政府应设立韩国互联网振兴院（下称"互联网振兴院"），以改进信息与通讯网络（信息与电信网络的建立、完善和管理除外），鼓励对信息与通讯网络的安全使用，并促进广播与通讯领域的国际合作和海外市场开拓。

（2）互联网振兴院是一个法人实体。

（3）互联网振兴院执行以下事务：

1. 调查和研究关于使用和保护信息与通讯网络、促进广播与通讯领域的国际合作和海外市场开拓等的法律、政策和制度；

2. 调查和研究关于使用和保护信息与通讯网络的统计资料；

3. 分析使用信息与通信网络所带来的负面影响，并研究对策；

4. 就信息与通信网络的使用和保护开展公关活动、教育及培训活动；

5. 对信息与通讯网络中的信息进行保护，开发关于互联网地址资源及其标准化的技术；

6. 为知识信息安全的产业政策提供支持，开发相关技术并培养人才资源；

7. 进行信息保护的安全诊断，对信息保护和管理系统进行认证，发放认证并为认证提供支持，对信息保护进行评估等，例如对信息保护进行评估和认证；

8. 研究个人信息保护措施，并为信息保护技术的研发和扩散提供支持；

9. 支持纠纷调解委员会和个人信息保护中心的工作；

10. 发送宣传信息，并就关于互联网广告的投诉提供咨询和进行处理；

11. 运行相关系统以处理信息与电信网络的入侵行为，分析该入侵的成因并作出回应；

12. 管理《数字签名法》第25条第（1）款规定的数字签名的认证事宜；

13. 支持互联网的高效运行，并鼓励更广泛地使用互联网；

14. 支持对互联网用户储存的信息的保护；

15. 支持互联网的相关服务政策；

16. 保护互联网用户，并支持互联网中可靠信息的传播；

17. 处理依《互联网地址资源法》之规定对互联网地址资源进行管理的相关事宜；

18. 支持《互联网地址资源法》第16条规定的互联网地址纠纷调解委员会的工作；

19. 支持广播与通讯领域的国际合作、海外市场开拓及海外推广活动；

20. 开展第1款至第19款之事务的附属项目；

21. 本法或其他法律及其附属法规指定或委任互联网振兴院处理的事务，或者，行政安全院长官、知识经济部长官、广播通信委员会或其他行政机构领导委任互联网振兴院处理的事务。

（4）互联网振兴院执行上述事务所需费用由政府支出。

（5）本法关于互联网振兴院未尽之事项，应比照适用《民法》中关于财团法人之规定。

（6）除互联网振兴院外任何人不得以"韩国互联网振兴院"之名义行事。

（7）有关互联网振兴院的运行及其开展工作的必要事项，由《总统令》规定。

第七章　电信计费服务

第 53 条　对电信计费服务提供者的限制

（1）打算提供电信计费服务者，应满足下列各项要求，并依《总统令》之规定于广播通信委员会处进行登记：

1. 财政状况良好；

2. 有电信计费服务的用户保护方案；

3. 有经营此项业务所必需的人员和实体设备；

4. 有经营规划方案。

（2）依第（1）款之规定负有登记义务者，应是《商法》第 170 条规定的公司，或是《民法》第 32 条规定的法人，且其资产总额、出资额或基础资产不得低于《总统令》规定的五亿韩元这一阈值。

（3）尽管《电信业务法》第 22 条有相关规定，但电信计费服务提供者可以不必作为电信增值业务运营者向广播通信委员会进行报告。

（4）《电信业务法》第 23 条至第 26 条准用于电信计费服务登记内容的修改，业务转让或收购，企业并购或继承，经营者地位的延续，信息计费服务提供者的停业、中止或解散等。在此种情况下，"特殊电信业务运营者"应解释为"电信计费服务提供者"，且"特殊电信业务"应解释为"电信计费服务"。

（5）第（1）款规定的登记的所需细节和程序，以及其他必要事项，由《总统令》规定。

第 54 条　登记资格的取消

符合以下任一项条件者，应取消其第 53 条规定的登记资格：

1. 依第 53 条第（4）款之规定中止营业未满一年的法人，或该法人中止营业期未满一年时的主要股东（指《总统令》列明的投资者，下同）；

2. 依第 55 条第（1）款之规定被撤销登记未满三年的法人，或该法人被撤销登记未满三年时的主要股东；

3. 依《债务人恢复和破产法》之规定仍处于恢复程序中的法人，或该法人的主要股东；

4. 在银行交易或其他商业交易中未于约定时间内履行其义务，且被广播通信委员会所指定的人；

5. 其主要股东符合第 1 款至第 4 款之条件的法人股东。

第 55 条　撤销登记的命令

（1）电信计费服务提供者符合以下任一项条件的，广播通信委员会可撤销其登记或责令其停业，停业期不得超过一年；但电信计费服务提供者符合第 1 项条件的，广播通信委员会应毫无例外地撤销其登记：

1. 其以欺诈或其他欺骗性手段完成登记的；

2. 其完成第 53 条第（1）款规定的登记之日起一年内未开展相关业务的，或连续停业超过一年的。

（2）第（1）款规定的（对电信计费服务提供者的）处置的标准和程序，以及其他必要事项，由《总统令》规定。

第 56 条　格式合同的报告

（1）电信计费服务提供者应就电信计费服务拟定格式合同，并将该格式合同（包括其修订本）报告给广播通信委员会。

（2）广播通信委员会发现第（1）款规定的格式合同有可能对电信计费服务的用户造成损害，应建议相关电信计费服务提供者修改其格式合同。

第 57 条　电信计费服务的安全保障

（1）电信计费服务提供者应像一个善良管理者那样谨慎地开展业

务，提供安全的电信计费服务。

（2）电信计费服务提供者应采取包括为工作流程及账目分类制定准则在内的行政措施，以及包括建立信息保护系统在内的技术性措施，以保障通过《总统令》规定的电信计费服务进行的交易的安全性和可靠性。

第 58 条　电信计费服务提供者的权利

（1）电信计费服务提供者为其出售的商品或提供的服务出具账单时，应将《总统令》规定的事项告知电信计费服务的用户，包括其消费明细和提出异议的方法。

（2）电信计费服务提供者应向电信计费服务的用户提供一套核查其消费明细的方法，并且，其应在用户提出要求之日起两个星期内，应用户之要求就消费明细向该用户提交书面说明（包括电子文件形式，下同）。

（3）电信计费服务的用户发现其所获的电信计费服务违背其意愿的，其可要求电信计费服务提供者作出纠正（该电信计费服务由用户自己的故意或过失所引起的除外），作为回应，电信计费服务提供者应在用户要求其作出纠正之日起两个星期内告知用户纠正结果。

（4）电信计费服务提供者应在《总统令》规定的至少五年的时间内保留其电信计费服务的记录。

（5）依第（2）款之规定应向电信计费服务的用户提交的消费明细的条目、种类及范围的相关事项，依第（4）款之规定电信计费服务提供者应予以保留的记录的种类和保留方法的相关事项，以及其他相关事项，由《总统令》规定。

第 59 条　纠纷的处理

（1）每个电信计费服务提供者均应建立并运行一个对纠纷进行自愿调处的机构或组织，以保障用户的权利和利益。

（2）每个电信计费服务提供者均应依《总统令》之规定建立一套处理程序，以供电信计费服务的用户就相关服务提出异议，并就其权利的受损获得赔偿。

第 60 条　损害责任

（1）电信计费服务提供者所提供的服务给电信计费服务的用户造成损害的，电信计费服务者应承担损害责任；但若损害是由电信计费服务的用户的故意或过失造成的，则电信计费服务提供者毋需承担相关责任。

（2）电信计费服务提供者应与索赔人就第（1）款规定的损害的赔偿金进行协商。

（3）双方未能或不能就第（2）款规定的损害赔偿金达成一致同意的，各方均可提请广播通信委员会对该案作出裁决。

第 61 条　对使用电信计费服务的限制

广播通信委员会可责令电信计费服务提供者向符合以下任一项条件的人拒绝提供服务、暂停提供服务或设置服务限制：

1. 违反《青少年保护法》第 17 条之规定向青少年出售、出借、提供青少年不良媒介产品的人；

2. 因通过以下任一手段诱使电信计费服务的用户购买或使用商品或服务，从而严重损害电信计费服务的用户的利益的人：

（a）违反第 50 条之规定发送营利性广告信息；

（b）欺骗或不当引诱电信计费服务的用户；

3. 出售或提供本法或其他法律禁止的商品或服务的人。

第八章　国际合作

第 62 条　国际合作

政府应就以下事项与其他国家或国际组织保持相互协助：

1. 与国际间个人信息传送及个人信息保护有关的事项；

2. 与信息与通讯网络中的青少年保护有关的事项；

3. 与信息与通讯网络的安全预防有关的事项；

4. 其他与促进更安全完善地使用信息与通讯服务有关的事项。

第 63 条　对转让至国外的个人信息的保护

（1）信息与通讯服务提供者或类似地位者不得履行任何含有违反

本法中保护用户个人信息之规定的条款的国际合同。

（2）信息与通讯服务提供者或类似地位者打算将用户个人信息转让至国外的，须取得用户的同意。

（3）信息与通讯服务提供者或类似地位者打算取得第（2）款规定的同意时，须将以下事项告知用户：

1. 将要转让的个人信息的条目；

2. 该个人信息将被转至的国家、转让的日期及转让方法；

3. 该个人信息的受让者的名称（若受让者为法人的，指该法人的名称及该信息的管理者的合同信息）；

4. 该个人信息的受让者使用该信息的目的，以及起将持有和使用该个人信息的时间；

（4）信息与通讯服务提供者或类似地位者获得第（2）款规定的同意将个人信息转让至国外的，应采取《总统令》规定的保护措施。

第九章　补充规定

第64条　数据的提交

（1）行政安全部长官或广播通信委员会可于出现以下情况时，要求信息与通讯服务提供者或类似地位者（包括依第67条之规定应比照适用本条的人；本条下同）提交相关物品、文件或其他材料：

1. 若其对违反或涉嫌违反本法的情况有所察觉的；

2. 若其收到关于违反本法的报告或申诉的；

3. 若有《总统令》列明的其他理由相信是为保护用户所必要的。

（2）广播通信委员会打算对违反本法之规定发送营利性广告信息的人采取以下措施的，可要求信息与通讯服务提供者或类似地位者允许其对该发送广告信息的人的数据（例如其姓名、地址、身份证号码、访问时间）进行检查，或向其提交该人的此类数据：

1. 第（4）款规定的矫正措施；

2. 第76条规定的对过失行为的罚款；

3. 任何类似措施。

（3）信息与通讯服务提供者或类似地位者未依第（1）款、第（2）款之规定提交数据的，或行政安全部长官或广播通信委员会发现信息与通讯服务提供者或类似地位者违反本法之规定的，行政安全部长官或广播通信委员会可指派其管辖下的公职人员进入该信息与通讯服务提供者或类似地位者的工作场所，对其业务、会计账簿、相关文件等的当前情况进行检查。

（4）行政安全部长官或广播通信委员会可责令违反本法之规定的信息与通讯服务提供者或类似地位者采取必要的矫正措施，停止违法或纠正其违法行为，并可要求被责令采取矫正措施的信息与通讯服务提供者或类似地位者向公众公告其被责令采取矫正措施的事实。在此种情况下，关于公告的方法、准则及程序的必要事项，以及其他相关事项，由《总统令》规定。

（5）行政安全部长官或广播通信委员会依第（4）款之规定作出要求（他人）采取必要的矫正措施的责令时，可向公众公布其做出了要求（他人）采取矫正措施责令的事实。在此种情况下，关于公告的方法、准则及程序的必要事项，以及其他相关事项，由《总统令》规定。

（6）行政安全部长官或广播通信委员会依第（1）款、第（2）款之规定要求（他人）提供数据或其他材料，或要求对数据或其他材料进行检查时，应出具一份书面公告（包括一份电子文档），列明其做出该命令的原因和法定权力、提交数据的时限和检查的时间、有关提交或检查的数据的细节、以及其他相关事项。

（7）依第（3）款之规定进行检查时，应在检查开始之日七日前将检查方案（包括检查的日期、持续时间、原因及其细节在内）通知至相关的信息与通讯服务提供者或类似地位者；但在紧急情况下，或认为事先给予通知会引起毁损证据的行为或其他事态出现，进而导致检查目的不可能达成的，不得就该检查方案进行通知。

（8）依第（3）款之规定进行检查的公职人员应携带表明其权力的证明文件，并向相关人员出示，且其进入相关工作场所时，应向相关人员出示列明其姓名、进入（该工作场所）的时间、目的及其他相关事项的文件。

（9）行政安全部长官或广播通讯委员会依第（1）款至第（3）款之规定接到（他人）提交的数据或其他材料、或对数据或其他材料进行检查、或进入（他人）工作场所进行检查的，应将上述行为的结果（若其打算作出诸如责令采取矫正措施等处置的，检查结果应包括该处置的详细细节）书面告知相关信息与通讯服务提供者或类似地位者。

（10）行政安全部长官或广播通讯委员会依第（1）款至第（4）款之规定要求（他人）提交数据或进行检查时，可向互联网振兴院的领导征求技术层面的建议或要求其提供其他支持。

（11）依第（1）款至第（3）款之规定作出的提交数据或其他材料的要求、或允许（相关部门）进行检查的要求，应被限定在为施行本法的所必要的最低限度内，且不得以其他目的而被滥用。

第64条之二　对数据等的保护和销毁

（1）若信息与通讯服务提供者或类似地位者要求行政安全部长官或广播通讯委员会对其依第64条之规定收到或收集的文件、数据或其他材料进行保护的，行政安全部长官或广播通讯委员会不得将这些文件、数据或其他材料提供给第三方或向公众披露。

（2）行政安全部长官或广播通讯委员会收到通过信息与通讯网络提交的数据，或将其收集到的数据或其他材料转化为电子格式时，应采取系统全面的、技术性的安全保障措施，以防止个人信息、交易秘密或类似信息的泄露。

（3）以下任一项情况发生的，行政安全部长官或广播通讯委员会应立即销毁其依第64条之规定收到或收集的文件、数据或其他材料，其他法律有特别规定的除外；前述规定同样适用于行政安全部长官、知识经济部长官或广播通信委员会依第65条之规定所授权或委托之人：

1. 若第64条规定的要求提交数据、进行实地检查或责令采取矫正措施的目的达成的；

2. 若某个针对第 64 条第（4）款规定的责令采取矫正措施的行政申诉被提起的，或某个行政申诉的审理程序已经因相关的行政诉讼被提起而终止的。

3. 若第 76 条第（5）款规定的提出异议的时限已经经过，但无人对就第 76 条第（4）款下的过失行为而作出的罚款处理提出异议的。

4. 就第 76 条第（4）款下的过失行为而作出的处理而言，若某个针对该处理的异议被提出后，管辖法院对该非讼案件的审理程序终止的。

第 64 条之三　处以附加罚款

（1）电信业务运营者实施以下任一项行为的，广播通信委员会可对其处以不超过其非法销售额 1% 的附加罚款；但委员会可对实施第 6 项行为的电信业务运营者处以不超过一亿韩元的附加罚款：

1. 违反第 22 条第（1）款之规定，在未取得相关用户同意的情况下收集用户个人信息；

2. 违反第 23 条第（1）款之规定，在未取得相关用户同意的情况下收集有可能严重损害他人权利、利益或隐私的个人信息；

3. 违反第 24 条之规定使用个人信息；

4. 违反第 24 条之二之规定将个人信息提供给第三方；

5. 违反第 25 条第（1）款之规定，在未取得相关用户同意的情况下委托他人处理个人信息；

6. 未采取第 28 条第（1）款第 2 项至第 5 项规定的措施，因而导致用户的个人信息丢失、被盗、泄露、被篡改或被破坏；

7. 违反第 31 条第（1）款之规定，在未取得其法定代理人同意的情况下收集未满 14 周岁之儿童的个人信息。

（2）被处以第（1）款规定的罚款的电信业务运营者拒绝提交用以计算其销售额的数据、或提交任何错误数据的，（相关部门）可以会计记录为基础估算其销售额，例如参照与该电信业务运营者在规模、当前业务状况（例如订购者数量及服务费）及其他方面相类似的另一个电信业务运营者的财务报表；但其没有销售额或其销售额难以计算，并且有《总统令》规定的理由存在时，对其作出的罚款不得超过四亿韩元。

（3）广播通信委员会打算作出第（1）款规定的罚款时，应将以下各方面纳入考虑之范围：

1. 其违法的实质和程度；

2. 其违法的时间和次数；

3. 其违法获取的利润额。

（4）作出第（1）款规定的附加罚款时应将第（3）款规定的各方面纳入考虑范围，但计算营业额的细则和程序应由《总统令》规定。

（5）负有缴纳第（1）款规定的附加罚款之义务的人未在时限内缴纳相关罚款的，广播通信委员会应在时限经过之日起向其按年加收未缴纳之附加罚款额6%的滞纳金。

（6）负有缴纳第（1）款规定的附加罚款之义务的人未在时限内缴纳相关罚款的，广播通信委员会应提醒其在委员会规定的时限内及时缴纳；并且，该人未缴纳附加罚款，亦未在规定时限内缴纳第（5）款规定的滞纳金的，广播通信委员会应依照迟延缴纳国家税款的处理先例收缴该罚款和滞纳金。

（7）第（1）款规定的附加罚款依法院之判决或其他原因应予以退还的，相当于年附加罚款额6%的额外退还金应从附加罚款缴纳之日起一直计算至其被退还之日。

第65条　授权与委托

（1）行政安全部长官、知识经济部长官或广播通讯委员会可依《总统令》之规定，将其依本法所获权力的一部分授权或委托给其管理下的机构负责人或韩国邮政的董事长。

（2）知识经济部长官可依《总统令》之规定，将第13条规定的促进利用信息与通讯网络的项目委托给《促进信息化框架法》第10

条规定的国家信息社会研究院实施。

（3）行政安全部长官或广播通信委员会可依《总统令》之规定，委托互联网振兴院处理第64条第（1）款及第（2）款规定的要求提交数据或进行检查的相关事宜。

（4）第64条第（8）款应准用于第（3）款规定下的互联网振兴院的雇员。

第66条　保密等

参与或曾经参与过与以下任一项事务有关的工作的人，不得将其在履行职务中了解到的任何秘密泄露给他人，也不得以履行职务外的任何目的使用这些秘密；但法律另有规定的除外：

1. 第33条规定的纠纷调解委员会的纠纷调解工作；

2. 第47条规定的信息保护和管理系统认证工作；

3. 第52条第（3）款第4项规定的信息保护系统评估工作；

4. 第46条之三规定的对信息保护的安全检查；

5. 第44条之十规定的诽谤纠纷调解小组的纠纷调解工作。

第67条　准用于信息与通讯服务提供者之外的其他人员

（1）第22条、23条、23条之二、24条、24条之二、25条、26条、26条之二、27条、27条之二、28条、28条之二、以及第29条至32条准用于除信息与通讯服务提供者外由《总统令》列明的人，《总统令》列明的这些人应来自于向他人提供商品或服务，并且收集或使用接受商品或服务的人的个人信息，或向他人提供该人的个人信息的人。在此种情况下，"信息或通讯服务提供者"或"信息与通讯服务提供者或类似地位者"应解释为"提供商品或服务的人"，"用户"应解释为"接受商品或服务的人"。另外，第27条第（1）款和第（3）款、第27条之二第（1）款和第（3）款、第28条第（1）款规定的准则、方法及其他相关事项的进一步详细细节，由《行政安全部令》针对第22条、23条、23条之二、24条、24条之二、25条、26条、26条之二、27条、27条之二、28条、28条之二、以及第29条至32条所准用的人进行规定。

（2）第22条、23条、23条之二、24条、24条之二、26条、26条之二、27条、27条之二、28条、28条之二以及第29条至31条准用于第25条第（1）款规定的受托人。

第68条之二　建立韩国信息安全产业协会

（1）信息安全相关业务经营者可在取得知识经济部长官之授权后建立韩国信息安全产业协会，以确保信息安全产业的健康发展，使全国的信息安全产业得到整体提升。

（2）韩国信息安全产业协会应是一个法人实体。

（3）关于对韩国信息安全产业协会的授权程序、其业务及监管的必要事项，以及其他相关事项，由《总统令》规定。

（4）除非本法另有规定，否则《民法》中对于社团组织之管理的规定准用于韩国信息安全产业协会。

第69条　使用惩罚性条款时对公职人员的法律拟制

在适用《刑法》第129条至132条时，国家信息社会研究院和互联网振兴院的主管和雇员，参与了行政安全部长官、知识经济部长官或广播通信委员会依第65条第（2）款或第（3）款之规定委托处理的事务的，应被视为公职人员。

第十章　罚则

第70条　处罚规定

（1）故意通过信息与通讯网络公开发布损害他人名誉的事实，从而诽谤他人者，处三年以下有期徒刑，可附加狱中劳役，或处两千万韩元以下的罚款。

（2）故意通过信息与通讯网络公开发布损害他人名誉的虚假事实，从而诽谤他人者，处以七年以下有期徒刑，并附加狱中劳役，或处十年以下的剥夺权利，或处五千万韩元以下的罚款。

（3）被害人明示（不追究当事人责任）的，公诉机关对触犯第（1）款第或（2）款之犯罪者可不予起诉。

第71条 处罚规定

符合以下任一项者，处五年以下有期徒刑，并附加狱中劳役，或处五千万韩元以下的罚款：

1. 违反第22条第（1）款之规定（包括依第67条之规定对前述条款的比照适用）取得相关用户同意而收集其个人信息者；

2. 违反第23条第（1）款之规定（包括依第67条之规定对前述条款的比照适用），在未取得相关用户同意的情况下收集有可能严重损害他人权利、利益或隐私的个人信息者；

3. 违反第24条、第24条之二第（1）款或第（2）款、或第26条第（3）款之规定（包括依第67条之规定对前述条款的比照适用）使用或向第三方提供个人信息，或者以营利或其他非法目的接收明知是违反前述规定的个人信息者；

4. 违反第25条第（1）款之规定（包括依第67条之规定对前述条款的比照适用）取得相关用户同意而委托他人处理其个人信息者；

5. 违反第28条之二第（1）款之规定（包括依第67条之规定对前述条款的比照适用）损毁、侵犯或泄露个人信息者；

6. 违反第28条之二第（2）款之规定以营利或其他非法目的接收明知是被泄露的个人信息者；

7. 违反第30条第（5）款之规定（包括依第30条第（7）款、第31条第（3）款、或第67条之规定对前述条款的比照适用），在未采取必要措施的情况下向他人提供或使用个人信息者；

8. 违反第31条第（1）款之规定（包括依第67条之规定对前述条款的比照适用），在未取得其法定代理人同意的情况下收集未满十四周岁之儿童的个人信息者；

9. 违反第48条第（2）款之规定传输或散布恶意程序者；

10. 违反第48条第（3）款之规定引起信息与通讯网络故障者；

11. 违反第四十九之规定损毁他人的信息，或者侵犯、盗用或泄露他人的秘密者。

第72条 处罚规定

（1）符合以下任一项者，处三年以下有期徒刑，并附加狱中劳役，或处三千万韩元以下的罚款：

1. 违反第48条第（1）款之规定入侵信息与通讯网络者；

2. 违反第49条第（1）款之规定收集他人个人信息者；

3. 违反第53条第（1）款之规定在未进行登记的情况下开展相关业务者；

4. 为实施以下行为的人提供借款或为其借款进行中介者：

（a）通过电信计费服务开展或使他人代为开展假装出售或提供商品或服务、或者超出销售价格计费的交易活动；

（b）让电信计费服务的用户通过电信计费服务购买或使用某些商品或服务，然后又以折扣价购回该电信计费服务用户购买或使用的商品或服务；

5. 违反第66条之规定将其在履行职务中所知悉的秘密泄露给他人，或以其职务之外的其他目的使用该秘密者。

（2）企图触犯第（1）款规定之犯罪者，应予以处罚。

第73条 处罚规定

符合以下任一项者，处两年以下有期徒刑，并附加狱中劳役，或处一千万韩元以下的罚款：

1. 因未采取第28条第（1）款第2项至第5项（包括依第67条之规定对前述条款的比照适用）规定的任一项技术性、行政性措施，而导致用户的个人信息丢失、被盗、泄露、被篡改或被损毁者；

2. 违反第42条之规定，在未标记其为不良媒介产品的情况下向青少年提供不良媒介产品者；

3. 违反第42条之二之规定向青少年发送含有不良媒介产品之广告内容的信息，或在未采取限制访问措施的情况下公开展示这些信息者；

4. 违反第44条之六第（3）款之规定以提起民事或刑事诉讼以外之目的使用用户个人信息者；

5. 违反第44条之七第（2）款或第（3）款之规定未执行广播通

信委员会之命令者；

6. 违反依第 48 条之四第（3）款作出的命令，未对相关数据进行保存者；

7. 违反第 49 条之二第（1）款之规定诱使他人提供其个人信息者；

8. 未执行依第 61 条作出的命令者。

第 74 条　处罚规定

（1）符合以下任一项者，处一年以下有期徒刑，并附加狱中劳役，或处一千万韩元以下的罚款：

1. 违反第 8 条第（4）款之规定，在其产品上加注类似标识，或出售带有类似标识的产品，或以出售为目的展示此类产品者；

2. 违反第 44 条之七第（1）款第 1 项之规定散布、出售、出租或公开展示带有淫秽内容的代码、文字、声音、图像或影片者；

3. 违反第 44 条之七第（1）款第 3 项之规定反复向他人发送可引起他人害怕或恐惧的代码、文字、声音、图像或影片者；

4. 违反第 50 条第（6）款之规定采取技术性措施者；

5. 违反第 50 条之二之规定收集、出售、散布电子邮件地址，或在信息传送中使用电子邮件地址者；

6. 违反第 50 条之八之规定发送广告信息者；

7. 违反第 53 条第（4）款之规定未就相关变更进行登记，或未就转让、收购、合并或企业继承进行报告者；

（2）被害人明示（不追究当事人责任）的，公诉机关对触犯第（1）款第 2 项之犯罪者可不予起诉。

第 75 条　连带处罚规定

公司的法定代表人、代理人、员工、或公司的其他雇佣人员违反第 71 条至 73 条、或 74 条第（1）款中与该公司或个人之业务有关的规定的，不仅应处罚相应的违法者，也应对该公司或个人处以相关规定之罚款；但该公司或个人在对前述违法行为应尽的注意义务和监管义务中没有过失的，不使用本条规定。

第 76 条　对过失的罚款

（1）符合以下任一项者，以及使他人实施第 7 项至第 11 项行为者，对其行为负有过失责任的，处三千万韩元以下的罚款：

1. 违反第 23 条之规定（包括依第 67 条之规定对前述条款的比照适用）拒绝提供服务者；

2. 违反第 23 条之二之规定未采取必要措施者；

3. 未采取第 28 条第（1）款第 1 项（包括依第 67 条之规定对前述条款的比照适用）规定的技术性、行政性措施者；

4. 违反第 29 条正文之规定未对个人信息进行销毁者；

5. 违反第 30 条第（3）款、第（4）款或第（6）款之规定（包括依第 30 条第（7）款、第 31 条第（3）款或第 67 条之规定对前述条款的比照适用）未采取必要措施者；

6. 未执行广播通信委员会依第 44 条之五第（2）款之规定作出的命令者；

7. 违反第 50 条第（1）款至第（3）款之规定发送营利性广告信息者；

8. 违反第 50 条第（4）款或第（5）款之规定，在其发送广告信息时未列明要求列明的事项，或就该事项列出错误信息者；

9. 违反第 50 条第（7）款之规定使收信人承担任何支出者；

10. 违反第 50 条之五之规定，在未取得相关用户同意的情况下安装程序者；

11. 违反第 50 条之七第（1）款之规定在互联网主页发布营利性广告信息者。

12. 违反第 71 条至第 74 条、本款第 1 项至第 11 项以及第（2）款之规定，且未执行行政安全部长官或广播通信委员会依照第 64 条第（4）款作出的对前述违法行为采取矫正措施的命令者。

（2）符合以下任一项者，对其行为负有过失责任的，处两千万韩元以下的罚款：

1. 违反第 25 条第（2）款之规定（包括依第 67 条之规定对前述

条款的比照适用），未将委托处理个人信息的相关事项对用户进行披露或告知用户者；

2. 违反第 26 条第（1）款或第（2）款之规定（包括依第 67 条之规定对前述条款的比照适用），未将个人信息的转让告知用户者；

3. 违反第 27 条之规定（包括依第 67 条之规定对前述条款的比照适用），未指定个人信息管理责任人者；

4. 违反第 20 条之二第（1）款之规定（包括依第 67 条之规定对前述条款的比照适用），未对个人信息的处理政策进行公布者。

（3）符合以下任一项者，对其行为负有过失责任的，处一千万韩元以下的罚款：

1. 违反第 20 条第（2）款之规定未保存电子文件者；

2. 违反第 21 条之规定公开电子文件者；

3. 违反第 42 条之三第（1）款之规定未指定青少年保护责任人者；

4. 违反第 43 条之规定未保存信息者；

5. 违反第 46 条第（2）款之规定未安排保险者；

6. 违反第 46 条之三第（1）款之规定未接受对信息保护的安全检查者；

7. 违反第 46 条之三第（2）款之规定，未提交对信息保护的安全检查的结果，或提交虚假结果者；

8. 就第 46 条之三第（5）款规定的建议的细节，或依该建议采取的相关措施的结果，进行虚假告知者；

9. 未执行依第 46 条之三第（6）款之规定作出的要求改进的命令者；

10. 违反第 47 条之三第（3）款之规定，未将相关软件告知用户者；

11. 未执行依第 48 条之二第（4）款之规定作出的要求采取相关矫正措施的命令者；

12. 妨碍、拒绝或回避（相关机构）依 48 条之四第（4）款之规定进入相关工作场所进行检查者；

13. 违反第 52 条第（6）款之规定以韩国互联网振兴院之名义行事者；

14. 违反第 53 条第（4）款之规定未就其停业、结业或解散提交报告者；

15. 违反第 56 条第（1）款之规定未就其格式合同进行报告者；

16. 违反第 57 条第（2）款之规定未采取行政性或技术性措施者；

17. 违反第 58 条第（1）款之规定，未将《总统令》列明的事项（如其消费明细及提出异议的方法等）告知电信计费服务的用户者；

18. 违反第 58 条第（2）款之规定，未向电信计费服务的用户提供核查其消费明细的方法，或未应电信计费服务的用户之要求向其提供该方法者；

19. 违反第 58 条第（3）款之规定，在应用户之要求采取措施后，未将其结果告知电信计费服务的用户者；

20. 违反第 58 条第（4）款之规定，未对电信计费服务的记录进行保存者；

21. 违反第 59 条第（2）款之规定，未就电信计费用户提出异议和维护其权利建立相关程序者；

22. 未提交第 64 条第（1）款规定的物品、文件或其他材料，或提交虚假的物品、文件或其他材料者；

23. 未遵从第 64 条第（2）款规定的对其数据进行检查的要求，或未提交前述条款规定的数据者；

24. 拒绝、妨碍或回避（相关机构）依第 64 条第（3）款之规定进入（相关工作场所）进行检查者。

（4）第（1）款至第（3）款规定的对过失行为的罚款应由行政安全部长官或广播通信委员会依《总统令》之规定作出和收取。

（5）对依第（4）款之规定作出的对过失行为的罚款处理不满者，可于其接到该处理通知之日起 30 日内向行政安全部长官或广播通信委员会提出异议。

（6）一旦接到对依第（4）款之规定作出的罚款处理不满者依第（5）款之规定提出的异议，行政安全部长官或广播通信委员会应毫不延迟地通知可处理该异议的管辖法院；该管辖法院一旦接到通知，应依《非讼案件诉讼程序法》之规定就该对过失行为的罚款进行审理。

（7）就对过失行为的罚款，当事人在第（5）款规定的时限内既未提出异议，也未缴纳罚款的，（相关机构）应按照收取拖欠的国家税款的程序收取该罚款。

附录

施行日期　本法自颁布之日起六个月后生效。

印度信息技术法①

为法律所认可的，通过电子数据交换和其他电子通信手段进行的交易，通常被称为"电子商务"，其中包括使用替代纸质的方法进行信息交换和存储，方便政府机构以电子方式提交文件，并进一步修改1872年《印度刑法典》，1891年《印度证据法》，以及1934年《印度央行法》和与此相关或附带的有关事宜。

鉴于联合国大会决议 A/RES/51/162，1997年1月30日，联合国国际贸易法委员会通过了电子商务示范法。

又鉴于上述决议建议：除其他事项外，所有国家在制定或修订本国法律时，应对上述示范法给予有利的考虑，鉴于在替代纸质的信息交换和存储方法上统一适用法律。

第一章　导言

第1条　短标题，范围，生效日期及适用程序

（1）本法可称为2000年信息技术法。［经信息技术法2008（修正案）修订］

注：2006年信息技术（修订）草案被2008年信息技术法修正案所修订，并且在此过程中，相关法案更名为2008年信息技术法（修正案），且此后简称为 ITAA2008。

---

① The Information Technology Act（2008）

（2）其适用范围应当扩展至整个印度，除本法另有规定外，它也适用于任何人在印度领域之外根据本法犯下的任何罪行或者违法行为。

（3）中央政府可以以通知指定的方式确定生效日期以及本法不同的规定可能会导致生效日期的不同，并且任何该等说明法案生效的条款，都应当解释为说明该条文生效。〔2000 年 10 月 17 日法案生效。修正案参见 ITAA－2008 生效通知……〕

（4）（替代参见 ITAA－2008）本法不适用于附表一中以增加或删除词条的方式所指明的文件或交易。

（5）（插入参见 ITAA－2008）依据第四款的规定，发出的每个通知应当在国会上下议院前省览。

第 2 条　定义

（1）在本法中，除非上下文另有要求，

（a）"访问"的语法变化和同源词是指进入、指示或者与计算机、计算机系统、计算机网络的逻辑、算术或存储功能资源进行通信；

（b）"收件人"是指一个打算经过发件人接受电子记录的人，但是不包括任何中介；

（c）"审判人员"是指根据第 46 条第一款获得委任的审判官；

（d）"加盖电子签名"，其语法变化和同源表达指的是一人通过任何方法或程序，通过电子签名的方式实现验证电子记录的目的；

（e）"相关政府"指就任何问题：

（i）宪法第七时间表附表二中所列；

（ii）根据宪法第七时间表附表三颁布的任何国家法律、州政府以及在其他情况下中央政府颁布的任何国家法律；

（f）"非对称式加密系统"指的是由一个包括私匙的安全密匙对创建的数字签名和公共密匙来验证数字签名的系统；

（g）"发证机构"指的是根据第 24 条，给已经被授予许可证的人颁发电子签名证书；

（h）"认证业务声明"指的是由认证机构发布的声明，该声明指定发证机构采用签发电子签名证书的做法；

（ha）"通信设备"指的是移动电话、个人数字助理（Sic），或者是两者兼有的设备，或者是其他任何用于通信、发送或传输任何文本、视频、音频、图像的设备；（插入参见 ITAA2008）

（i）"计算机"指的是任何电子、磁性、光学或其他高速数据处理设备或系统，它通过电子、磁或者光脉冲的操作来执行逻辑、算术和存储功能，包括所有输入、输出、处理、存储、计算机软件或连接或涉及计算机系统或网络的通信设施；

（j）（替代参见 ITAA–2008）"计算机网络"是指一个或多个互连的计算机或计算机系统或通信设备通过：

（i）利用卫星、微波、陆地线、电线、无线或者其他传播媒体；以及

（ii）终端或者由一个或多个计算机或通信设备组成的能否持续保持互连的系统；

（k）"计算机资源"指的是计算机、通信设备、计算机系统、计算机网络、数据、计算机数据库软件；

（l）"计算机系统"是指一种设备或设备的集合，包括输入和输出支持设备，不含非可编程和能够与外部文件连同的计算机，其中包括计算机程序、电子指令、输入数据和输出数据，执行逻辑、算术运算、数据存储和检索、通信控制等功能；

（m）"管理员"是指根据第17条第七款任命的发证机构的管理员；

（n）"网络上诉法院"是指根据第48条第一款的规定设立的网络上诉 * 法院；（ * "法规"省略）

（na）（插入参见 ITAA–2008）"网络安全"指的是保护信息、设备、装置、计算机、计算机资源、通信设备并且防止存储在其中的信息在未经授权时被访问、使用、泄露、中断、修改或销毁；

（o）"数据"是信息、知识、事实、概念或者以形式化的方式正

在被编写或已经编写好的指令的代名词，并且其可能以任何形式，在一个计算机系统或网络中准备被处理、正在被处理或者已经被处理完毕（包括计算机打印出来的磁性或光学存储介质、穿孔卡片、磁带）或者存储于计算机的内部存储器里；

（p）"数字签名"指的是用户按照第3条规定的电子方法或程序进行的电子记录认证；

（q）"数字签名证书"指的是根据第35条第四款的规定颁发的签名证书；

（r）信息的"电子形式"是指在媒体、磁性、光学、计算机内存、微缩胶片、计算机生成的微缩胶片或类似装置中生成、发送、接收或存储信息；

（s）"电子公报"是指以电子形式发布的官方公报；

（t）"电子记录"是指数据、记录或生成的数据、图像或存储的声音，以电子形式、微缩影片或者电脑生成的微缩胶片的方式接受或传送；

（ta）（插入参见ITAA - 2006）"电子签名"是指用户通过附表2所指明的电子手段进行的电子记录认证，包括数字签名；

（tb）（插入参见ITAA - 2006）"电子签名证书"是指根据第35条签发的电子签名认证证书，包括数字签名证书；

（u）与计算机相关的"功能"包括逻辑、控制、运算过程、删除、存储和检索，并且或在计算机内进行的交流或通信；

（ua）"印度计算机应急响应小组"是指根据第70B条第一款所设立的一个机构；

（v）"信息"包括数据、信息、文字、图像、声音、语音、代码、计算机程序、软件以及数据库或者微电影或者产生微缩微胶片的计算机；（修订参见ITAA - 2008）

（w）（替代参见ITAA - 2008）与任何特定电子记录相关的"中介机构"，指的是任何代表他人对该记录进行接收、存储或传送的人，或者对相关记录提供相应服务的人，包括电信服务提供商、网络服务提供商、互联网服务提供商、网站托管服务提供商、搜索引擎、在线支付网站、在线拍卖网站、网上市场以及网吧；

（x）"密匙对"，非对称密码系统，是指一个私匙及其在数学上相关的公开密匙，其相互之间联系紧密以至于公匙可以验证通过私匙创建的数字签名；

（y）"法"包括国会法令或国家立法，视情况而定由总统或州长颁布的条例。总统根据第 240 条的规定制定条例，根据宪法第 357 条第一款第一项的规定，包括根据其颁布或制定的法规、条例、细则和命令，法案作为总统法令而制定；

（z）"许可证"是指根据第 24 条的规定授予认证机构的许可证；

（za）"发件人"是指发送、生成、存储或传送任何电子信息的人，或者引发电子信息的发送、产生、存储或传输给他人的人，但不包括中介机构；

（zb）"规定"是指本条例作出的规定；

（zc）"密码"是创建数字签名密匙对的关键；

（zd）"公匙"是指用于验证数字签名和数字签名证书中列出的密匙对的关键；

（ze）"安全系统"是指计算机硬件、软件和程序：

i 对于防止未经授权的访问和滥用相当有用；

ii 提供可靠度和正常运作的合理水平；

iii 对于执行预定功能较为合理；并且

iv 坚持可以被普遍接受的安全程序；

（zf）"安全程序"是指第 16 条中央政府规定的安全程序；

（zg）"用户"是指颁发的电子签名证书上的人；

（zh）与数字签名、电子记录或公共密匙有关的"验证"，其语法变化和同源词表达意味着可以确定：

i 是否通过使用与私匙对应的用户的公匙将初始电子记录加盖于数字签名之上；

ii 初始的电子记录是否被完整保存或已经被改变，因为这样的电子记录是加盖于数字签名之上的。

（2）任何制定本法所参考的法令或规定，若该法令或规定在相应地区未生效，那么应当解释为参考的相应法律或相应法律的有关规定在该地区已经生效。

第二章　数字签名与电子签名（修订见 ITAA2008）

第 3 条　电子记录认证

（1）根据本条的规定，任何用户可以通过加盖其数字签名的方式认证电子记录。

（2）电子记录的认证必须通过使用非对称加密系统和散列函数来实现，该散列函数覆盖并将初始电子记录转换为另一电子记录。

说明：就本条而言，"散列函数"是指算法映射或者通常较小的一个序列翻译成另一个序列，其被称作"散列结果"，这样的电子记录每次产生相同的散列结果的算法是由相同的电子记录执行的，因为其输入使下列计算不可行：

（a）推导或由该算法产生的散列结果中重建电子记录；

（b）使用该算法使两个电子记录生成相同的散列结果。

任何使用该用户的公共密匙的人均可验证电子记录。

对于用户来说，私人密匙和公共密匙均为独一无二的，并且构成一个有效的密匙对。

第 3A 条　电子签名（插入参见 ITAA2006）

（1）尽管第 3 条有规定，但受条款规定的限制，用户拒绝通过这样的电子签名、电子认证技术认证电子记录：

（a）被认为具有可靠性，且

（b）可能已在附表二中指明。

（2）就本条而言，如果具有下列情况，任何电子签名或电子认证技术应被视为具有可靠性：

（a）签名制作数据或认证数据，在它们的语境中，与签名人或根据情况和认证人相关，而与他人无关；

（b）签名制作数据或认证数据，在签名时在签字人的控制之中，或者根据情况在认证人控制之下，而与他人无关；

（c）加盖这样的签名后对电子签名的任何改变是可测出的；

（d）在认证之后，通过电子签名对任何信息的更改都是可测出的；并且

（e）它满足可规定的其他条件。

（3）中央政府可以规定程序以确定电子签名是否是由声称加盖或认证电子签名的人进行的。

（4）中央政府可在官方公告上通知：增加或省略任何电子签名或电子认证技术以及在附表二中的加盖此签名的程序；前提是没有附表二中必须规定任何电子签名或认证技术，除非此项签名或技术是可靠的。

（5）根据第四款发出的任何通知应当在上下议院省览。

第三章　电子政务

第4条　电子记录的法律确认

凡法律规定，信息或其他事项需是书面或打印形式时，那么，即使该法律另有规定，如果此类信息或事项有如下情况，视为满足该项要求：

（a）以电子形式提供或可得；以及

（b）可以调取以备以后查用。

第5条　电子签名的法律确认

凡法律规定，信息或其他事项需要通过签名进行认证，或者文件应当由他人签署或具备签名，那么即使该法律另有规定，如果该信息或事项按照中央政府的规定以加盖电子签名的方式进行认证，那么应当视为满足了上述的法律要求。

说明：就本条而言，"签名"根据其语法变化和同源词表达，是指一个人将其手写签名或其他标记加盖于文件之上。"签名"应当据此进行解释。

第 6 条　政府及政府机构使用电子记录和电子签名

（1）凡法律规定：

（a）任何办公室、机关、团体或由相关政府以特定方式控制或拥有的机构提交的表格、申请或其他文件；

（b）不管名称如何，以特定方式颁发或授权的执照、许可证或批准；

（c）以特定方式对金钱的收取或支付，然而，尽管其他法律有强制性规定，如果提交、颁发、授权、收取或支出等情况根据相关政府的规定，通过相应的电子形式进行，那么应当视为满足上述法律的要求。

（2）相关政府可以按第一款的规定，规定：

（a）相关电子记录方式和格式存档、创制或发布的方式和格式；

（b）根据第一项，对支付的费用或收费的电子记录进行存档、创制或发布的方式或方法。

第 6A 条　服务提供商提供的服务（插入参见 ITAA – 2008）

（1）就本章而言，为了向公众提供有效的电子服务，可通过命令授权服务提供商成立，相关政府可以维护和升级电脑设施并履行特定的其他服务，并在官方公报上通知。

说明：就本条而言，授权的服务提供商包括任何个人、私人机构、私营公司、合伙企业、独资公司或其他团体或机构，根据管理这些部门的政策，这些服务提供商已经获得相关政府的准许，可以电子方式提供服务。

（2）相关政府可以授权根据第一款中被授权的服务提供商从接受服务的人那儿收取、保留适当的服务费，由相关政府规定这样服务的宗旨。

（3）根据第二款的规定，相关政府可以授权服务提供商收取、保留适当的服务费，尽管事实上根据法令、规则、条例或通知，其并未明确规定服务提供商可以收取、保留电子服务费用。

（4）相关政府应当在官方公报上通知规定的服务提供商应该收取

的服务费数量。前提是相关政府可以根据不同类型的服务收取不同数量的服务费。

第7条 电子记录的保存

凡法律规定，文件、记录或信息应当在特定时期保存下来，那么，如果该文件、记录或信息是以电子表格的形式被保存下来的话，应当视为满足了上述法律的规定

（a）其中包含的信息可以被访问，可作为以后的参考；

（b）该电子记录以其生成、发送或接收的原始形式得以保存，或者保存的格式可准确表达该电子记录原始生成、发送或接收的信息；

（c）有利于识别电子记录起源、目的地、日期以及发送或收到的时间的细节均应保存；

但是这一条款并不适用于纯粹自动使电子记录发送或接收而生成的信息。

本条并不适用于明确规定以电子形式保存文件、记录或信息的法律，出版物规则、条例等——见官方公报。

第7A条 电子形式的审核文档等

任何法律在将要生效时，都规定有对文件、记录或信息的审核，上述规定也适用于以电子形式对审核的文件、记录或信息的处理与维护。（ITAA2008，常委会建议）

第8条 在官方公报上发布规则、条例等

当法律规定任何规则、条例、命令、细则、通知或其他事项应当发布于官方公报上时，如果该规则、条例、命令、细则、通知或其他事项刊登于官方公报或电子公报上，则应当视为满足以上的法律要求；如果任何规则、条例、命令、细则、通知或其他事项刊登于官方公报或电子公报上，那么发布的日期应该视为公报以任何形式首次发布的日期。

第9条 第6、7、8部分并不赋予必须以电子形式接收文件的权利

包含在第6、第7和第8条的任何规定均不赋予任何教育部门、

中央政府部门、州政府、根据法律设立或由中央政府或州政府控制或资助的机关团体以下权利，即要求必须以电子形式接收、发布、创建、保留和保存文件或者以电子形式进行金钱交易。

第 10 条 中央政府在电子签名方面制定规则的权力（修订参见 ITAA2008）

就本条而言，中央政府可能制定规则：

（a）规定电子签名的类型；

（b）规定加盖电子签名的方式与格式；

（c）规定便于加盖签名的人进行识别的方式或程序；

（d）规定控制流程或程序以确保电子记录或付款的完整性、安全性以及保密性；并且

（e）规定能够使电子签名产生法律效力的其他事项。

第 10A 条 电子形式合同的有效性（ITAA2008 添加）

凡合同的成立、提议的交流、接收、撤销或采纳等，如果是以电子形式或通过电子记录表达的，如果这样的电子形式或手段是用于合同目的，合同不可视为无效。

第四章 电子记录的归属、确认和发送

第 11 条 电子记录的归属

电子记录应当归属于发件人：

（a）如果该记录是发件人自己发送的；

（b）在该电子记录方面有权代表发件人的人；或者是

（c）由发件人或其代表人编程使信息系统自动运作。

第 12 条 接收确认（由 ITAA2008 修订）

（1）如果发件人不同意下述规定，即收到的电子记录的确认以特定形式或特定方法给出时，那么可以用以下方法进行确认——

（a）收件人主动或以其他方式进行的任何通信；或者

（b）收件人足以向发件人证明电子记录已经收到的任何行为。

（2）如果发件人规定，只有当他收到确认时电子记录才有效，那

么除非确认已经收到，则应当认为发件人从未发出电子记录。

（3）在发件人未规定只有当他收到确认后电子记录才有效的情况下，并且在特定或约定的时间发件人没有收到确认，如果没有指定或约定合理时间，那么发件人可以通知收件人，表示其并未收到确认，且发件人可指定其给出确认的合理时间，如果在上述期限内没有收到确认，发件人可以通知收件人，视为该电子记录从未发出。

第13条　接收和发送电子记录的时间和地点

（1）除发件人与收件人之间另有约定外，当电子记录进入不能为发件人控制的计算机资源之外时，视为已发送。

（2）除非发件人与收件人之间另有约定外，电子记录的接收时间应按以下方式确定，即——

（a）如果收件人已经指定一台计算机资源做接收电子记录之用：

（i）收到的时间为电子记录进入了指定的计算机资源；或者

（ii）如果发送的电子记录进入的收件人的计算机资源并非其指定的计算机，收到的时间为收件人检索到电子记录的时间；

（b）如果收件人并未指定计算机资源及特定时间，则收到的时间为电子记录进入收件人计算机资源的时间。

（3）除非发件人与收件人另有约定外，电子记录应当视为"从发件人的营业地发送，并且应当视为收件人的营业地接收"。

（4）第二款的规定应当适用于：尽管计算机资源所在地与电子记录所在地不一致，也应当根据第三款的规定视为已经收到。

（5）就本条而言——

（a）如果发件人或收件人有一个以上的营业地，主营业地应视为营业地；

（b）如果发件人或收件人没有营业地，其经常居住场所为营业地；

（c）与法人相关的"经常居住地"是指注册地。

第五章　保密的电子记录和保密的电子签名

第14条　保密的电子记录

当一个保密程序在一个特定的时间点应用于电子记录时，该记录从该特定时间至确证时间应视为保密。

第 15 条 保密的电子签名（替代参见 ITAA2008）

如果有以下情况，电子签名应视为保密的电子签名：

（a）在加盖签名时，该签名制作数据在签名人的排他性控制之下，且无他人参与；并且

（b）签名制作数据的存储和加盖以排他性的方式加以规定。

说明：在数字签名的情况下，"签名制作数据"是指用户的密码。

第 16 条 保密程序与做法（修订参见 ITAA2008）

中央政府可以根据第 14、第 15 条规定保密程序和做法。前提是在规定这样的程序和做法时，中央政府应当考虑到商业情况、交易的性质以及适当的其他相关因素。

第六章 对认证机构的规定

第 17 条 管理员和其他官员的任命（修订参见 ITAA2008）

（1）中央政府可在官方公报上通知，就本法指定一个认证机构管理员，也可以在相同或后续通知中指定一定的代理管理员和辅助管理员，以及其他认为合适的官员和雇员。

（2）管理员应当按照本法规定的中央政府的一般控制和指示履行其职能。

（3）代理管理员和辅助管理员应当按照管理员的一般监督和控制履行管理员分配给他们的职能。

（4）管理员、代理管理员和辅助管理员以及其他官员或雇员的资历、经验以及服务条款可由中央政府加以规定。

（5）管理员的主办事处以及其分支机构可以由中央政府指定，且可设立在中央政府认为适合的地方。

（6）应当有一枚管理员办事处印章。

第 18 条 管理员可履行所有或任何下列职能，即

（a）对认证机构的活动实施监督管理；

（b）对认证机构的公匙进行认证；

（c）确定认证机构应当维持的标准；

（d）确定认证机构的雇员应当具有的资历和经验；

（e）确定认证机构开展业务应当符合的条件；

（f）确定可能发送或使用的关于电子签名认证以及公匙的书写、打印或可视材料以及广告的内容；

（g）确定电子签名和密码的形式和内容；

（h）确定认证机构进行账目维护的形式和方式；

（i）规定任命审计人员的条件以及应当支付的报酬；

（j）促进认证机构单独或与其他认证机构和该系统的监督机构合作建立电子系统；

（k）确定认证机构与用户之间进行交易的方式；

（l）解决认证机构及用户之间的利益冲突；

（m）确定认证机构的职责；

（n）维护法律规定的数据库，其中包括每一发证机构载有该等资料的披露记录并应当向公众公开。

第 19 条　对国外认证机构的认可

（1）在符合法律规定的有关条件或限制的情况下，管理员可以事先得到中央政府的批准，并且在官方公报上通知，在符合本法目的的前提下认可国外的认证机构。

（2）凡根据第一款得到认可的认证机构，该认证机构发布的电子签名认证应在符合本法目的时具有效力。

（3）如果根据第一款得到认可的认证机构违反规定的条件或限制，管理员可以将该认可撤销，并以书面形式记录原因，发布于官方公报上。

第 20 条（省略参见 ITA2008）

第 21 条　颁发电子签名证书的许可证

（1）根据第二款的规定，任何人可以向管理员提出颁发电子签名证书许可证的申请。

（2）如果申请人符合中央政府规定的颁发电子签名证书的条件，即具有相应的学历、专业知识、人力、财力资源以及其他基础设施，可以根据第一款颁发许可证。

（3）根据本条款授予的许可证必须满足下列条件——

（a）有效期为中央政府规定的期限；

（b）不可转让或继承；

（c）必须符合法规规定的条款与条件。

第22条　许可证的申请

（1）颁发许可证的申请应当以中央政府规定的形式进行。

（2）颁发许可证的申请应当具备下列条件——

（a）一份认证业务声明；

（b）声明包括与申请人身份证明有关的程序；

（c）支付相应费用，中央政府规定不超过25000卢布；

（d）中央政府规定的其他相关文件。

第23条　许可证的延期

许可证的延期申请应当具备下列条件——

（a）以特定形式进行；

（b）需支付中央政府规定的不超过5000卢布的费用，并且申请必须在许可证有效期届满之日前45天提出。

第24条　许可证的授予或拒绝程序

根据第21条第一款的规定，在管理员收到申请后，经过对该申请及其附随文件和其他事项的考察，其有权决定授予许可证或拒绝该申请。拒接申请的前提是给予申请人陈述其案情的合理机会，否则不可拒接任何申请。

第25条　许可证的暂扣

（1）管理员在作出充足的调查并在认为合适的情况下，当发证机构有下列情形时，可吊销许可证——

（a）在申请颁发许可证或续期中做出的声明或与声明相关的事项的实质材料是虚假或错误的；

（b）未遵守授予许可证应当遵守的条款；

（c）未能遵守第 30 条中指定的标准；（替代"根据第 20 条第二款第二项"的表达；参见修正案 2002 年 9 月 19 日）

（d）违反本法以及根据本法指定的规则、条例或命令时，吊销许可证；

但是，拒绝申请的前提是就其吊销行为给予申请人适当的反驳机会，否则，不得吊销他人的许可证。

（2）如果管理员有充分的理由认为根据第一款有吊销许可证的事由，那么他可以通过命令的方式暂扣其许可证并推迟其之前需完成的调查。但是，如果没有给出发证机构对暂扣许可证决定反驳的适当机会的话，对许可证的暂扣时期不能超过 10 天。

（3）在暂扣许可证期间，任何被暂扣许可证的认证机构均不可颁发电子签名证书。

第 26 条　暂扣或吊销许可证的通知

（1）当认证机构的许可证被暂扣或吊销时，管理员应当公布此暂扣或吊销通知，如果可能的话，公布于其维护的数据库上。

（2）如果指定有一个或多个存储库，如果可能的话，管理员应当将暂扣或吊销通知发布于每个存储库。前提是包含该暂扣或吊销通知的数据库是 24 小时之内可访问的网站。进一步来说，如果管理员认为必要并适合时，可将数据库的内容发布于相关电子或其他媒介之中。

第 27 条　代表的权力

管理员可以通过书面形式授权代理管理员、辅助管理员或其他官员履行本章规定的管理员所具有的的任何权力。

第 28 条　调查违规的权力

（1）管理员或其他经过管理员授权的代表官员应当调查违反本法规定的违规行为，或者违反了根据本法制定的规则或法规。

（2）管理员或其他经过管理员授权的代表官员应当具有类似于根据 1996 年《所得税法案》第 13 章赋予的税务机关的权力，并且要履行此项权力，根据本法受到了相应限制。

第 29 条　访问计算机和数据

（1）在不违反第 69 条第一款规定的情况下，如果管理员或其授权的任何人有合理理由怀疑有人在实行违反本章规定的行为，那么管理员或其授权的人有权为了搜索包含在该计算机系统中的信息、数据的目的，而访问任何计算机系统、设备、数据或其他与该系统相关的材料。（修订参见 ITAA2008）

（2）就第一款而言，管理员或其授权的人在认为必要的情况下，可以通过命令要求计算机系统、数据设备或材料的负责人或与其运行有关的其他人向其提供合理的技术和其他支持。

第 30 条　发证机构应当遵循的特定程序

每一发证机构均应当——

（a）通过使用安全的硬件、软件及程序来防止入侵和滥用；

（b）在其服务中提供合理水平的可靠性，使其能够发挥预期的功能；

（c）坚持程序的安全性，以确保电子签名的保密性并保护隐私；（修订参见 ITAA2008）

（ca）根据该法，应当成为所颁发的所有电子签名证书的信息库；（插入参见 ITAA2008）

（cb）发布信息做法、电子签名证书以及证书当前的现状；以及（插入参见 ITAA2008）

（d）遵守规定的其他标准。

第 31 条　发证机构应当保证遵守本法等相关法律

每一发证机构均应保证其雇员或其他参与工作的人，在其受雇用或聘用过程中遵守该法以及根据该法制定的法规、条例和命令的规定。

第 32 条　许可证的展示

每一发证机构均应在其经营业务场所的显眼位置展示其许可证。

第 33 条　许可证的上交

（1）每一发证机构在其许可证被暂扣或吊销之后，均应马上向管理员上交该许可证。

（2）如果发证机构未根据第一款的规定上交许可证，为了个人利益颁发许可证的人将会判处有罪，并会被处以 6 个月有期徒刑或 10000 卢比罚金，或者并处罚金。

第 34 条　公开

（1）每一发证机构均应通过法律规定的方式公开下列事项：

（a）电子签名证书；（修订参见 ITAA2008）

（b）任何相关认证业务声明；

（c）如果被暂扣或撤销发证机构证书的情况应当予以公开；并且

（d）其他可对该机构或该机构在履行服务时发布的电子签名证书的可靠性产生实质或负面影响的事实。

（2）如果发证机构认为出现的一些事件或产生的情况可能对计算机系统的完整性或授予电子签名证书遵循的条件产生实质或负面的影响，发证机构应当——

（a）尽合理的努力通知可能受发生的事件影响的人；

（b）在行动过程中遵照其业务声明中确立的相关程序。

第七章　电子签名证书

第 35 条　发证机构颁发电子签名证书

（1）任何人可以根据中央政府规定的形式向发证机构提出授予电子签名证书的申请。

（2）根据中央政府的规定，每一份申请需要支付给发证机构不超过 25000 卢比的费用：但是根据第 2 款的规定，对不同类别的申请可以收取不同的费用。

（3）条例规定：每一申请都必须附有认证业务声明，如果没有认证业务声明，需要有载有该资料的声明。

（4）根据第一款，发证机构在收到申请后，经过对认证业务声明和根据第三款作出的其他声明的考察并经过适当的询问后，可授予电子签名证书，或者在书面记录理由后拒绝该申请。

但是，如果没有给申请人对拒绝其申请的提议进行的反驳的合理机会的话，不得拒绝其申请。

第 36 条　颁发数字签名证书时的表示

发证机构在颁发数字签名证书时需证明：

（a）符合本法以及根据本法制定的命令或法规的规定；

（b）发证机构已经将数字签名证书公布，或者对其信赖的人有效，并且用户对其已经接纳；

（c）用户持有电子签名证书上列出的，与公匙对应的密码；（插入参见 ITAA2008）

（ca）用户持有能够创建数字签名的密码；（插入参见 ITAA2008）

（cb）列于证书上的公匙可以用来认证以用户持有的密码加盖的数字签名；（插入参见 ITAA2008）

（d）用户的公匙和私匙组成一个有效的密匙对；

（e）电子签名证书包含的信息是准确的；并且

（f）发证机构并不知悉可能会对第（a）至（d）条款所做陈述的可靠性产生不利影响的重大事实，如果该重大事实包含于电子签名证书中。

第 37 条　暂扣数字签名证书

（1）根据第二款的规定，发证机构可以暂扣其颁发的数字签名证书；

（a）从以下规定中收到请求——

（i）列于数字签名证书上的用户名；或者

（ii）通过正式授权代表该用户的人；

（b）如果其持有为了公共利益为目的而暂扣数字签名证书的观点。

（2）数字签名证书的暂扣期限不得超过 15 天，除非用户有机会知晓此事。

（3）根据本条暂扣数字签名证书时，发证机构应当同时通知用户。

第38条 吊销数字签名证书

（1）当出现下列情况时，发证机构可以吊销所颁发的数字签名证书：

（a）当用户或其授权的代表要求吊销时；或

（b）用户死亡时；或

（c）当用户是公司时，在该公司解算或清算时。

（2）根据第三款的规定，且在不违反第一款规定的前提下，在出现下列情况时，发证机构可以随时吊销所颁发的许可证：

（a）数字签名证书上具有代表性的重要事实是虚假的或被隐瞒的；

（b）并不满足颁发数字签名证书的条件；

（c）发证机构的密码或安全系统以一种对数字签名证书的可靠性产生实质影响的方式被侵入；

（d）该用户已被宣告破产或死亡，或有的用户是公司企业，该公司企业已经解散、清算或以其他方式不复存在。

（3）必须给予用户知晓此事的机会，否则不得吊销该数字签名证书。

（4）根据本条吊销数字签名证书时，发证机构应当同时通知该用户。

第39条 暂扣或吊销的通知

（1）如果一数字签名证书按照第37条或38条的规定被暂扣或吊销时，发证机构应当发布该暂扣或吊销通知，视情况而定，在数字签名证书指定的存储库里发布该通知。

（2）如果指定了一个或多个存储库，发证机构应当在所有的存储库里发布该暂扣或吊销的通知。

第八章

第40条 生成密匙对

凡电子签名证书，列于数字签名证书上的用户的与密码相应的公匙已经为用户所接收，（＊），用户应当通过应用安全程序［＊词语"之后"被删除参见 2009 年 9 月 19 日修正案］生成［替换"这个"参见 2009 年 9 月 19 日修正案］密匙对。

第 40A 条 电子签名证书的用户的责任

与电子签名证书有关的用户应当履行规定的责任。（插入参见 ITAA2008）

第 41 条 数字签名证书的认可

（1）用户视为已经认可了该数字签名证书，如果其发布或经过其授权发布该数字签名证书：

（a）至一人或多人；

（b）发在一个存储库中，或可以证明其以任何方式认可的数字签名证书。

（2）通过认可数字签名证书，用户应向合理信赖数字签名证书中所含信息的人证明：

（a）用户持有列于数字签名证书中的与公匙相应的密码，同时有权持有；

（b）用户向发证机构所做陈述以及所有数字签名证书中的信息相关材料均为真实的；

（c）用户所知的数字签名证书中的所有信息是真实的。

第 42 条 密码的控制

（1）每一用户均应履行合理的注意义务以保持对与数字签名证书上的公匙相对的密码的控制，并且采取一切措施防止其泄露。［"给无权加盖用户的电子签名的人"。省略参见 2009 年 9 月 19 日修正案］

（2）如果列于数字签名证书上的，与公匙相应的密码被泄露，那么用户应当同时立刻以法律规定的方式通知发证机构。

说明：为避免疑问，现宣布：在用户通知发证机构密码被泄露之前，用户应当承担责任。

第九章　处罚、赔偿及判决（修订参见 ITAA - 2006/8）

第 43 条 对损坏计算机、计算机系统等的处罚及赔偿（修订参

见 ITAA – 2008）

如果有人未经计算机、计算机系统或计算机网络的所有人或管理人的许可而

（a）访问或秘密访问该计算机、计算机系统、计算机网络或计算机资源；（ITAA2008）

（b）从含有信息或在任何可移动存储介质中保存的数据的计算机、计算机系统或计算机网络中下载、复制或摘录数据、电子数据库或信息；

（c）引起或导致任何计算机污染物、计算机病毒进入计算机、计算机系统或计算机网络中；

（d）损坏或能够导致任何计算机、计算机系统或计算机网络、数据、计算机数据库或计算机、计算机系统或网络中的程序的损坏；

（e）破坏或导致任何计算机、计算机系统或计算机网络的中断；

（f）通过任何方式导致有访问权的人不能访问计算机、计算机系统或计算机网络；

（g）违反本法及根据本法制定的规则或条例，为他人访问计算机、计算机系统或计算机网络提供便利；

（h）通过篡改或控制他人计算机、计算机系统或计算机网络的账户来向其收取服务费用；

（i）破坏、删除或改变计算机资源中的资料或减少其价值或效用，或以其他方式进行损坏；（插入参见 ITAA – 2008）

（j）以损坏的目的，盗窃、隐匿、毁弃或变造或者使他人盗窃、隐匿、毁弃或变造计算机系统使用的计算机源代码。（插入参见 ITAA2008）

其应当通过赔偿的方式支付受到影响的人不多于一万卢比的赔偿金。（改动参见 ITAA2008）

说明：就本条而言——

（i）"计算机污染物"是指设计的一组计算机指令：

用来修改、毁坏、记录、传输计算机、计算机系统或计算机网络

中的数据或程序；

以任何方式侵害计算机、计算机系统或计算机网络的正常运作；

（ii）"计算机数据库"是指信息、知识、文本中的概念或指令、图像、音频、视频，上述事物由计算机、计算机系统或计算机网络以一种正式的方式正在准备或已经准备制作或已经制作完成，并拟用于计算机、计算机系统或计算机网络；

（iii）"计算机病毒"是指任何破坏、降低或对计算机资源的性能产生负面影响的计算机指令、信息、数据或系统，或者，在系统、数据或指令运作过程中或计算机资源发生其他运作时将其依附于其他计算机资源；

（iv）"损害"是指以任何方式破坏、修改、删除、添加、更改或重置计算机资源；

（v）"计算机源代码"是指列出的程序、计算机指令、设计和布局以及任何形式的计算机资源的程序分析。（插入参见 ITAA2008）

第 43A 条　未能保护数据的赔偿（插入参见 ITAA2006）

凡任何法人团体，在其所有、控制或操作的计算机系统上持有、处理或操作任何敏感的个人数据过程中，疏于使用或维持合理的保密做法或程序，从而引起不当的损失或给他人增加了不当的收益，则该法人团体应当对其影响的人承担赔偿损失的责任，支付不多于 5 万卢比的赔偿金。

说明：就本条而言——

（i）"法人"团体是指任何公司，包括商行、个人独资公司或其他从事商业活动的个人或专业协会。

（ii）"合理的保密做法和程序"是指设计用来保护相关信息防止未经授权的访问、破坏、使用、更改、披露或损害行为，该做法和程序可由双方约定或由生效的法律加以规定，在没有相应协议或法律时，在中央政府与该专业机构或协会协商后，在其（iii）认为合适时，由中央政府加以规定。

（iii）"敏感的个人数据或信息"是指由中央政府在和相关专业机

构或协会协商后，在认为合适的情况下规定的个人信息。

第 44 条　未提供信息、反馈等的处罚

根据本法或按照本法制定的规则或条例，如果要求某人：

（a）提供文件、反馈或报告给管理员或发证机构，但其未提供，将对该人处以一次不多于十五万卢比的处罚；

（b）在规章规定的时间内将反馈归档或提供信息、书目或其他文件，但其没有在规章规定的时间内将反馈归档或提供信息、书目或其他文件，该人应当承担责任，在该行为持续时每次处以不多于 5000 卢比的罚款；

（c）维护账户或记录的书籍，当没有维护时，该人应当承担责任，在行为持续时每次处以不多于 1 万卢比的罚款。

第 45 条　剩余的处罚

凡违反根据本法制定的规则或条例，如果其中没有单独规定罚则，那么应当支付给受违法行为影响的人不超过 25000 卢比的赔偿金或处以不超过 25000 卢比的处罚。

第 46 条　审判权

（1）就本章规定的审判权，判定某人是否违反本法或根据本法制定的规则、条例、指示或命令的规定而要求其支付罚款或赔偿金，中央政府应当根据第 3 款的规定，任命不低于印度政府主管级别或与州政府官员同级的官员作为审判人员，通过中央政府规定的方式进行调查。（修订参见 ITAA2008）

根据第一款任命的审判人员应当行使管辖权，对相应事项进行裁决，其中伤害或损害的索赔金额不得超过 5000 万卢比。

但是，如果与管辖范围有关的伤害或损害，索赔金额超过 5000 万卢比时，应当由主管法院管辖。

（2）审判人员在给出第一款提及的人就该问题合理的陈述机会之后，在调查过程中，如果他认为违反了法律规定，审判人员可以按照该条法律的规定对该人处以适当的罚款。

（3）任何人不能被任命为审判人员，除非其在信息技术领域拥有相关经验以及中央政府规定的法律或司法经验。

（4）如果任命的审判人员多于一名，中央政府应当通过命令的方式指定审判人员行使管辖权的案件和地域。

（5）每一审判人员均应当拥有民事法庭所具有的权力，该权力为网络上诉法庭根据第58条第2款授予，并且

（a）按照《印度刑法典》第193条和228条的规定的意思，之前所有的程序均应视为司法程序；

（b）根据1973年《刑事诉讼法典》第345条和346条的规定，应当被视为民事法庭；

（c）根据1908年《民事诉讼法典》第21条的规定，应当视为民事法庭。

第47条　审判人员应当考虑的因素

根据本章的规定判决赔偿额时，应当考虑以下因素，即：

（a）作为违约结果的，可量化的不公平优势的收益；

（b）由于违约给他人造成的损失；

（c）违约的反复性。

第十章　网络上诉法院（修订参见 ITA－2008）

第48条　建立网络上诉法院

（1）中央政府应当通知建立一个或多个网络上诉法院。

（2）中央政府应当在第一款中提及的通知中指明网络上诉法院行使管辖权的案件和地域。

第49条　网络上诉法院的组成（替代参见 ITAA2008）

（1）网络上诉法院应当由一名主席和其他人员组成，由中央政府任命并在官方公报中通知。（插入参见 ITAA－2008）但是，根据紧随2008年信息技术法（修正案）生效日期之前本法的规定，任命的网络上诉法院裁判官应当视为2008年信息技术法（修正案）修订任命的网络上诉法院主席。（插入参见 ITAA2008）

（2）网络上诉法院主席及成员的任命应当由中央政府与印度首席

法官协商进行。(插入参见 ITAA - 2008)

（3）根据本法的规定：

（a）网络上诉法院的审判权、职权以及权威由法庭行使；

（b）一个法庭的组成可由网络上诉法院的主席决定，由主席认为合适的一至两名上诉法院成员组成；

但是，每一法庭必须由主席或者是根据第 50 条第 3 款的规定任命的司法人员主持；

（c）网络上诉法院的法庭应当坐落于新德里或者是其他地方，但是其他地方必须由中央政府指定并通知在官方公报上，指定地点时要与网络上诉法院的主席协商一致；

（d）中央政府应当指定每个网络上诉法院的法庭行使司法管辖权的相应区域，并在官方公告上通知。(插入参见 ITAA - 2008)

（4）尽管第 3 款没有做出规定，网络上诉法院的主席可以指定网络上诉法院的成员从一个法庭转送到另一法庭。(插入参见 ITAA - 2008)

（5）任何案件或事件的听证会的任何阶段中出现了下列情况，即上诉法院的主席或成员认为案件或事件的性质要求组成人员更多的法庭进行听证时，在主席认为适当时，该案件或事件可由其移送至相应法庭。(插入参见 ITAA - 2008)

第 50 条 任命为网络上诉法院主席和成员的资格（替代参见 ITAA2006）

（1）某人不应当被任命为网络上诉法院的主席，除非他是，或正在担任，或者有资格成为高级法院的法官。(替代参见 ITAA - 2008)

（2）网络上诉法院的成员，除了根据第 3 款任命的司法人员，应当由中央政府在信息技术、电信、工业、管理或消费者事务中具有专业知识和专业经验的人员中任命。

但是，除非一个人是，或者一直都是在中央政府或州政府任职，或者担任印度政府其他秘书职位，或者在中央政府或州政府的同等职位任职为期不少于一两年，或者是印度政府的联席秘书或者在中央政

府或州政府担任同等职务，为期不少于七年，否则不得任命为成员之一。（插入参见 ITAA - 2008）

（3）网络上诉法院的司法人员应当由中央政府在下列人员中选任，即某人是或者一直是印度法律服务所成员并且担任为期不少于一年的其他秘书职位或者在该服务所担任了不少于五年服务期限的一级职位。

第51条 主席和成员的任期、服务条件等（替代参见 ITAA2008）

（1）网络上诉法院的主席或成员的任期为五年，从其开始行使其职务或者在其年满65周岁为止，以较早者为准。（插入参见 ITAA2008）

（2）在任命为网络上诉法院的主席或成员之前，中央政府应当查明该人没有可能对其主席或成员身份的公正性产生影响的经济或其他利益。（插入参见 ITAA2008）

（3）中央政府或州政府的官员在其任职期间担任网络上诉法院的主席或成员的话，应当在成为主席或成员之前退出。（插入参见 ITAA2008）

第52条 工资、津贴以及主席与成员的其他服务条款（替代参见 ITAA2008）

上诉法院的其他主席或成员根据规定享受的待遇有应付的工资、津贴以及其他服务条款包括退休金、酬金以及其他退休福利。（插入参见 ITAA2008）

第52A条 监督权、指挥权等（插入参见 ITAA2008）

网络上诉法院有权在法院事务中行使一般监督和指挥权，除了主持法院会议之外，还应行使和履行法律规定的法院权力和职能。

第52B条 法庭的业务分配（插入参见 ITAA2008）

凡已经组成的法庭，网络上诉法庭的主席可以通过命令的方式在法庭之间分配业务并分配每个法庭应当处理的事项。

第52C条 主席移送案件的权力（插入参见 ITAA2008）

网络上诉法院的主席在接到任何一方的申请，并通知当事人后，并在听取了他认为应当听取的的意见之后，或者没有对此进行通知，主席将会在一案件在一法庭未处理之前，移送到另一法庭处理。

第 52D 条　多数人决定（插入参见 ITAA2008）

如果由两名成员组成的法庭，该二人在一些问题上产生分歧之时，他们应当陈述他们关于该问题的分歧点，并且应当向网络上诉法院的主席提出，该主席应当听取问题的分歧点，并根据听取案件的大多数成员的意见决定相关的分歧点，包括第一次听到该案的成员。

第 53 条　填补空缺（修订参见 ITAA2008）

除了是暂时缺席的原因外，如果出现了网络上诉法院的审判主席或成员空缺的情况，中央政府应当根据本法的规定任命另一人以填补空缺，并且在网络上诉法院的空位被填补之前，诉讼程序继续进行。

第 54 条　辞职与罢免（修订参见 ITAA2008）

（1）审判主席或网络上诉法院的成员可以亲手给中央政府写信，以辞去职务。

但是，除非中央政府批准其马上放弃职务，上述审判主席或成员应当在接到该通知之日起继续任职届满三个月，或者直到正式任命的继任人开始行使其职务，或者直至其任期届满，并以其中最早的日期为准。

（2）网络上诉法院的审判主席或成员不得被免职，除非其接到了中央政府的命令，理由是在经过最高法院法官的调查之后，证明其行为不当或丧失了工作能力，并且主席和成员应当被告知对其的指控，并且针对这些指控给出适当的听取其陈述的机会。

（3）中央政府可以通过命令，规定对上述行为不当和丧失工作能力的审判主席或成员的调查程序。

第 55 条　组成上诉法院的命令是最终的，并且不会使其诉讼程序无效（插入参见 ITAA2008）

仅仅因为网络上诉法院的组成存在缺陷，不能质疑中央政府指定网络上诉法院的主席和成员的命令，并且不能质疑网络上诉法院的任何行为或诉讼程序。

第 56 条　网络上诉法院的工作人员（修正案中的错误... 第 28 条）

（1）中央政府应当规定其认为适当的网络上诉法院的官员和雇员。

（2）网络上诉法院的官员和雇员应当在审判主席的一般监督下履行其职能。

（3）网络上诉法院的官员和雇员的工资、津贴以及其他服务条件应当由中央政府加以规定。

第 57 条　向网络上诉法院提出上诉

（1）除了第 2 款的规定，任何人不服管理员或审判人员根据本法做出的决定，可就此事向有管辖权的网络上诉法院提出上诉。

（2）如果审判人员做出的决定经过了当事人的同意，不得上诉至网络上诉法院。

（3）上诉应当自对决定不服的当事人收到管理员或审判人员做出的命令副本之日起 45 天内提出，并且应当按照法律规定的形式进行，缴纳规定的费用。

但是，如果对决定不服的当事人对在 45 日内不能提起上诉有充足的理由，那么网络上诉法院可以在 45 天上诉期限届满之后受理该上诉。

（4）根据第一款受理上诉，网络上诉法庭在给出上诉的当事人听取其意见的机会之后，在其认为适当时对上诉的决定进行确认、更改或撤销。

（5）网络上诉法院应当将其判决的副本发送给上诉的当事人，并发送给相关的管理员或审判人员。

（6）根据第一款向网络上诉法院提出的上诉应尽最大的努力尽快处理，应当自受理上诉之日起 6 个月内处理完毕。

第 58 条　网络上诉法院的诉讼程序和权力

（1）网络上诉法院的诉讼程序不受 1908 年《民事诉讼法》的约束，但是其应当在自然正义原则和本法的其他规定和规则的指导下进行，网络上诉法院有规定自身的诉讼程序包括规定其开庭地点的权力。

（2）网络上诉法院根据本法履行职能，在诉讼过程中，就下列事项，应当拥有与1908年《民事诉讼法》赋予民事法庭相同的权力，即：

（a）召集并强制他人出庭，并审查其誓言；

（b）要求出示或提供文件或其他电子记录；

（c）接收书面证词；

（d）委托他人对证人或文件进行审查；

（e）审议其决定；

（f）驳回错误的或单方面决定的申请；

（g）法律规定的其他事项。

就《印度刑法典》第196条而言，网络上诉法院的每一司法程序均应视为第193条和228条规定意义上的司法程序，并且就1973年《刑事诉讼法》第二十六章第195条而言，网络上诉法院应当视为民事法院。

第59条　法定代理权

上诉人可以在网络上诉法院规定的时间内亲自出庭或委托一名或多名律师或其代理人代为出庭。

第60条　时效

1963年《时效法》的规定应当适用于在网络上诉法院提出的上诉。

第61条　民事法院不具有管辖权（修订参见ITAA2008）

对于与下列事项有关的，法院不具有受理诉讼或提起诉讼程序的管辖权，即根据本法指定的审判人员或根据本法组成的网络上诉法院是由或依本法确定的事项，而且法院或其他机构不得就其为了实现本法授予的权力而采取或将要采取的有关的行动发布禁令。

但是，法院可以就下面的案件行使管辖权，即遭到他人损害或伤害的索赔金额超出了本章规定的可获得的最大金额的案件。

第62条　上诉至高等法院

任何人对网络上诉法院的决定或命令不服时，可以在网络上诉法院将其作出的决定或命令通知该当事人之日起 60 日内就命令产生的事实或法律问题向高级法院提出上诉。

但是，如果当事人有在上述期限内不能提出上诉的充分理由时，高级法院可以允许当事人在另一不超过 60 天的期限内提出上诉。

第 63 条　违法行为的和解

（1）无论在诉讼程序之前或之后，违反本法［替换"章"参见 2002 年 9 月 19 日修正案］的行为可由管理员或其特别指定的代表人或审判人员进行和解，并且遵守管理员或代表人或审判人员确定的条件。

但是，在任何情况下，对违法行为的和解金额不得超过本法规定的最高罚金额。

（2）第一款的规定不可适用于在三年时间内有相同或相似违法行为的人，三年日期从首次违法行为进行了和解之日起算。

说明：就本款而言，从前一次违法行为和解之日起三年期限届满之后，第二次或后续的违法行为应当视为第一次违法。

（3）凡根据第一款和解的违法行为，不应当对与和解的违法行为有关的违法行为人进行诉讼或进一步诉讼。

第 64 条　追讨罚款或赔偿（修订参见 ITAA2006）

如果不支付根据本法判处的罚款或赔偿，应当如同追缴土地税收欠款一样进行追讨，并根据情况暂扣许可证或电子签名证书直至其支付罚金。

第十一章　犯罪

第 65 条　篡改计算机源文件

在生效的法律规定计算机源代码需要保持或维护的情况下，而明知或故意隐匿、毁弃或改变或者明知或故意使他人隐匿、毁弃或改变用于计算机、计算机程序、计算机系统或计算机网络的计算机源代码，应当处以长达三年有期徒刑，或处以二十万卢比的罚金，或并处罚金。

说明：就本条而言，"计算机源代码"是指程序、计算机指令、设计和布局以及任何形式的计算机资源程序分析列表。

第66条 与计算机相关的犯罪（替代参见 ITAA2008）

如果有人不诚信或欺诈，实行第43条规定的行为，该人将会被处以长达二三年有期徒刑，或者处以五十万卢比的罚金，或并处罚金。

说明：就本节而言——

（a）"不诚信"是指《印度刑法典》第24条赋予的含义；

（b）"欺诈"是指《印度刑法典》第25条赋予的含义。

第66A条 通过通信服务等发送攻击性言论的处罚（介绍参见 ITAA2008）

任何人通过计算机资源或通信设备，发送：

（a）具有严重攻击性或具有威胁性质的信息；或者

（b）其明知是虚假的信息，但是为了引起烦扰、不便、危险、阻碍、侮辱、伤害、刑事恐吓、敌对、仇恨或恶意，而坚持通过使用这样的计算机资源或通信设备以达到上述目的；

（c）任何电子邮件或电子邮件信息，具有引起烦扰或不便或为了欺骗或误导收件人或发件人信息的原始来源的目的。（插入参见 ITAA2008）

应当判处长达二或三年有期徒刑，并处罚金。

说明：就本条而言，术语"电子邮件"和"电子邮件信息"是指在计算机、计算机系统、计算机资源或通信设备上创建、传送或接收的消息或信息，包括文本附件、图像、音频、视频以及其他可以通过信息传送的电子记录。

第66B条 不诚信的接收盗窃的计算机资源或通信设备的处罚（插入参见 ITA2008）

某人明知或有理由知道是盗窃的计算机资源或通信设备仍然不诚信的接收或保留该盗窃的计算机资源或通信设备，应当被处以长达三年有期徒刑或处以十万卢比的罚金或者并处罚金。

第66C条　窃取他人身份特征的处罚（插入参见 ITA2008）

如果有人欺诈或不诚信的利用他人的电子签名、密码或其他独特的身份识别特征，应当被处以三年有期徒刑并处以十万卢比的罚金。

第66D条　利用计算机资源冒名作弊的处罚（插入参见 ITA2008）

如果某人利用计算机资源或通信设备进行冒名作弊的，应当被处以三年有期徒刑并处以十万卢比的罚金。

第66E条　对侵犯隐私的处罚（插入参见 ITA2008）

如果某人故意或明知会侵犯他人隐私的情况下，而未经他人同意获取、发布或传送其私密处的图像，应当被处以三年有期徒刑或处以二十万卢比以下罚金，或并处罚金。

说明：就本节而言——

（a）"传送"是指以电子形式发送可视图像，目的是由一人或多人观看；

（b）"获取"是指与图像相关的，通过各种方式得到的录像带、照片、影片或录音；

（c）"私密处"是指裸露的或内衣覆盖的阴部、耻骨区、臀部或女性的乳房；

（d）"发布"是指以印刷或电子形式再现并可以为公众知晓；

（e）"侵犯他人隐私的情况"是指在一个人可以合理预期的情况：

（i）他或她可以秘密地脱衣服，而不用担心其私密处的图像被获取；或者

（ii）不管是在公共场所还是私人场所，他或她私密处的任何部位不会被公众看到。

第66F条　网络恐怖主义的处罚

（1）如果有人：

（a）故意威胁印度的团结、领土完整、安全或主权或者在人民或部分人民中间实行恐怖袭击，通过：

（i）导致有权访问计算机资源的人无法访问计算机资源；或者

（ii）试图未经授权或超出授权范围渗透或访问计算机资源；或者

（iii）引起或导致计算机污染物的进入。

并且通过这样的行为导致或可能导致人员的死亡或伤害，或者财产的损坏、破坏或混乱，或者明知可能导致物资或社会必要的生活服务的损坏或混乱或对第 70 条规定的关键信息基础设施产生负面影响，或

（b）未经授权或者超出访问授权的范围，明知或故意渗透或进入计算机资源，通过这种行为方式获取为保护国家或外交安全的信息、数据或计算机数据库；或者获取其他受限制的信息，在获取该信息时有理由知道对该信息、数据或计算机数据库的利用会导致或可能导致损害印度的主权利益和领土完整、国家安全、与外国的友好关系、公共秩序、礼仪或道德，或者与犯蔑视法庭、诽谤或煽动罪有关，或者侵犯其他国家、群体或他人的利益，该行为触犯网络恐怖主义犯罪。

（2）单独或共谋犯网络恐怖主义犯罪的人应当被处以可能长达终身监禁的处罚。

第 67 条　以电子形式发布或传播淫秽信息的处罚（修订参见 ITAA2008）

如果某人以电子形式发布或传播淫秽的并使人产生淫秽兴趣的材料，或导致该材料被发布，或者考虑到所有的相关情况，该材料会产生使阅读、看到或听到其中包含或体现信息的人逐渐堕落、腐化的效果，那么该人在首次犯罪时将会被处以二三年有期徒刑，并可处以五十万卢比的罚金，若是第二次犯罪或在其后犯此罪，将会被处以五年有期徒刑，并可处以一百万卢比的罚金。

第 67A 条　以电子形式发布或传播包含有露骨性行为等材料的处罚（插入参见 ITAA2008）

如果有人以电子形式发布或传播包含露骨性行为的材料，或者导致该材料被发布或传播，在首次犯罪时，可判处长达五年有期徒刑并处一百万卢比的罚金，在第二次或在其后犯此罪时，可判处长达七年

有期徒刑并处一百万卢比的罚金。

说明：本条和第 67 条不适用于电子形式的书籍、小册子、纸、书法、绘画、油画、表达或数字。

（i）为了公众的利益，发布上述材料被证明是正当的，因为发布该书籍、小册子、纸、书法、绘画、油画、表达或数字是为了科学、文学、艺术、学习或者其他普遍关注对象的利益；或者

（ii）为了保持或用于真正的宗教目的。

第 67B 条　以电子形式发布或传播描述儿童露骨色情行为等材料的处罚

任何人有下列行为的：

（a）以电子形式发布或传播描绘儿童色情行为的材料，或者导致该材料被发布或传播或者

（b）以电子形式创建文本或数字图像、收集、查找、浏览、下载、发布、促进、交换或散布描绘儿童淫秽、不雅或露骨性行为的材料。或者

（c）培养、引诱或诱导儿童在线与一个或多个儿童发生露骨性行为或者以一种可能对使用计算机资源的理智的成年人产生冒犯的方式，或者

（d）为在线虐童提供便利或者

（e）以电子形式记录自己虐待或与儿童有关的露骨性行为，

上述行为在首次犯罪时应当被处以长达五年的有期徒刑并处以一百万卢比的罚金，在第二次或其后犯此罪时，应当被处以长达七年的有期徒刑并处以一百万卢比的罚金。

但是，第 67 条、第 67A 条以及本条的规定并不适用于电子形式的书籍、小册子、纸、书法、绘画、油画、表达或数字。

（i）为了公众的利益，发布上述材料被证明是正当的，因为发布该书籍、小册子、纸、书法、绘画、油画、表达或数字是为了科学、文学、艺术、学习或者其他普遍关注对象的利益；或者

（ii）为了保持或用于真正的宗教目的。

说明：就本条而言，"儿童"是指未满 18 周岁的人。

第 67C 条　中介机构保存和保留的信息

（1）中介机构应当按照中央政府的规定的时间以及方式、格式保存并保留相应信息。

（2）中介机构故意或明知违反第一款规定时，应当处以长达三年的有期徒刑并处以罚金。

第 68 条　管理员发出指令的权力（修订参见 ITAA2008）

（1）管理员可以通过命令指示发证机关或其雇员采取命令中规定的措施，或者停止经营活动等，前提是这些命令对于确保遵守本法以及根据本法制定的规则或条例是必要的。

（2）任何人故意或明知（插入参见 ITAA2008）不遵守第一款的规定即属犯罪，定罪后将会被处以两年以下有期徒刑或者处以十万卢比以下罚金，或者并处罚金。

第 69 条　发布通过计算机资源拦截、监控或解密信息的指示的权力（替代参见 ITAA2008）

（1）如果对于保护印度的主权或领土完整、印度的国防安全、国家安全、与外国的友好关系或者公共秩序或者对于防止煽动他人犯与上述有关的罪行或者对调查审理犯罪是必要或适宜的，凡中央政府、州政府或中央政府、州政府特别授权的代表官员均可按照第一款的规定，将理由作出书面记录，通过命令的方式指示相应政府机构通过任何计算机资源对传输收到或存储的信息进行拦截、监控或解密，或者导致该信息被拦截、监控或解密。

（2）在拦截、监控或解密时，应当采取法律规定的相应的程序和保护措施。

（3）当第一款指示的中介机构提出要求时，用户或中介机构或任何计算机资源的管理人，应当提供所有的设备和技术支持给：

（a）提供访问或安全访问包含该信息的计算机资源的权限；生成、发送、接收或储存此类信息；或者

（b）根据情况拦截、监控或解密信息；或者

（c）提供存储于计算机资源内的信息。

（4）用户、中介机构或其他任何人拒绝协助第三款提到的机构，将会被处以长达七年有期徒刑并处以罚金。

第69A条 发布通过计算机资源封锁公众访问信息的指令的权力

（1）如果中央政府或其特别授权的代表官员认为对于保护印度的主权或领土完整、印度的国防安全、国家安全、与外国的友好关系或者公共秩序或者对于防止煽动他人犯与上述有关的罪行或者对调查审理犯罪是必要或适宜的，该中央政府或代表官员可按照第二款的规定，将理由作出书面记录，通过命令指示政府机构或中介机构对计算机资源中产生、传输、接收、存储或托管的信息的公众访问权限进行封锁，或者导致公众访问权限被封锁。

（2）在封锁公众的访问权限时，应当采取法律规定的相应程序和保护措施。

（3）如果中介人没有遵守第一款发布的指示，将会被处以长达七年的有期徒刑并处以罚金。

第69B条 为了网络安全，授权通过网络资源监测并收集通信数据或信息的权力

（1）为了加强网络安全并识别、分析和预防计算机污染物在全国范围内入侵或扩散，中央政府应当在官方公报上通知，授权政府机构来监测和收集计算机资源产生、传输、接收或存储的通信数据或信息。

（2）如果第一款授权的机构为了能够对计算机资源生成、传输、接收或存储的通信数据或信息进行在线访问或保护并提供在线访问，而对中介或其他计算机资源的管理人提出要求时，中介和计算机资源管理人应当对其提供技术援助并对其开放所有设施。

（3）监测和收集通信数据或信息，应当采取法律规定的相应程序和保护措施。

（4）中介人故意或明知地违反第二款的规定，应当被处以长达三年有期徒刑并处以罚金。

说明：就本条而言——

（i）"计算机污染物"应当解释为第 43 条赋予该词的含义；

（ii）"通信数据"是指用来确定任何人、计算机系统、计算机网络、位置或通信数据是或可能是从何处发出，并且包括通信地、目的地、路线、时间、日期、大小、持续时间或基础服务的类型或其他信息。

第 70 条 受保护的系统（修订参见 ITAA – 2008）

（1）相关政府可以在官方公报上通知，宣布对关键信息的基础设施产生直接或间接影响的计算机资源受到保护。

说明：就本条而言，"关键信息基础设施"是指：如果该计算机资源不能使用或者遭到破坏，将会对国家安全、经济、公共健康或安全产生不利影响。

（2）有关政府可通过书面命令，授权那些被授权的人进入上一个条款公布的安全系统。

（3）任何违反本条规定秘密访问或试图秘密访问受保护的系统的行为，应当被处以长达十年有期徒刑并处以罚金。

（4）对于受保护的系统，中央政府应当规定信息安全实践和程序。（插入参见 ITAA2008）

第 70A 条 国家核心机构（插入参见 ITAA2008）

（1）中央政府可以指定任何政府机构作为有关关键信息的基础设施保护的核心国家机构，并在官方公报上发布通知。

（2）第一款指定的国家核心机构应当负责采取所有措施，包括对有关保护关键信息基础设施的研究和发展。

（3）第一款规定的机构行使职能的方式和职责由法律加以规定。

第 70B 条 印度计算机应急响应小组，作为突发事件响应的国家机构

（1）中央政府应当指定一个政府机构作为印度计算机应急响应小组，并在官方公报上通知。

（2）中央政府应当依据法律的规定，指定第一款规定机构的总负

责人以及其他官员和雇员。

（3）总负责人以及其他官员和雇员的工资、津贴和其他条件由法律加以规定。

（4）印度计算机应急响应小组作为国家机构执行网络安全领域的下列职能：

（a）收集、分析和传播网络事件信息

（b）预测并警示网络安全事件

（c）采取处理网络安全事件的紧急应变措施

（d）网络事件响应活动的协调

（e）发布指引、公告、漏洞说明和有关网络事件的信息安全实践、程序、预防、响应和报告白皮书

（f）法律规定的与网络安全有关的其他职能

（5）第一款规定的机构行使职能的方式和职责由法律加以规定。

（6）为了履行第四款规定的职能，第一款规定的机构可以收集信息并向服务提供商、中介机构、数据中心、法人以及其他人士作出指示。

（7）任何服务提供商、中介机构、数据中心、法人以及其他人士未提供要求提供的信息，或者未遵守第六款规定的指示，应当被处以一年有期徒刑或处以十万卢比的罚金，或并处罚金。

（8）除了被授权的代表第一款提及机构的官员作出的投诉，法院依据本条的规定不具有审判管辖权。

第71条　虚假陈述的处罚

任何人为了取得许可证或电子签名证书而向管理员或发证机构作出虚假陈述，或者对其隐瞒重要事实的，应当被处以两年有期徒刑，或者处以十万卢比的罚金，或者并处罚金。

第72条　侵犯秘密和隐私

除本法或其他正在生效的法律另有规定外，任何人根据本法、或依据本法制定的规则或规章赋予的权力而秘密访问任何电子记录、书籍、登记册、通信、资讯、文件或其他重要材料，而当事人没有同意

对此电子记录、书籍、登记册、通信、资讯、文件或其他重要材料进行公开的，应当对访问人处以两年有期徒刑，或者处以十万卢比的罚金，或者并处罚金。

第72A条 对违反有效的合同规定披露信息的处罚（插入参见ITAA－2008）

除本法或其他正在生效的法律另有规定外，包括中介机构在内的任何人根据有效的合同条款提供服务时，未经相关人士的同意或违反合同条款，故意导致或明知可能导致不当损失或获得不当收益而秘密访问包含他人个人信息的材料，披露该材料给他人，应当被处以三年有期徒刑或处以五十万卢比的罚金，或者并处罚金。

第73条 公布在某些细节上存在错误的电子签名证书的处罚：

（1）任何人不得公布下列电子签名证书或在明知的情况下向他人提供：

（a）证书上的发证机构未颁发的电子签名证书；或者

（b）证书上的用户并未接受的电子签名证书；或者

（c）该证书已经被吊销或暂扣，

（2）除非进行公布的目的是认证吊销或暂扣该电子签名证书之前创建的电子签名。

（3）任何违反第一款规定的人，将会被处以长达两年的有期徒刑，或处以十万卢比的罚金，或并处罚金。

第74条 出于欺诈目的的公布

任何人出于欺诈或非法目的，在明知的情况下创建、公布或以其他方式提供电子签名证书，将会被处以长达两年的有期徒刑，或处以十万卢比的罚金，或者并处罚金。

第75条 本法适用于在印度境外的犯罪或违法行为

（1）根据第二款的规定，本法的规定应当适用于在印度境外的任何犯罪或违法行为，而不论该人的国籍如何。

（2）就第一款而言，如果构成犯罪或违法的行为涉及位于印度境内的计算机、计算机系统或计算机网络，那么本法应当适用于在印度境外实施的该犯罪或违法行为。

第 76 条　没收

与违反本法或根据本法制定的规则、命令或条例的违法行为相关的任何计算机、计算机系统、软盘、光盘、磁带驱动器或与之相关的其他配件，应当被没收。

但是，如果满足下列条件，即法院在审理对该计算机、计算机系统、软盘、光盘、磁带驱动器或与之相关的其他配件具有所有权或控制权的人的没收案件中，发现该人对违反本法以及违反根据本法制定的规则、命令或条例的行为不承担责任时，法院可以不对该计算机、计算机系统、软盘、光盘、磁带驱动器或与之相关的其他配件作出没收决定，而是可以根据本法的授权对违反本法以及违反根据本法制定的规则、命令或条例的行为人作出其他合适的决定。

第 77 条　赔偿、罚款或没收不影响其他处罚（替代参见 ITAA - 2008）

根据本法做出的赔偿、判处的罚金或没收，并不影响根据其他生效的法律获得赔偿或处以其他惩罚或处罚。

第 77A 条　对犯罪的和解

（1）具有管辖权的法院可以对犯罪进行和解，只要根据本法该犯罪的刑罚不是终生监禁或超过了三年有期徒刑。

但是，如果该罪被起诉的原因是因为他的前科，他既可能承担更重的处罚或者承担不同种类的处罚，在这种情况下法院不可对该罪进行和解。

更进一步来说，如果犯罪影响了国家的社会经济条件或者该罪是针对 18 周岁以下的儿童犯罪或者妇女犯罪的话，法院不可对该罪进行和解。

（2）根据本法被指控犯罪的人可以在等待审判的过程中提交请求法院对该罪进行和解的申请，并且应当适用 1973 年《刑事诉讼法》第 265B 条和 265C 条的规定。

第 77B 条　应处以三年有期徒刑的犯罪在审判权限内

（1）尽管1973年《刑事诉讼法》已有规定，应处以三年及以上有期徒刑的犯罪应当在审判权限内，并且应处以三年有期徒刑的犯罪可以保释。

第78条 调查犯罪的权力（修订参见 ITAA2008）

尽管1973年《刑事诉讼法》已有规定，不低于督查级别的警察可以根据本法调查任何犯罪。

第十二章 在特定情况下，中介机构不承担责任
（替代参见 ITA－2006）

第79条 中介机构在特定情况下免除赔偿责任

（1）尽管其他生效的法律已有规定，但是根据第二、第三款的规定，中介机构对于其托管的任何第三方的信息、数据或通信链接不承担法律责任。（修正参见 ITAA2008）

（2）第一款的规定应当适用于：

（a）中介的作用仅限于提供对通信系统的访问，在该通信系统中，由第三方提供被传输或临时存储的信息；或者

（b）中介不：

（i）启动传输，

（ii）选择传输的接收器，并

（iii）选择或修改传输的信息

（c）中介机构在根据本法履行职能时应当做出尽职调查，并且应当遵守中央政府在此方面做出的指导。（插入参见 ITAA2008）

（3）第一款的规定不适用于下列情况：

中介机构以威胁、许诺或其他方式参与密谋、教唆、帮助或引诱实行非法行为。（ITAA2008）

收到确切的消息、或者相关政府或其机构关于下列情况通知了中介机构，即中介机构控制的计算机资源中存在或连接的信息、数据或通信链接被用于非法活动，中介机构在没有该材料不会产生损害的证据的情况下，并未迅速删除或禁止访问该材料。

说明：就本条而言，"第三方信息"是指中介机构在其作为中介的职责范围内处理的信息。

第十三章　电子证据审查员（插入参见 ITA – 2006）

第79A条　中央政府通知电子证据审查员

中央政府出于在法院或其他机构提供电子形式证据的专家意见的目的，可以指定任何部门、机构或中央政府或州政府机构作为电子证据检查员，并在官方公报上通知。

说明：就本条而言，"电子形式证据"是指以电子形式存储或传输的具有证明价值的信息，包括计算机证据、数字音频、数字视频、手机、数码传真机。

第十四章　其他事项

第80条　警察和其他官员进入、搜查的权力等

（1）尽管1973年《刑事诉讼法》已有规定，不低于督查级别的警察或者其他由中央政府授权的中央政府或州政府的官员可以进入任何公共场所、进行搜查和无证逮捕，即其发现且合理怀疑有人在公共场所实施了、正在实施或将要实施本法规定的犯罪行为。

说明：就本款而言，"公共场所"包括公共交通工具、酒店、商店或其他准备用于或向公众开放的场所。

（2）根据第一款的规定，如果有人被非警察官员逮捕，该官员应当避免不必要的延误，将该人带到或送到对此案有管辖权的审判人员处，或者带到警察局的主管处。

（3）根据本条的规定，1973年《刑事诉讼法》的规定应当尽可能适用于就本条作出的进入、搜查和逮捕。

第81条　本法具有最高效力

不论本法是否与其他正在生效法律的规定相抵触，本法的规定具有效力。

但是本法的规定不应当限制任何人行使1957年《版权法》或

1970 年《专利法》所赋予的任何权利。(插入参见 ITAA2008)

第81A条 本法适用于电子支票和电脑截短支票(插入参见 2002 年《票据法修正案》,从 2003 年 2 月 6 日生效)

(1)依照对实现 1881 年《票据法》(1881 年 2 月 6 日)的目的具有必要性的条款修订和修正案,本法正在生效的规定应当适用于或与电子支票和电脑截短支票相关。该《票据法》由中央政府在与印度储备银行协商一致的情况下制定,并在官方公报上公布。

(2)中央政府根据第一款的规定所做的每一项通知,在其制定之后,均应在国会上下议院省览,该省览在会议期间进行,共 30 天的时间,这 30 天的时间可能包含在一个会议之中或者包含在两个或连续多个的会议之中,并且,如果在紧随会议或前述的连续会议的会议期间届满之前,上下议院均同意对通知做出修改,或者上下议院均认为不应当做出通知,该通知只有在修改过才有效或者不生效;所以,然而,该通知的修改或废止均不应影响根据先前通知所做的任何事情的有效性。

说明:就本法而言,"电子票据"和"电脑截短支票"具有和 1881 年《票据法》(1881 年 2 月 6 日)第 6 条所赋予的相同的含义。

第82条 主席、成员、官员和雇员均为公职人员(修订参见 ITA－2008)

网络上诉法院的主席、成员以及其他官员和雇员、管理员、代理管理员以及辅助管理员应当被视为《印度刑法典》第 21 条所指的公职人员。

第83条 发出指令的权力

中央政府可以就在州内执行本法以及根据本法制定规则、条例和命令的事项向州政府发出指令。

第84条 保护善意的行为

不应当对中央政府、州政府、管理员或其代表人、网络上诉法院的主席、成员、审判人员和员工出于善意的行为或者目的是遵守本法以及根据本法制定的规则、条例或命令的行为进行诉讼、起诉或提起其他法律程序。

第84A条 加密的模式或方法（插入参见 ITA – 2008）

为了安全使用电子媒介以及推广电子政务和电子商务，中央政府可以规定加密的模式或方法。

第84B条 对于教唆犯罪的处罚（插入参见 ITA – 2008）

如果被教唆的犯罪行为是教唆引起的，并且在本法没有明文规定教唆犯的处罚的情况下，任何教唆他人犯罪的人应当被处以本法规定的罪行的处罚。

说明：如果一个行为或犯罪行为是由教唆引起的，或实行共谋的行为，或者构成教唆的帮助，该行为应视为教唆的结果。

第84C条 对未遂犯的处罚（插入参见 ITA – 2008）

如果有人实行了由本法加以处罚的未遂犯罪，或者导致了该罪的发生，或者未遂行为指向了犯罪，且本法没有明确规定对相关未遂犯的处罚时，该人应当被处以本法规定针对该罪规定的有期徒刑最长刑期的一半，或者处以本法针对该罪行规定的罚金，或者并处罚金。

第85条 公司犯罪

（1）如果是公司违反了本法的规定，或违反了根据本法制定的规则、指示或命令，那么在违法行为发生时，主管该公司业务行为以及公司，或对公司业务行为和公司负责的人构成了违反本法的犯罪，应当对其提起诉讼并进行处罚。

但是，如果该人能够证明其对于违法行为的发生并不知情或者其为了阻止该违法行为已尽了一切应尽的努力，那么第一款的规定不应当适用于该人且不应当对其进行处罚。

（2）尽管已有第一款的规定，当违反本法或违反根据本法制定的规则、指示或命令的行为是公司实施的，如果能够证明该违法行为经过了公司董事、经理、秘书或其他工作人员的同意，或者是在他们的纵容下实施的，或者是其在该部分的疏忽大意导致的，那么该董事、经理、秘书或其他工作人员应当被认定为违反本法的犯罪，应当对其提起诉讼并对其进行处罚。

说明：

（i）"公司"是指法人团体，包括企业或其他团体协会

（ii）公司的"董事"是指公司的合伙人

第86条 消除不一致

（1）如果在实施本法的过程中出现争议，中央政府可以通过命令，认为消除不一致是必要且适当的情况下，制定与本法规定不一致的规定。但是，自本法生效之日起两年后，不得根据本款制定命令。

（2）根据本款制定的命令，在其作出之后应当在国会上下议院省览。

第87条 中央政府制定规则的权力

（1）为了执行本法的规定，中央政府可以制定规则，并在官方公报上通知。

（2）特别是，在不损害上述权力的普遍性的情况下，可以就下列事项制定规则，即

（a）根据第3A条第二款，审议电子签名或电子认证技术可靠性的条件；（替代参见ITA2008）

（aa）根据第3A条第三款的规定，确定电子签名或认证的程序；（插入参见ITAA–2008）

（ab）根据第5条通过电子签名认证信息或事项的方式；（插入参见ITAA–2008）

（b）根据第6条第一款的规定，以电子形式存档、发布、授权或支付；

（c）根据第6条第二款的规定，存储、发布电子记录的方式和格式以及支付方式；

（d）有关电子签名类型的事项，根据第10条加盖电子签名的方式和格式；

（e）根据第15条的规定存储和加盖电子签名制作数据的方式；（替代参见ITAA–2008）

（ea）根据第16条规定的保密程序和做法；（插入参见ITAA–2008）

（f）根据 17 条的规定，管理员、代理管理员、辅助管理员、其他管理人员和雇员的资质、经验和服务条件；（ITAA2008）

（g）（省略参见 ITAA‒2008）

（h）根据第 21 条第二款，申请人必须满足的条件；

（i）根据第 21 条第三款第二项所授予许可证的有效期限；

（j）根据第 22 条第一款申请颁发许可证的形式；

（k）根据第 22 条第二款第三项，需支付的费用；

（l）根据第 2 条第二款第四项，申请许可证需附随的其他文件；

（m）根据第 23 条许可证延期的形式和费用以及对该费用的支付；

（ma）根据第 35 条申请的形式和颁发电子签名证书的费用；（插入参见 ITAA‒2008）

（n）根据第 23 条的规定，应当缴纳的滞纳金金额；

（o）根据第 35 条第一款的规定，提出授予电子签名证书申请的形式；

（oa）根据第 40A 条的规定，用户的职责；（插入参见 ITAA‒2008）

（ob）根据第 43A 条，合理的保密做法和程序以及敏感的个人数据或信息；（插入参见 ITAA‒2008）

（p）根据第 35 条第二款支付给发证机构颁发电子签名证书的费用；

（q）根据第 46 条第一款，审判人员进行调查的方式；

（r）根据第 46 条第二款，审判人员应当具备的资质和经验；（编辑：在法案的第（vii）项存在错误。草案提及的校正不在原来的部分："审判官"被替换为"主席和委员"）

（s）根据第 52 条，主席和委员的工资、津贴和其他服务条款；（修订参见 ITAA‒2008）

（t）根据第 53 条第三款，对行为不当和丧失工作能力的审判官主席和委员的调查程序；（编辑：错误：草案提到将（s）和（t）改

为（r）和（s））

（u）根据第56条第三款，其他官员和雇员的工资、津贴和其他服务条件；

（v）根据第57条第三款，提出上诉的形式和相关费用；

（w）根据第52A条，网络上诉法院的权力和职能；（替代参见ITAA－2008）

（wa）根据第67C条，信息、时间以及这些信息被保留和保存的方式和形式；

（x）根据第69条第二款，对信息进行拦截、监控或解密的程序和保障措施；（ITAA2008）

（xa）根据第69A条第二款，封锁公众访问的程序和保障措施；（ITAA2008）

（xb）根据第69B条第三款，监测和收集通信数据或信息的程序和保障措施；（ITAA2008）

（y）根据第70条，受保护系统的信息安全实践和程序；（插入参见ITAA－2008）

（ya）根据第70A条第三款，机构履行职能和职责的方式；（ITAA2008）

（yb）根据第70（B）条第二款，官员和雇员；（ITAA2008）

（yc）根据第70B条第三款，总负责人以及官员和雇员的工资、津贴、服务条款；（ITAA2008）

（yd）根据第70B条第五款，机构履行职能和职责的方式；（ITAA2008）

（z）根据第79条第（4）、第（2）款，中介机构应当遵循的准则；（插入参见ITAA－2008）

（za）根据第84A条，加密的模式或方法。（插入参见ITAA－2008）

（3）中央政府根据第70A条第一款的规定所做的每一项通知和其制定的法规，在其制定之后，均应在国会上下议院省览，该省览在会议期间进行，共 30 天的时间，这 30 天的时间可能包含在一个会议之中或者包含在两个或连续多个的会议之中，并且，如果在紧随会议或前述的连续会议的会议期间届满之前，上下议院均同意对法规做出修改，或者上下议院均认为不应当制定该法规，该法规只有在修改过才有效或者不生效；所以，然而，该法规的修改或废止均不应影响根据先前法规所做的任何事情的有效性。

第 88 条　顾问委员会的组成

（1）中央政府应当尽可能在本法生效之后，组成一个委员会，称为网络法规咨询委员会。

（2）网络法规咨询委员会应当由一个主席、其他一定数量的官方成员，以及代表有重大影响的利益或者对主要事项拥有特殊知识，并且中央认为适当的非官方成员组成。

（3）该网络法规咨询委员会应当建议：

（a）中央政府一般相关规则或者与为了与本法有关的其他目的；

（b）管理员根据本法制定法规。

（4）中央政府应当规定对该委员会非官方人员的旅行支付费用，以及规定其他津贴。

第 89 条　管理员制定法规的权力

（1）管理员可以在与网络法规咨询委员会协商一致并且在之前得到了中央政府批准的情况下制定法规，并在官方公报上通知，该法规必须符合本法以及符合为了实现本法的目的制定的规则的规定。

（2）特别是，在不违反前述权力的一般性原则的前提下，该法规可以规定如下事项，即

（a）与数据库维护有关的细节，包括每一发证机构根据第 n 款公开的记录〔替代（m）参见 2002 年 9 月 19 日修正案〕

根据第 19 条第一款，管理员认可外国发证机构应当遵守的条件和限制；

（b）根据第 19 条第一款，管理员认可外国发证机构应当遵守的条件和限制；

（c）根据第 21 条第三款第三项，授予许可证应当遵守的条件；

（d）根据第 30 条第四项，发证机构应当遵循的其他标准；

（e）发证机构披露第 34 条第一款规定的事项的方式；

（f）根据第 35 条第三款，申请时应当附带的声明的详情；

（g）根据第 42 条第二款的规定，用户泄露密码后通知发证机构的方式。

（3）中央政府根据本法的规定所制定的每一项法规，在其制定之后，均应在国会上下议院省览，该省览在会议期间进行，共 30 天的时间，这 30 天的时间可能包含在一个会议之中或者包含在两个或连续多个的会议之中，并且，如果在紧随会议或前述的连续会议的会议期间届满之前，上下议院均同意对法规做出修改，或者上下议院均认为不应当制定该法规，该法规只有在修改过才有效或者不生效；所以，然而，该法规的修改或废止均不应影响根据先前法规所做的任何事情的有效性。

第 90 条 州政府制定规则的权力

（1）为了实施本法，州政府可以制定规则并在官方公报上通知。

（2）特别是，在不违反前述权力的一般性原则的前提下，该法规可以规定如下事项，即

（a）根据第 6 条第一款的规定，以电子形式进行提交、颁发、授权、收取或支出；

（b）第 6 条第二款规定的事项；

（3）州政府根据本条制定的规则在其制定后应当在立法机关的每一议院省览，前提是具有两个议院，如果立法机关只要一个议院，那就应在该议院省览。

第 91 条 省略参见 ITA – 2006

第 92 条 省略参见 ITA – 2006

第 93 条 省略参见 ITA – 2006

第 94 条 省略参见 ITA – 2006

欧 洲 篇

欧盟关于应对网络种族歧视、国家歧视的青年计划的声明①

　　欧洲建立的原则是自由，民主，人权，基本自由，以及法制。多样化与融合是每一个成员国所要共同尊重与遵守的承诺。

　　反民主组织会利用网络去传播、散播种族歧视、国家歧视或其他反融合情绪的信息。他们知道欧洲年轻人会经常接触网络，因此他们会利用这一点对年轻人施加影响。年轻人的创新精神、进取心、创造力以及社会团结一致的决心应该被利用起来对抗网络每一个角落的反民主情绪。

　　欧洲必须反对所有形式的种族歧视、国家歧视以及一切相关的内容。在地区、国家甚至欧洲、世界层面都不允许有类似反融合言论的出现。

　　因此：

　　（1）欧盟理事会声明：学校、学校相关机构、年轻人组织有责任鼓励年轻人参与民主价值观的发展，有责任支持年轻人创造民主、人权和融合的社会。

　　（2）欧盟理事会声明：需要与相关机构和组织共同合作，制定有

---

① Declaration by the Council and the Representatives of the Governments of the Member States, meeting within the Council of 28 June 2001 "on combating racism and xenophobia on the Internet by intensifying work with young people"

关于网络种族歧视和国家歧视种族歧视的出版物和传播的法律协定，同时还应当对规范网络评论的协定。

（3）欧盟理事会认为有必要对那些与年轻人群接触的相关机构进行教育，并加强与这些部门的合作。只有这样才能提升他们对包容问题的意识和理解，也才能增强他们在与年轻人共事时对民主价值观运用的能力。

（4）欧盟理事会重视成员国经验与信息相互交换的重要性和必要性。为了做到这一点，需要关注现存项目、网络以及各种国家和地区水平机构（例如欧洲监控中心）的发展。还要促进那些提升本地区以及共同体行为计划那些维护网络安全使用的专业机构的发展。

（5）欧盟理事会强调，必须加强与年轻人的合作，努力管理有创新性、创造力同时又具有反对种族歧视、国家歧视或其他网络有关反融合言论的那些年轻人。

（6）欧盟理事会鼓励那些成员国内的网络服务提供者创造一些渠道，以便公众举报他们在网络遇见的有关种族歧视和国家歧视的内容。

（7）欧盟理事会鼓励网络服务提供者之间的合作，例如成员国内网络准入服务和网站所有者与警察以及法律部门的合作。这样才能有效抑制网络种族歧视和国家歧视材料的出现和传播。

欧盟关于设立互联网事物专家组的指令^①

（1）根据委员会制定的题为"互联网事物——欧洲行为计划"的通讯原则，多方利益群体机制需要在欧洲层面上为委员会提出建议，使委员会能够符合通讯原则所规定的各种行为。

（2）因此，需要在网络事物方面建立专家小组，还要定义专家小组的任务和结构。

（3）专家小组需要促进多方利益群体的对话与沟通。

（4）专家小组需要由多种机构组成，其中要包括网络事物相关方面的法律专家，经济学专家，网络技术领域专家等。这些机构可以是工商业联盟，欧洲标准机构，国际合作伙伴，消费者和市民社会机构，研究和学术机构以及欧洲成员国观察员和欧盟兴趣机构（如地区委员会和欧洲经济社会委员会）等。

（5）成员国专家组所提供信息时需要提供制定发布信息的规则，该规则不能与委员会安全规则相冲突。

（6）关于专家组成员个人资料的处理，需要依照欧洲议会及委员会2000年12月18日有关于共同体机构个人信息保护规则，以及个人信息数据自由传播规则，即（EC）45/2001来确定。

（7）应用该决议需要一个过程，委员会在适当的时间将考虑延长

---

① Commission Decision of 10 August 2010 "Setting Up the Expert Group on the Internet of Things"

应用时间。

第 1 条

网络事物专家组，以下简称"小组"，"小组"建立有效日期开始于欧盟官方公告该决议的出版日期。

第 2 条

任务小组任务包括

（a）为欧盟委员会提出建议，告知委员会如何最好地解决技术、法律和组织在欧洲层面的挑战。

（b）为欧盟委员会提供好的经验和方案，并在多个利益群体小组内以口头或书面形式提出建议，包括政府间的财政投入和支出建议。

（c）为欧洲数字议程框架下的网络事物发展开发这一共同愿景做出贡献，成为欧洲 2020 战略的旗帜。

第 3 条 　 协商

在鼓励成员国对未来讨论话题提出建议时，委员会如果有任何有关于欧洲网络事物发展的问题，可以向专家小组咨询。

第 4 条 　 成员——任命

（1）专家小组成员应该包括 45 人。

（2）专家小组需要由多种机构组成，其中要包括网络事物相关方面的法律专家，经济学专家，网络技术领域专家等。

（3）委员会需要选择一些组织，负责任命他们的代表以及替补代表。

（4）委员会成员必须留守在办公室，直到他们被替换或他们任期结束。

（5）不再有能力为专家小组讨论提供有效意见的成员，辞职的成员，或违反本章或欧盟作用条约 339 章要求的成员，将会被本任期内办公室其他成员所替代。

（6）组织成员的名字将在专家小组记录中刊登出来。

（7）成员名字将根据（EC）45/2001 管理规则进行收集，处理，和发布。

第 5 条 管理

（1）专家小组主席由委员会代表担任。

（2）经过委员会同意，可以成立一些分支小组，这些分支小组可以用来测量一些具体问题，测量过程需要按照专家小组所建立的标准执行。这些分支小组在完成授权任务之后就要被解散。

（3）委员会的代表可以根据日程主题需要邀请小组成员以外的特殊领域或特殊才能的专家，参与小组或分支小组的工作。此外，委员会代表可以赋予个人和机构观察员的工作身份。

（4）专家小组的成员和他们的代表，以及邀请专家和观察员，应当遵守职业保密条约规定的义务及其实施细则。还要遵守委员会附件 2001/844/EC 中有关于欧盟机密信息的安全规则。如果他们违反规定，委员会可以采取一切适当措施。

（5）委员会应该提供秘书服务。其他委员会官员如果有兴趣，可以参加小组或分支小组会议。

（6）委员会将会发布相关活动信息，这些信息可以被附在注册的活动由集团附在登记簿中，也可以通过登记簿转到一个专门的网站连接。

第 6 条 专家小组的费用

（1）小组活动参与者的服务不可得到薪酬。

（2）小组成员的差旅费用，将根据委员会有关规定予以报销。

（3）旅行费用报销限额需要根据委员会主管部门所分配给小组的年度预算来制定。

第 7 条 生效

该决议在欧盟官方公告出版第二天生效。

2010 年布鲁塞尔 8 月 10 日签订

土耳其关于网络言论的管理原则和程序的规定①

第一章 目的、适用范围、定义及原则

第1条 目的和适用范围

本规定旨在明确对内容提供商、托管提供商和接入服务提供商之义务及责任的管理原则和程序，并打击在互联网中通过内容提供商、托管提供商和接入服务提供商实施的特定犯罪。

第2条 依据

本规定依据2007年5月4日施行的《关于网络发表物及打击以网络发表物实施犯罪的规定》（第5651号法令）制定。

第3条 定义

（1）本规定施行过程中，相关用语定义如下：

（a）订购者：与接入服务提供商签订合同，从而享受其提供的互联网接入服务的个人或法人；

（b）署长：电信通讯署署长；

（c）电信署：电信通讯署；

（d）信息：有特定含义的数据模式；

（e）文件完整性校验值：对计算机文件中的所有数据进行数学处

---

① Regulation on the Principles and Procedures of Regulating the Publications on the Internet (2007)

理而得到的表明该文件实质的数值，该数值可用于校验该文件中的数据是否遭到修改；

（f）接入（访问）：以任何方式连接到互联网，进而有可能对其进行运用；

（g）接入服务提供商：向公众提供互联网接入服务的经营者及个人或法人；

（h）接入服务提供商的流量信息：与各类互联网接入有关的信息，如订购者的姓名、身份、名称、姓氏、地址、电话号码，其连接到系统的日期和时间、断开系统的日期和时间、该次连接的 IP 地址，连接点等；

（i）营业执照：载明其获得有权机构之认可的执照，表明其可以在法令允许的范围内以接入服务提供商或托管提供商之身份开展业务；

（j）IP 地址：依照互联网协议的标准而分配的地址，计算机使用该地址连接到特定网络，以互相识别、交流和发送数据；

（k）内容提供商：就通过互联网提供给用户的各种信息或数据而言，制造、修改及提供这种信息或数据的个人或法人；

（l）互联网环境：除社区、私人或企业计算机系统外，公用互联网所营造的环境；

（m）监视：在不对互联网数据造成影响的情况下跟踪相关信息和数据；

（n）法令：第 5651 号法令，即《关于网络发表物及打击以网络发表物实施犯罪的规定》；

（o）用户：使用互联网的任何个人或法人，无论其是否订购该服务；

（p）有权机构：电信局；

（q）静态 IP 地址：一种计算机用以连接到特定网络，以互相识别、交流及发送数据的 IP 地址，其不随时间及登录名的变化而变化，而由系统管理员进行划分和更改；

（r）商业性互联网公共服务提供商：在网吧或类似场所中以互联网公用服务提供商之身份，通过某种付费方式向公众提供服务的个人或法人，或者提供机会，供他人参与可增进技能和智力的计算机游戏的个人或法人；

（s）代理服务器的流量信息：诸如源 IP 地址、其在互联网中请求接入服务提供商使用的代理服务器提供服务的端口号、目标 IP 地址、被请求接入的端口号、协议类型、URL 地址、接入的日期和时间、断开的日期和时间等信息；

（t）数据：可由计算机进行处理的各种数值；

（u）发表物：在互联网中发布的数据；

（v）托管提供商：提供并运行互联网服务、互联网内容托管系统的个人或法人；

（w）托管提供商的流量信息：与各种互联网托管有关的信息，如源 IP 地址、目标 IP 地址、接入日期和时间、被请求的网页地址、进程信息（GET 和 POST 命令的细节）、结果信息等。

第 4 条　原则

发表物应：

（a）尊重他人的尊严、基本权利及自由；

（b）不得含有可能会损害青少年及儿童身心发育、道德发展的内容；

（c）不得损害确保家庭和睦幸福的相关事宜；

（d）不得唆使他人养成吸毒、卖淫、猥亵、赌博等不良习性；

（f）任何人均有权对侵犯其权利的互联网发表物作出回应和更正。

第二章　内容提供商、托管提供商和接入
服务提供商的义务和责任

第 5 条　提供信息的义务

（1）对于针对其自身的、包括下述信息在内的说明信息，持商业

或经济性目的内容提供者、托管提供者和接入服务提供者，有义务以用户可直接通过其主页及通信标题进行访问的形式，在其互联网环境中准确完整地予以保留，并进行更新：

（a）若其为个人的，其名称和姓氏；若其为法人的，其名称、法定代表人、纳税识别号或商业登记号；

（b）住址；若其为法人的，则指其主要办公场所的地址；

（c）电子通信地址和电话号码；

（d）若其在有权机构允许或监管的活动范围内提供给服务的，该监管机构的信息。

（2）除第（1）款规定的信息外，持商业或经济性目的的内容提供者还应将托管提供商的说明信息在其互联网环境中准确完整地予以保留，并进行更新。

第6条　内容提供者的责任

（1）内容提供商应对其在互联网中提供的任何信息负责；

（2）由他人提供内容，而内容提供商仅向该人提供链接的，内容提供商毋需对该内容负责；但对于其提供的链接所指向的内容，其展示方式明确表明其采纳该内容，且旨在使用户接触到该内容的，内容提供商应依照一般规定负责。

第7条　托管服务提供商的义务

（1）托管服务提供商负有以下义务：

（a）若电信署或司法机构就不法内容作出通知，或托管服务提供商提供的托管服务所涉及的不法内容已侵害他人权利，该人就不法内容作出通知，且该托管提供商有阻止他人访问该内容的技术可能的，在不影响刑事责任相关规定的前提下，其应依法令及相关法规之规定从发表物中移出该不法内容；

（b）对于包括托管服务器在内的相关服务，亦应遵守（a）项之规定；

（c）将托管服务提供商的流量信息保留6个月，确保该流量信息的准确性、完整性和机密性，并且，对于与时间戳一同生成的数据的文件完整性校验值，确保其准确性和完整性。

（2）托管服务提供商对其托管下的内容不负有管理义务，对其中是否实施了不法行为，托管提供商亦不负有调查义务。

第8条　接入服务提供商的义务

（1）接入服务提供商负有以下义务：

（a）若电信署就该不法内容作出通知，且接入服务提供商有阻止他人访问该内容的技术可能的，其应依法令及相关法规之规定，阻止他人访问其用户发布的不法内容；

（b）为使法令及相关法规赋予电信署的职责得以履行，接入服务提供商应在其提供服务的过程中，将接入服务提供商的流量信息保留1年，维持该信息的准确性、完整性和机密性，并且，对于与时间戳一同生成的数据的文件完整性校验值，确保其准确性和完整性；为电信署对互联网的监管提供必要的协助和支持；电信署认为有所必要的，应电信署之要求，将其营业执照中所载明的信息告知电信署；在一定的IP地址块中进行静态IP地址规划，并将这一地址块中的IP地址分配给商业性互联网公用服务提供商；

（c）至少于其停业3个月前将停业事宜告知有权机构、其客户及内容提供商，并以文本文件的形式向有权机构提交其作出停业通知之日前1年内的流量信息记录，其中，提交的日志格式应带有相关的所有注释；以CD或DVD等光学媒体的形式向电信署提交其订购者的文件信息；

（d）自其开始营业时起，每月以常规方式向电信署发送其每次进行访问管理将会使用的存取号码，以及其所服务的所有订购者的信息；

（e）按照相关要求安装计算机硬件、软件，并且，针对从其与电信署的连接中反馈回的信息实行必要的操作程序，以便及时将该信息应用于其系统中；

（f）其向用户提供代理服务器服务的，应保存其代理服务器的流量信息，维持该信息的准确性、完整性和机密性，并且，对于与时间戳一同生成的数据的文件完整性校验值，确保其准确性和完整性；

（2）接入服务提供商应依相关法规规定的原则和程序要求，防止他人获取其所服务的用户的信息。

（3）对于通过其提供的服务而访问的信息内容是否违法，或是否须对该内容负责，接入服务提供商不负有控制义务。

第9条　行政罚款

（1）内容提供商、托管提供商、接入服务提供商未履行本规定第5条之义务的，应由电信署对其处以2000土耳其新里拉以上、10000土耳其新里拉以下之行政罚款。

（2）接入服务提供商未履行本规定第8条第（1）款（b）项及（c）项中任一项义务的，应由电信署对其处以10000土耳其新里拉以上、50000土耳其新里拉以下之行政罚款。

第三章　发表物中内容的移除及回应的权利

第10条　发表物中内容的移除及回应的权利

（1）主张互联网内容已对其个人权利造成侵害的，其可联系相关内容提供商，或在不能联系到内容提供商的情况下，联系相关托管提供商，要求提供商移除与其相关的内容，同时，在其作出的回应不超出前述内容之范围的情况下，其可要求提供商将其回应公布到互联网上，公布时长为一个星期。内容提供商或托管提供商应于收到要求之日起两日内满足当事人之要求。若当事人之要求在前述时限内未得以实现的，视为其要求已被驳回。

（2）其要求被视为驳回的，当事人可于15日内向其住所地刑事治安法院提出申请，要求法院裁定移除相关内容，并且，在其作出的回应不超出相关内容之范围的情况下，要求法院裁定将其回应在互联网中公布一星期。刑事治安法院之法官应在收到要求之日起3日内作出裁定，但毋需就此举行听证。相关人等可依《刑事诉讼法》（2004年12月4日第5271号法令）之规定对刑事治安法院法官的裁决提起上诉。

（3）内容提供商或托管提供商未依第（1）款之规定充分满足当事人之要求的，应在刑事治安法院公布其最终裁决后两日内将相关内容从发表物中移除，并以用户可直接经由其主页和作出反驳的标题进行访问的方式公告当事人的回应。

第11条 刑事处罚

相关责任人未依第10条各款之规定及时、充分地履行刑事治安法院法官之裁定的，应被处以6个月以上、2年以下监禁。若该内容提供商或托管提供商为法人的，则前述规定应适用于须对该发表物负责的个人。

第四章 阻止访问

第12条 阻止访问决定针对的犯罪类型

（1）有实质理由怀疑互联网发表物的内容构成以下犯罪的，应作出决定，阻止他人访问该互联网发表物：

（a）《土耳其刑法典》2009年9月26日第5237号法令）规定的下述犯罪：

1）鼓励及教唆自杀（第84条）；

2）对儿童进行性侵害（第103条第1款）；

3）为他人使用致瘾药物或兴奋药物提供便利（第190条）；

4）提供有害健康的危险物质（第194条）；

5）传播淫秽物品（第226条）；

6）卖淫（第227条）；

7）为赌博提供场所及便利（第228条）。

（b）第5816号法令（1951年7月25日颁行）中规定的针对阿塔图尔克实施的犯罪。

第13条 作为保护措施的阻止访问决定

（1）在侦查阶段，阻止访问决定应由法官作出，在诉讼阶段，阻止访问决定应由法庭作出。若案情紧急、不能拖延的，检察官也可在侦查阶段决定阻止访问，此种情况下，检察官应在24小时内将其决定提交法官批准，法官应最迟于 24 小时内作出决定；若法官在时限内对该决定未予以批准，则相关措施（阻止访问）应被立即撤销。

（2）电信署及相关人等可依《刑事诉讼法》之规定，对作为保护措施的阻止访问决定提出上诉。

第 14 条 作为行政措施的阻止访问决定

（1）若发表物的内容构成第 12 条规定的犯罪，且该发表物的内容提供商或托管提供商位于国外的，或者，即使该内容提供商或托管提供商位于国内，但相关内容构成《土耳其刑法典》第 103 条第（1）款规定的性虐待儿童罪或第 206 条规定的猥亵罪的，电信署应依职权对该提供商作出阻止访问的决定。位于国内的内容提供商或托管提供商所涉内容构成《土耳其刑法典》第 103 条第（1）款规定的性虐待儿童罪或第 206 条规定的猥亵罪的，电信署应在 24 小时内将对其作出的决定提交法官批准，法官应最迟于 24 小时内作出决定；若法官在时限内对该决定未予以批准，则电信署应立即撤销相关措施（阻止访问），且应将该情况告知接入服务提供商，要求接入服务提供商采取进一步措施。

（2）若某人提供的发表物符合阻止访问决定所针对的犯罪类型，且电信署对该人给出的身份信息得到证实的，则（电信署）应向首席检察官办公室提交刑事控告书。电信署可要求公共机构、公共组织向其提交相关信息、文件，以获得可作为刑事控告书之依据的相关数据。

第 15 条 阻止访问决定中的特定事项

（1）作为保护措施的阻止访问决定中，应包括以下事项：

（a）作出决定的机构名称；

（b）决定作出的日期、侦查号或庭审编号（若该决定在诉讼阶段作出的）；

（c）保护措施所针对的犯罪类型，怀疑其构成该犯罪的实质理由；

（d）相关 UPL 地址，即涵盖该犯罪行为相关信息的网页的完整网页地址，例如：http://www.abcd.com/abcdefgh.htm；

（e）保护措施所指向的互联网发表物的域名，例如：www.abcd.com；

（f）保护措施所指向的、不法互联网发表物的发布所涉及的托管提供商的 IP 地址；

（g）阻止访问的方式，即封锁其域名或封锁其 IP 地址。

第 16 条　阻止访问的程序

（1）法官、法庭或检察官依第 13 条之规定作出阻止访问决定的，应将该决定送达电信署，不得直接将该决定送达接入服务提供商。电信署应在电子环境中将决定所涉的相关告知接入服务提供商，以便其及时采取适当措施。

（2）由个人或相关机构为电信署设立的互联网热线制作的报告，应仅限于技术调查及法律调查方面。若有充分理由怀疑相关内容构成第 12 条规定的任一项犯罪，且这些理由得以证实的，应适用第 14 条之规定；若无理由证明相关内容涉嫌构成犯罪的，则不得采取任何措施。

（3）对于不超出第 13 条、第 14 条之范围的阻止访问决定，电信署应将该决定的有关信息在电子环境中通知相关接入服务提供商，接入服务提供商应按照决定所述事项立即采取行动，最迟不得超过其收到通知时起 24 小时。电信署应将依第 13 条之规定被阻止访问的发表物重定向为其预备的警告页面，以替换当前页面，并在警告页面中显示作出该决定的机构名称、日期及该决定的编号。

（4）接入服务提供商应按照相关要求安装计算机硬件、软件，并且，实行必要的操作程序，以便及时在其系统中执行从其与电信署的连接中传回的阻止访问决定。

（5）若某发表物有构成阻止访问决定所针对的犯罪之嫌疑的，则在对该嫌疑的实质理由进行认定的过程中，部署应在阻止访问决定所涉之范围内，将该发表物被阻止访问前的版本在电子环境中进行存档。

（6）相关内容符合阻止访问决定针对的犯罪类型的，电信署可要求托管提供商依第 7 条之规定移除该内容。

第 17 条　阻止访问决定的失效

（1）经过侦查后，决定不予提起公诉的，则该决定失去效力；此时，检察官应将不予起诉决定之副本送达电信署。电信署应将该不予起诉决定的相关信息在电子环境中通知接入服务提供商，以便其立即采取适当措施。

（2）当事人在诉讼阶段被宣判无罪的，阻止访问决定即自动失效；此时，法庭应将无罪判决之副本送达电信署。电信署应将该无罪判决的相关信息在电子环境中通知接入服务提供商，以便其立即采取适当措施。

（3）电信署依职权作出的阻止访问决定未得到法官批准的，则视为该决定已失效。电信署应将该决定（已失效）的相关信息在电子环境中通知接入服务提供商，以便其立即采取适当措施。

第 18 条　拒绝访问决定的撤销

（1）构成第 12 条规定之犯罪的相关内容已从出版物中移除的，若处于侦查阶段，则检察官应撤销阻止访问决定；若处于诉讼阶段，则法庭应撤销阻止访问决定。电信署应将该决定（已被撤销）的相关信息在电子环境中通知接入服务提供商，以便其立即采取适当措施。

（2）若案情紧急、不能拖延的，检察官也可在侦查阶段决定阻止访问，此种情况下，检察官应在 24 小时内将其决定提交法官批准，法官应最迟于 24 小时内作出决定；若法官在时限内对该决定未予以批准，则检察官应立即撤销相关措施（即该拒绝访问决定）。检察官应将该决定之副本送达电信署，电信署应将该决定的相关信息在电子环境中通知接入服务提供商，以便其立即采取适当措施。

第 19 条　行政处罚及刑事处罚

（1）就作为行政措施的阻止访问决定而言，接入服务提供商接到电信署关于该决定的通知后，未于 24 小时内予以执行的，电信署应对其处以 10000 土耳其新里拉以上、100000 土耳其新里拉以下的行政罚款；接入服务商被处以行政罚款后 24 小时内仍未执行该决定的，有权机构可应电信署之要求，吊销该接入服务提供商的营业执照。

（2）就法官在侦查阶段作出的作为保护措施的阻止访问决定，法庭在诉讼阶段作出的作为保护措施的阻止访问决定，以及，检察官在案情紧急、不能拖延的情况下于侦查阶段作出的作为保护措施的阻止访问决定而言，托管提供商或接入服务提供商接到电信署关于该决定的通知后，未于 24 小时内采取决定所要求的行为，且法律未对其规定更严重的刑罚的，则电信署应对其责任人处以 6 个月以上、2 年以下监禁。

第五章　杂项及最后条款

第 20 条　法律救济

因违反本规定之要求而被电信署或有权机构处以行政罚款的，当事人可依《行政诉讼程序法》（1982 年 1 月 6 日第 2577 号法令）之规定，针对该罚款决定申请法律救济。

第 21 条　工作委员会

（1）电信署可设立开展具体工作的工作委员会，并通过与交通通信部、执法人员、相关政府机构及组织、内容提供商、托管提供商、接入服务提供商和无政府组织保持协调，以防止互联网上的相关活动和发布到互联网中的发表物内容触犯法令规定的犯罪。工作委员会主席由署长任命，并主持工作委员会相应工作的开展。工作委员会的工作程序和原则由电信署制定。工作委员会的所有开支由有权机构负责。

（2）为履行本规定中的相应职责，电信署可实施相关活动，如请教顾问人员、进行采购服务、进行公共宣传、进行租赁等。

第 22 条　合作与协助

（1）电信署应与国内外的国际性机构及组织进行合作并开展联合行动，以便对信息科学和互联网执法站进行监管。合作费用由有权机构负责。

（2）电信署应在其技术能力可及的范围内，向具有相应职权和能力的执法人员及调查机构提供各种协助与配合，以防止任何触犯法令第 8 条第（1）款之犯罪的典型图像、文本或声音流入国内，并防止其在国内传播、保有、出租或出售。有鉴于此，电信署应对调查机构及具有相应职权和能力的执法人员所提出的要求进行审查和评估，并确保就打击法令所规定的犯罪行为采取必要措施。

（3）电信署应与互联网委员会保持必要的合作与协助；互联网委员会为认定发表物中含有须被监管、过滤或阻止访问之内容而提出建议，或就其他类似事项提出建议的，电信署应按照该建议之要求采取措施或作出决定。署长、该部门负责人及署长任命的相关工作部门负责人均应参加互联网委员会的会议，以使电信署之职责得以履行。互联网委员会就与电信署之职责相关的问题作出决定时，应听取电信署之意见。

第 23 条 生效

本规定自公布之日起生效。

第 24 条 执行

总理负责本规定之条款的执行。

比利时计算机程序保护法案^①

第1条

按照欧盟理事会1991年颁布91/250／EEC指令，对计算机程序进行法律上的保护。计算机程序，包括前期设计材料，应受到版权的保护，并被视为伯尔尼文学和艺术作品公约中的文学作品。

第2条

如果一个计算机程序是原始的，作者利用自身知识创造的，它就应当受到版权法的保护，除此之外没有其他的标准来确定一个计算机程序受到版权保护的资格。

本法适所提供的保护，适用于通过任何形式的表达的计算机程序。但是作为计算机程序基础性元素的理念和原则，以及编写计算机程序的基础性界面，不作为版权进行保护。

第3条

当一个计算机程序，是由一个或多个雇员或服务人员根据其职责或者雇主的指示下开发的，除非合同或法律另有规定，否则雇主应当被视为享有计算机程序的经济权利。

第4条

有关于上款计算机软件的人身权利，适用于伯尔尼公约第6b（1）条。

---

① The Act of Legal Protection of Computer Programs（1994）

第5条

本法案第6条和第7条中的经济权利，应当包括以下权利内容：

（a）以任何形式的，永久或临时的复制部分或全部计算机程序，都需要计算机软件权利所有人的授权。复制计算机程序所需要的下载、显示、运行、传输或存储等全部行为，都需要计算机软件权利所有人的授权。

（b）在不侵害计算机软件合法使用人的前提下，对计算机软件及其复制品进行转化、改编、重组和其他的变更。

（c）通过任何形式将计算机原始程序或者复制版，发行给公众，包括出租和出借。计算机软件权利所有人初次销售，或者计算机软件所有人同意的初次销售，将会使计算机软件版权所有人自动丧失在欧盟领域内独占的发行权，但计算机软件版权人依然享有控制对计算机软件及其复制品出租和出借的权利。

第6条

（1）在没有特殊约定条款时，符合特定资格的人，在必要的情况下，可以基于包括误差校正在内的特定目的，在未经相关权利人授权的情况下，实施本法案第5条（a）款和第5条（b）款的行为。

（2）有权利使用计算机程序的行为人，可以进行对计算机程序以备份的形式进行复制，但前提是该备份是正常使用该计算机程序所必须的。

（3）有权利使用计算机程序的行为人，可在未经计算机程序权利人授权的前提下，观察、研究或测试计算程序的功能，用来确定任何计算机程序构成元素所蕴含的思想和原则，为了实行这一目标，行为人有权利可以随时对计算机程序进行加载、显示运行，传输或存储。

第7条

（1）当满足以下条件时，基于获取一个被独立创造的计算机程序，同其他计算机程序实现互动所需要的信息的目的，可以不经计算机程序权利所有人的授权，实施符合施本法案第5条（a）款和第5条（b）款所规定的复制和转化行为。

（a）复制和转化计算机程序的行为是被授权允许复制计算机程序的行为人或者该行为人的代理人所实施的；

（b）实现互动所需要的信息，尚未被有效而稳定的利用的；

（c）为实现互动而必须的复制和转化行为被原程序禁止的。

（2）前款的规定不适用于以下几种情形：

（a）被用于同独立创造的计算机程序实现互动以外的目的；

（b）将复制或转化后的软件给予无关的第三人，但能证明该行为是为了同独立创造的计算机程序实现互动而必须的除外；

（c）用于开发、生产或销售计算机程序及与其相关的活动，或者其他任何侵犯了版权的行为。

（3）本条规定可以不适用于侵害合法的版权人利益和同正常开发计算机程序冲突的情形。

第 8 条

本法第 6 条第（2）款和第（3）款以及第 7 条属于强制性义务条款。

第 9 条

计算机程序的版权的保护期限，适用 1994 年 6 月 30 日著作权及邻接权利法案的规定。

第 10 条

侵害计算机程序版权的行为，将根据法律予以制裁。

行为人非法的将计算机程序投入到流通领域的；行为人明知是非法的计算机程序，或者有理由相信行为人明知是非法的计算机程序，依然将其用于商业目的的；行为人为了将计算机程序非法的投入到流通领域或者用于商业目的，而实施破坏计算机软件权利人授权或者规避技术保护措施的，将被处于 100—100000 法郎的罚金。

第 11 条

（1）在法院在根据本法第 10 条判处侵害计算机程序版权行为人罚金的同时，法院可以附加判处没收该行为人用于侵害计算机程序版权的工具和设备。

（2）重复触犯本法第 10 条规定的行为人，法院可以判处 3 个月至 2 年的监禁，单处或并处 100—100000 法郎的罚金。

第 12 条

本法的规定适用于在本法案尚未生效前的计算机程序。在本法生效前，根据其他法案的授权或者法律文书的规定而实施的行为，不适用于本法案规定。

第 13 条

（1）基于本法案规定而引起的诉讼，无论相关诉讼价值的大小，都有第一审法院管辖。

任何基于本法案而实施的侵犯计算机程序著作权的行为和违反公平交易的行为都由第一审法院排他性的管辖。

（2）本法第 12 条第（1）款中的案件的管辖根据以下情形进行确定：

（a）侵害计算机程序版权的诉讼，由上诉法院在侵害计算机程序版权行为地所建立的第一审法院管辖；或者基于原告的选择，可以由上诉法院在被告或者多名被告人之一的户籍地或者住所所在地所建立的第一审法院进行管辖。

（b）当被告或多名被告的任一人的户籍地和住所地都不在比利时王国境内时，可以由上诉法院在原告户籍地或住所地所建立的第一审法院管辖。

（3）任何同本法案第 13 条（1）和（2）相冲突的协定，无论该协定是在诉讼提出前还是在诉讼提出后达成的，一律自动失效。

然而，本法案第 13 条（1）和（2）的规定，并不禁止争议双方将本法案所规定的争议提交给双方认同的仲裁机构仲裁的情形，根据司法法案第 630 条第（2）款的规定，争议双方可以协商决定仲裁的机构。

第 14 条

（1）司法法案第 569 条第（1）款增补如下：

"24. 1994 年 6 月 30 日法案第 13 条规定的行为改为适用于计算机

程序保护法案。"

（2）司法法案第 627 条增补如下：

"1994 年 6 月 30 日法案第 13 条第（2）款关于法院管辖的规定改为适用于计算机程序保护法案第 13 条第（2）款。"

美　洲　篇

美国与商业贸易有关的网络安全研究与发展法令[①]

第 § 7401 条　发现

国会研究结果如下：

（1）革命性的计算机和通信技术的进步联系着与政府、商业、科学和教育相关的重要基础设施，使其与电力，天然气和石油分配，电信，交通，供水，银行和金融，紧急事件以及政府广泛的服务，相互依存的物理和电子网络相连接。

（2）互相连接的指数增强了互相通信，促进了经济增长和公共福利分配服务。但是也同时导致了临时或滞后风险的增加。

（3）在一次国防部联合特遣部队 1997 年美国信息战斗演习中，已经明确显示出美国缺乏协调能力，无法应对网络和武力对我们重要军事部队的攻击和民众基础设施的破坏。

（4）计算机安全技术和系统的执行缺乏以下方面——

（A）缺乏长期研发资金

（B）缺乏联邦和州政府机构的合作，也缺乏政府与学术和工业之间的合作

（C）缺乏该领域的出色研究专家

---

① Title 15 – Commerce and Trade § Chapter 100 – Cyber Security Research and Development (2002)

（5）因此，联邦政府在计算机和网络安全发展方面应该得到大力的提升。为此，要做好以下方面：

（A）改善评估系统漏洞，提升技术和系统安全性。

（B）扩大和改善信息安全专业能力，研究能力和工作能力。

（C）加强工业、政府、学术研究项目之间的信息合作，信息共享，和信息交流。

（6）尽管非洲裔美国人，西班牙裔美国人和美国原住民的总数量占美国总人数的25%，美国高校人口中这些少数民族也占了30%，但是信息科学工作行业中，这些少数民族人数只占了不到7%。

第§7402条　定义

在这一章：

（1）主管部门

主管部门是美国科学基金会

（2）高等教育机构

在20条的1001部门中已经对此概念进行了定义。

第§7403条　美国国家科学基金研究

（a）网络安全研究经费

（1）总体上

应该为项目负责人提供研究经费，支持其网络硬件和软件结构的创新研究，最终促进网络安全。研究领域包括：

（A）进行身份验证、加密和数据通信的其他安全。

（B）网络法院和系统侵入检测。

（C）计算机网络应用，中间软件，操作系统，控制系统和通信设施的可靠性。

（D）隐私和保密。

（E）网络安全设施的构建，包括安全管理以及分析的设施建设。

（F）对新生安全威胁的分析。

（G）漏洞评估以及确定威胁数量的技术。

（H）远程进入以及无线电安全。

（I）提升法律在侦查、调查和起诉网络犯罪的执行力。其中包括知识产权剽窃。

（2）价值评议；竞争

提供资金支持需要在这一部分价值评估竞争的基础之上决定。

（3）拨款授权

美国科学基金会授权拨款机构提供以下数据

（A）2003 财政年 MYM35,000,000；

（B）2004 财政年 MYM40,000,000；

（C）2005 财政年 MYM46,000,000；

（D）2006 财政年 MYM52,000,000；

（E）2007 财政年 MYM60,000,000 2007。

（b）计算机与网络安全研究中心

（1）总体来说

主管部门应该进行多年拨款，要根据财政拨款的可行性向高等教育机构、非盈利研究机构或与此相关的机构提供资金支持。以此促进多学科研究中心对网络安全进行研究。高等教育研究机构和非盈利机构或相关机构如果接受这些资助，就需要与一个，也许多个政府实验室或盈利机构合作。也有可能与一个或多个其他高等机构或非盈利机构进行合作。

（2）优势回顾：竞争

在这一部分，拨款奖励一定要采取竞争原则。

（3）目的

该中心的目的是利用尖端、多学科研究（包括（a）（1）部分中所说的研究领域）来创新计算机和网络安全的方法。

（4）申请

教育机构，非盈利研究机构，或这些联盟如果需要资金资助，需要按照规定向主管提交申请，申请要按照规定的实践，规定的方式，还要包含主管部门所需要的信息。申请需要至少包括：

（A）研究中心和参与团体需要承担的研究计划。

（B）研究中心要如何促进本身就存在差别的不同学科科学家、工程师之间的分工协作？比如如何协调计算机科学家、工程师、数学家和社会学家的工作。

（C）中心如何促进计算机和网络安全研究者以及其他专业人员的数量和质量？对于那些一直以来在小组中处于弱势的个体来说，中心能够为他们做些什么？

（D）中心如何快速广泛地发布调查结果，用以迅速提升信息技术网络，产品和服务的安全性？

（5）标准

在评估第四部分所要求的申请时，主管部门需要按照以下标准进行评估：

（A）申请人在计算机和网络安全方面的创新能力。还要根据申请人有效执行研究项目的能力。

（B）申请人进行计算机和网络安全研究的经验，还有申请人开展多学科研究合作的能力。

（C）申请人吸引本科生、研究生和博士生进行计算机和网络安全研究的能力；以及为他们提供研究机会的能力。

（D）与政府、实验室、盈利机构和其他高等教育团体，或者非盈利研究机构中，申请人可以在多大程度上进行合作。

（6）年会

主管部门需要召开中心的年会，用以促进中心参与者之间的交流合作。

（7）授权拨款

（A）2003 财政年 MYM12,000,000；

（B）2004 财政年 MYM24,000,000；

（C）2005 财政年 MYM36,000,000；

（D）2006 财政年 MYM36,000,000；

（E）2007 财政年 MYM36,000,000。

第§7404条 国家科学基金会的计算机和网络安全项目

（a）计算机和网络安全能力建设补助

（1）总体上来讲

高等教育（或协会）要建立或促进计算机和网络安全方面的本科、硕士学位。用以促进计算机网络安全方面的学生数量，其中要包括那些并非本专业但是一直追求计算机网络安全本科或硕士学位的学生。还要利用政府或工业部门给学生提供计算机和网络安全方面的实践经验。

（2）价值评议

提供资金支持需要在这一部分价值评估竞争的基础之上决定。

（3）资助金应用

在这一小节中的拨款应该被用于提升高等教育机构（或协会）能力的活动方面。并以此促进计算机网络方面高质量的本科以及硕士学位项目。并同时维持、增加在计算机网络安全研究方面的学生数量。这些活动包括：

（A）修改已有课程，更好地为计算机和网络安全方面的本科生，硕士生未来发展做好准备。

（B）建立计算机和网络安全方面的学位和证书制度。

（C）为本科生参与计算机和网络安全研究计划创造机会。

（D）为学生提供计算机和网络安全教育方面的基本设备，包括安装网络试验台的使用。

（E）为学院机构提供机会，使其与地方或联邦政府机构，私人工业机构，非盈利研究机构或其他学术机构合作。发展计算机网络安全方面的专业知识或新的研究方向。

（F）与其他同时在计算机和网络安全建立、扩展或提升途径的学术机构或学术部门开展合作。

（G）在政府机构或私人工业部门为学生提供计算机网络安全方面的实习机会。

（H）与其他学术机构开展合作，建立或提升网络基础的计算机网络安全课件集合，还要建立一个实验室练习，并将这些资源与其他包括社区学院在内的高等教育机构分享。

（I）在社区学院和综合性大学之间建立计算机网络安全强化桥项目。

（J）主管所决定的任何其他活动都要达到类似的这些目标。

（4）选拔过程

（A）申请

高等教育机构（或协会）如果想要申请资助，需要按照规定向主管提交申请，申请要按照规定的实践，规定的方式，还要包含主管部门所需要的信息。申请需要至少包括：

（i）对申请人在计算机网络安全研究和教育能力方面的描述；还要解释清楚在一个协会机构或高等教育机构计划中，每个成员在执行过程中将负责哪些工作。

（ii）要提升在网络和信息安全方面教学能力的机构或协会，需要提供一份全方位计划。

（iii）说明一下与在计算机和网络安全方面教育项目的政府机构或私人工业合作情况。

（iv）提交一份调查数据，说明申请人在计算机安全领域的招生情况和人员配置情况。还要出具一份研究数据，预计所申请计算机网络安全项目中潜在招生情况和为学生提供的人员配置情况。

（v）提供一份计划方案，说明如何评估所申请的计算机网络安全项目。要评估研究生学校毕业后情况，以及工作率以及未工作率。还要评估教育项目与研究生学习和工作的相关性。

（B）回报

（i）主管部门需要根据参与程度，将资助款项提供给广大范围高等教育机构类别使用，包括少数民族服务机构。

（ii）主管部门提供资助期限不得超过5年

（5）所需评估

主管部门需要在建立该项目6年以内对项目进行评估。主管部门最低起码要评估该项目在多大程度上提高了学生的数量和质量，这其中包括那些之前非计算机网络安全相关专业但却追求该专业本科学位或硕士学位的学生。

（6）批准拨款

美国国家科学基金会可以批准支持项目的金额为

（A）2003 年财政年 MYM15,000,000；

（B）2004 财政年 MYM20,000,000；

（C）2005 财政年 MYM20,000,000；

（D）2006 财政年 MYM20,000,000；and

（E）2007 财政年 MYM20,000,000。

（b）1992 年先进科学技术法案

（1）津贴

主管部门需要按照 1992 年科学与技术法案（42 U. S. C. 1862i）[42 U. S. C. 1862h]（a），（b）项法案 [42 U. S. C. 18623（a），（b）]第三部分（a）和（b）中所规定目的的活动提供津贴，除非按照该部分规定，这些津贴仅限于改善计算机和网络安全方面的教育，而不能用于其他。

（2）批准拨款

美国国家科学基金会可以批准支持项目执行的金额为

（A）2003 财政年 MYM1,000,000；

（B）2004 财政年 MYM1,250,000；

（C）2005 财政年 MYM1,250,000；

（D）2006 财政年 MYM1,250,000；

（E）2007 财政年 MYM1,250,000。

（c）计算机和网络安全研究的毕业培训生

（1）总体上来讲

主管部门要建立项目助学金项目资助机构或高等教育，建立毕业培训生项目，为追求计算机和网络安全研究生提供资金帮助或其他帮助，还要为他们提供政府或工厂有关计算机和网络安全工作的机会，使他们能够有获得博士学位的机会。

（2）价值评议

提供资金支持需要在这一部分价值评估竞争的基础之上决定。

（3）资金应用

（A）高等教育研究机构自主资金应被应用于以下几个方面：

对于市民、国民或绿卡的学生，如果希望学习计算机和网络安全博士研究的话，可以为其提供培训。

（B）为（A）中所规定获得培训的学生提供学费。

（C）为（A）中所规定获得培训的学生提供计算机和网络安全方面的实习项目，实习地点可以在盈利机构、非盈利机构或政府部门。

（D）项目中其他相关管理费用。

（4）培训金额

为（3）（A）中所规定获得培训的学生提供资助的金额是每年MYM25,000。或者按照国家科学基金会研究奖学金 3 年一次奖学金金额的水平颁发。

（5）筛选过程

高等教育机构如果想申请资助，要按照规定的实践，规定的方式，还要包含主管部门所需要的信息。申请需要至少要说明以下几项：

（A）申请者机构为毕业生在计算机和网络安全方面所设计的教育项目和研究机会。

（B）所要建立的实习项目，包括为学生在盈利机构、非盈利研究机构和政府实验室所提供的实习机会。

（6）申请者评估

要对按照（5）规定提交材料的申请者进行评估，主管部门需要考虑以下几个方面：

（A）申请者有效执行所申请项目的能力。

（B）申请者已有研究和教育项目的质量。

（C）项目招生增长数量的可能性。这其中包括那些小组成员中非计算机网络安全专业但是期望在该专业获得博士学位的学生数量增长的可能性。

（D）通过与政府实验室、非盈利研究机构以及盈利研究机构的合作，完成实习项目的质量。

（E）与研究生项目研究相结合的能力。

（F）申请项目与当前和未来计算机网络安全需求的相关性。

（7）批准拨款

美国国家科学基金会可以批准支持项目的金额为

（A）2003 财政年 MYM10,000,000 for fiscal year 2003；

（B）2004 财政年 MYM20,000,000 for fiscal year 2004；

（C）2005 财政年 MYM20,000,000 for fiscal year 2005；

（D）2006 财政年 MYM20,000,000 for fiscal year 2006；and

（E）2007 财政年 MYM20,000,000 for fiscal year 2007.

（d）研究生研究项目支持

计算机网络安全需要属于第42条1869美国科学基金会研究生项目所支持的专业领域。

（e）网络安全能力发展训练项目

（1）总体上来讲

主管部门需要设置向高等教育机构提供资助的项目，用以帮助机构建立训练项目并确保研究生能够追求网络安全相关领域的博士学位。

（2）价值评议；竞争

提供资金支持需要在这一部分价值评估竞争的基础之上决定。

（3）申请

高等教育机构如果想向主管部门申请，需要按照规定向主管提交申请，申请要按照规定的实践，规定的方式，还要包含主管部门所需要的信息。申请需要至少包括：

（4）资金应用

在这一段所接受资金帮助的高等教育机构需要做到以下几点：

（A）在价值评估基础上，同时根据（7）中所规定的需要来为个体提供资金。

（B）为培训生在期间提供足够学费等费用，支持他们在高等机构的博士学习。这些费用中还要包括每年生活津贴 MYM25,000。

（C）为个人提供费用的期限不得超过 5 年，每一个培训生接受资助的具体期限要有高等教育机构决定，需要因人而异。

（5）偿还

每一个培训生需要：

（A）符合（5）（B）的规定，在完成博士学位之后按照高等教育机构建立和管理的偿还办法进行偿还。

（B）接受资助的培训生如果在高等教育机构 5 年计划中作为全职工作人员的话，那么培训生本节每学术年所规定的培训生资助金额总额可以减免 20%。

（C）将受到接受本节资助的高等教育机构监督，以保证与本节所规定一致。

（6）例外条款

如果个人不可能或很难符合规定要求，或者个人按照规定行事并不符合个人情况，那么主管部门可以部分提供或不提供或者暂停发放资助。

（7）选举资格

在本章节将规定培训生的选举资格。培训生需要具备以下条件：

（A）必须是拥有公民，或国民，或合法绿卡身份的人。

（B）期望从事高等教育职业。

（8）选拔

在本阶段需要对培训生进行选拔，当机构收到资助之后，应该最大可能性的广泛选拔多学科人才，其中要包括社会科学以及网络安全技术方面的人才。

（9）授权拨款

美国科学基金会授权拨款机构规定，2003 年——2007 财政年之间每年可以提供 MYM5,000,000 的。

第§7405条 商议

在这条款中规定，在项目执行时主管部门需要向联邦机构咨询。

第§7406条 国家标准和技术研究所项目

（a），（b）省略

（c）政府系统清单

（1）总体上来讲

国家标准与技术研究所应该根据需要发展、修改一份系统设置清单，使设置和选择能够降低每一个计算机硬件或软件系统相联系的安全风险，或者使整个系统在联邦政府中能够得到广泛应用。

（2）优先条款；排除情况

国家标准与技术研究所主管部门需要在这阶段为清单发展建立一个优先制度，该制度建立需要以下内容为基础：系统应用安全风险、使用特定系统机构的数量、联邦机构用户或潜在用户对系统的使用以及一些主管部门所认定的其他内容。国家标准与技术研究所主管部门还可以在申请者中设置排除制度，其中主要有以下几个方面：（1）如果系统中的硬件或软件不会被经常使用系统，或已经被荒废，亦或者发展系统清单根本上是无效或不切实际的话，国家标准与技术研究所主管部门就可以认定该系统发展清单是无效的。

（3）清单的宣传

国家标准与技术研究所主管部门需要按照本段要求来发展清单，从而能够使每一个计算机软件和硬件都能够为用户或潜在用户的政府代理提供服务。

（4）机构使用要求

在第（1）节中计算机硬件和软件的清单发展不需要做到：

（A）不需要联邦机构来选择具体设置或系统清单推荐的系统选项。

（B）不需要为联邦机构选购或这类系统发展提供条件或先决条件。

（C）不需要代表国家标准与技术研究所主管部门为类似系统所签

署的背书。

（D）不需要阻止政府机构获得或部署那些没有该清单的硬件和软件系统。

（d）联邦机构信息安全项目

（1）总体上来讲

在发展44条3534（b）中的信息安全项目机构时，已经对国家标准与技术研究所主管部门在本部分（C）子目录下的清单进行配置的机构需要做到以下几点：

（A）将在项目中说明机构如何在配置系统时纳入该系统清单的。

（B）使这份说明好像是机构按照行政命令（总统令）标准下进行科学分类的年度计划那样去完成。

（2）限制条款

有一些软件和硬件，如果按照国家标准与技术研究所主管部门在本条278g-3（a）（3）部分的规定，并不承担这些硬件和软件的责任，那么第（1）段就并不适用。

第§7407条 授权拨款

商务部长可以为国家与技术研究院拨款

（1）对于本条的278h部分规定下的活动

（A）2003财政年 MYM25,000,000；

（B）2004财政年 MYM40,000,000；

（C）2005财政年 MYM55,000,000；

（D）2006财政年 MYM70,000,000；

（E）2007财政年 MYM85,000,000。

（2）对于本条的278g—3（f）部分规定下的活动

（A）2003财政年 MYM6,000,000；

（B）2004财政年 MYM6,200,000；

（C）2005财政年 MYM6,400,000；

（D）2006财政年 MYM6,600,000；

（E）2007财政年 MYM6,800,000。

第§7408条　国家科学院在计算机和网络关键基础设施方面的研究

（a）研究

2002年11月27日之后三个月以内，国家标准与技术研究所主管部门需要与美国国家科学研究院国家研究委员会开展合作，进行国家网络基础安全漏洞研究，同时为合理改善提供建设性意见。国家研究委员会需要做到以下事情：

（1）回顾在美国网络基础设施方面的系统、硬件和软件方面的已有研究和相关数据，尤其是在脆弱性和独立性方面。

（2）评估和识别高强度基础设施网络安全的技术能力，并为研究优先级和资源需求提出建议。

（3）对计算机和网络中任何其他元素进行审查（包括对工业进程控制安全的审查），从而确定研究的方向。

（b）报告

国家标准与技术研究所主管部门将要上交一份报告，报告中要包括本部分（a）小部分所规定的研究结果和建议，报告要在2002年11月27日起21个月之内交给参议院商务委员会、科学、交通和众议院科学委员会。

（c）安全性

国家标准与技术研究所主管部门需要确保，本章节分类信息不被纳入到本章节要求的公共发布版本当中。

（d）授权拨款

商业部长可以为国家标准技术局拨款，用以执行本部分计划，数额为 MYM700,000。

第§7409条　联邦网络安全研究发展的合作

本章节所授权或本章节所修正的研究项目需要国家科学基金会主管部门和国家标准与技术研究所主管部门开展合作。同样，科学和技术政策办公室主管部门需要与国家科学基金会以及国家标准与技术研究所主管部门进行合作，以确保本章授权或本章修订的项目被纳入到政府层面安全研究工作中。

第§7410条 拨款资格要求以及符合移民法

（a）移民身份

按本章节规定，不会以直接或间接的方式相违背条目8中1101（a）（15）（F），（M），或者（J）中所规定身份的人提供资助或奖学金。

（b）来自于其他国家的人

按本章节规定，不会以直接或间接的方式向来自于资助国际恐怖组织的国家人民提供资助或奖学金。除非国务卿出面与首席检察官以及其它相关机构进行商议，确认该外国人的确不会对安全或美国国家安全构成威胁。

（c）不遵照规定机构

不会以直接或间接方式向有以下情况的高等教育机构或非盈利机构（或协会）提供资助或奖学金。

（1）高等教育机构（或协会）实际上没有按照第8条1762章节所要求的那样去遵照报告记录或报告的要求，而是在第8条1101（a）（15）（F），（M），或（J）中去接收非法身份的学生或交流访问项目的参与者。

（2）根据第8条1762（C）被暂停或终止

第§7411条 资助或奖学金报告

2002年11月27日之后的24个月内，主管部门需要与国家安全事务主席助手进行商榷之后，向国会上交一份报告，报告中要包括对这个章节的检验，以保证接受资助和奖学金的个人或高等教育机构符合移民和国家法案，能够保护我们的国家安全。

美国反垃圾邮件法^①

为通过对未经请求的、经由网络的商业电子邮件的发送加以限制而规范跨州贸易，美利坚合众国参议院和众议院开会通过本法。

第 1 条（简称）

本法可引用为"2003 控制未经同意的色情和营销行为法"，或者"2003 反垃圾邮件法"。

第 2 条（国会发现与政策）

第 1 款（发现）国会发现以下事实：

（1）电子邮件已经成为极为重要和常用的交流方式，被成百上千万的美国公民在日常和商业用途中使用。它的低成本和全球可达使之非常方便和高效，给无接触贸易的发展和增长带来了无与伦比的机会；

（2）电子邮件的方便和高效正被未经请求的商业电子邮件数量的极速增长所威胁。未经请求的电子邮件从二零零一年的百分之七，升到现在估计占到所有电子邮件的一半以上，并且这个数量还在上升。这些信息的大部分在不同层面上是欺诈的或者骗人的；

（3）受到未经请求的商业电子邮件可能导致接受者损失，如果他

---

① "Controlling the Assault of Non – Solicited Pornography and Marketing Act" or "CAN – SPAM Act". (2003)

们不能拒绝接受并且遭受存储空间损失，或者遭受打开、评阅、删除这些邮件的时间损失，或者遭受二者兼有的损失；

（4）获得大规模的不想要的信息也减少了电子邮件的方便，导致了想要的电子邮件信息，包括商业的和非商业的，在大规模的不想要的信息中将被丢失、忽视或者删除，因而减少了电子邮件对于接收者的可靠与用处的危险；

（5）一些商业电子邮件含有许多接收者可能认为在本质上庸俗或者淫秽的材料；

（6）未经请求的商业电子邮件给运载和接收这些邮件的网络接入服务提供者、公司和教育、非盈利组织带来了了重大的经济损失，因为没有进一步的基础损失投资，这些提供者、公司、组织能处理的邮件数量是有限的；

（7）许多未经请求的商业电子邮件的发送者故意隐瞒这些邮件的来源；

（8）许多未经请求的商业电子邮件的发送者故意在信息的主题一行里包括误导人的信息，来使接收者阅读信息；

（9）尽管一些商业电子信息的发送者提供了简单而可靠的方式给接收者拒绝（或者"选择排除"）这些发送者的商业电子信息的未来接收，其他的发送者并没有提供这样的"选择排除"机制，或者拒绝尊重接收者不接收这些发送者未来电子邮件的要求，或者二者兼备；

（10）许多大规模未经请求的商业电子邮件的发送者适用计算机程序自动从用户必须告知邮件地址以充分适用网站或者服务的网站或者网络服务搜集大量的电子邮件地址；

（11）许多州已经颁布立法以规范或者减少未经请求的商业电子邮件，但是这些法规规定了不同的标准和要求。结果，它们没有成功地解决和未经请求的商业电子信息有关的问题，一部分原因是，电子邮件地址并不具体指向地理位置，守法公司很难知道它应该遵守这些完全不同的法规中的哪一个；

（12）与未经请求的商业电子邮件的告诉增长和滥用相关的问题

的解决不能单靠联邦立法。技术方法的发展和采用，寻求与其他国家的合作也是必要的。

第 2 款（国会对公共政策的决定）根据第一款的发现，国会决定：

（1）全国性地规范商业电子邮件有重大的政府利益；

（2）商业电子邮件的发送者对于这些邮件的来源和内容不得误导接收者；

（3）商业电子邮件的接收者有权拒绝或者接收同一来源的追加商业电子邮件。

第 3 条（定义）

在本法中：

（1）（确定同意）当在与商业电子邮件信息上使用时，"确定同意"是指接收者对清楚而明显的同意要求或者主动明确表明接收该信息，或者当信息发送者不是接收者表明同意的一方时，接收者在表明同意时被明确告知接收者的电子邮件地址将被转到第三方以发射商业电子邮件信息；

（2）（商业电子邮件信息）（一般定义）"商业电子邮件信息"是指任何主要目的是商业广告或者推销商业产品、服务的电子邮件信息，包括网址上为商业目的而运行的内容。

（交易或者关系信息）"商业电子邮件信息"不包括交易或者关系信息。

（关于主要目的的规定）在本法生效 12 个月内，委员会应当发布关于定义相关标准的 13 条的规定，以帮助确定电子邮件信息的主要目的。

（公司或者网站的指代）在电子邮件信息中包括商业实体或者其链接的提及，本身不导致该信息被本法认定为商业电子邮件信息，如果该信息的内容或者环境表明其主要目的不是商业广告和商业产品、服务的促销；

（3）（委员会）"委员会"是指联邦贸易委员会；

（4）（域名）"域名"是指任何由域名登记员、登记处或者其他域名登记机构登记或者分发的作为互联网电子地址一部分的数字文字名称；

（5）（电子邮件地址）"电子邮件地址"是指一般表现为一串字符，由唯一用户名或者一般称作"邮局部分"的邮箱，和不管是否显示的，一般称作"域名部分"的互联网域名，能够发送或者传输电子邮件信息的目标；

（6）（电子邮件信息）"电子邮件信息"是指发送至唯一电子邮件地址的信息；

（7）（FTC 法）"FTC 法"是指《联邦贸易委员会法》；

（8）（标头信息）"标头信息"是指附加在电子邮件信息上的来源、目标、路线信息，包括发送的域名、电子邮件地址，和其他任何在认知或者意图认知发送信息者一栏的信息；

（9）（发送）当使用在商业电子邮件信息上时，"发送"是指发起或者传播这些信息或者导致这些信息的发起或者传播，但是不包括构成这些信息常规传送的行为。为此，不止一人可以被认定为发送了信息；

（10）（互联网）"互联网"是指《互联网征税自由法》里的"互联网"；

（11）（互联网接入服务）"互联网接入服务"是指《1934 通讯法》第 231 条第 5 款第 4 项规定的"互联网接入服务"；

（12）（导致）在商业电子邮件信息的发送上，"导致"是指故意付费，或者提供其他诱因，或者引起其他人代表行为人发送该信息；

（13）（受保护的系统）"受保护的系统"是指《美国法典》第 18 章第 1030 条第 2 款第 2 项第 2 目规定的"受保护的系统"；

（14）（接收者）在商业电子邮件信息上，"接收者"是指该信息发送或者传输的电子邮件地址的获得授权的用户。如果商业电子邮件信息的接收者在该信息发送或者传输的地址之外拥有一个或者更多电子邮件地址，该接收者应当被认定为各个这样的地址的单独接收者。

如果电子邮件地址被重新分给新的用户，该新用户不应当被认定为在重新分配之前的发送或者传输至该地址的任何商业电子邮件信息的接收者；

（15）（常规传送）"常规传送"是指其他人已经认知接收者或者提供了接收者地址的电子邮件信息通过自动技术过程的传输、按线路发送、转发、处理或者存储；

（16）（发送者）（一般定义）除了规定在第2目中，在商业电子邮件信息上，"发送者"是指发送该信息，并且产品、服务或者互联网网址被该信息做广告或者促销的人；

（企业或部门的单独营业）如果一个实体通过单独的企业或部门营业而运营，并且自己通过该特别的企业或者部门的营业而非这些企业或部门营业所属的实体的信息而置身接收者之外，那么该企业或部门的营业应当被本法认定为该信息的发送者；

（17）（交易或关系信息）（一般定义）"交易或关系信息"是指主要目的以下五种之一的电子邮件信息：帮助、完成或者确认接收者之前已经同意与发送者缔结的商业交易，或者提供关于接收者使用或者购买的商业产品或者服务授权信息、产品召回信息或者安全信息电子邮件信息，或者提供关于接收者正在购买或者使用发送者提供的产品或者服务的订购、会员身份、账号、贷款或者其他相当的商业关系的条款、特征变化通知、接收者地位变化通知、定期的账号平衡信息或者其他类型的账户报表，或者提供与接收者现在相关的、参与的或者登记的雇佣关系或者相关福利计划直接相关的信息，或者传输接收者有权根据其之前同意与发送者缔结的交易的条款获得的包括产品更新或者升级的产品或者服务；

（定义修正）根据第13条，委员会可为本法修正第一目的定义，以夸张或者限缩本认定为交易或关系信息的信息种类，如果该修正是容纳电子邮件技术变化或实践，并且为达到本法目的所必须。

第4条（禁止诱导性和滥用商业电子邮件）

第1款（罪行）

（1）（一般规定）合众国法典第 18 编第 47 章因为在其末尾增加了以下条文而被修改：

"第 1037 条（与电子邮件相关的欺诈与相关活动）"

第 1 款（一般规定）无论何人，在或者影响洲际或者外国贸易，明知而有以下行为之一的，或者密谋进行以下行为之一的，应当按照第二款的规定予以惩罚：

（1）未授权进入受保护的计算机，并且故意从或者通过该计算机发起多个商业电子邮件信息的传播；

（2）使用受保护的计算机以继续或者再传播多个商业电子邮件信息，意图在这些信息的来源上欺骗或者误导接收者或者任何网络接入服务；

（3）实质性地歪曲多个商业电子邮件信息中的抬头信息并且故意发起这些信息的传播；

（4）使用实质性歪曲实际登记者身份的信息登记五个或者以上电子邮件账号或者网络用户账号，或者两个或者以上域名，并且故意从这些账号或者域名的结合发起多个商业电子邮件信息的传播；

（5）欺诈地代表他人作为五个或者以上网络服务地址的登记者或者合法的继承者，并且故意从这些地址发起多个商业电子邮件信息的传播。

第 2 款（惩罚）对于第一款规定的罪行的惩罚如下：

（1）如果该罪行是为了进一步实施合众国或者任何州法律规定的重罪，或被告人以前根据本条或者第 1030 条或者任何州关于多个商业电子邮件信息传播或者未授权侵入计算机系统的法律而被判定有罪，判处五年以下监禁，单处或者并处罚款；

（2）如果该罪行是第一款第一项规定的，或者第四项规定的并且涉及到二十或者以上歪曲的电子邮件或者网络用户账号登记或者十个或者以上歪曲的域名登记，或者为了该行为而传播的电子邮件信息的数量在任何二十四小时内超过二千五百或者在任何三十天内超过二万五千或者在任何一年内超过二十五万，或者该行为在任何一年内导致了一个或者以上他人总计价值五千或者以上美元的损失，或者由于该行为任何实施该行为的人在一年内获得合格价值总计五千美元或者以上的事物，或者该行为是由行为人与三个或者以上他人共同实施并且行为人是组织者或者领导者，判处三年以下监禁，单处或者并处罚款；

（3）在任何其他情况下，判处一年以下监禁，单处或者并处罚款。

（没收）（一般规定）法院对行为人在宣判认定犯有本条之罪时，应当判处合众国没收构成或者可追溯到被告人从该行为中获得的任何财产，不管是不动产还是动产，以及任何使用或者意图使用以实施或者便利实施该行为的设备、软件或者其他技术。

第3款（程序）规定在《管制药品法》第413条（合众国法典第21章第853条）的程序，除了该条第4款，以及《联邦刑事程序规则》第32条之二，应当适用于根据本条的刑事没收进程的所有阶段。

第4款（定义）在本条中：

（1）（损失）"损失"与第1030条第五款规定同词同义；

（2）（实质地）为了第一款第三项、第四项的目的，如果以将损害该信息接收者、代表接收者处理该信息的网络接入服务、指控违反本条的人或者法律执行机构认出、定位或者回复发送该电子邮件信息的人或者调查被指控的违法的能力的方式改变或者隐瞒信息，抬头信息或者登记信息应当认定为被实质性歪曲；

（3）（多个）"多个"是指在二十四小时内超过一百个电子邮件信息，在三十天内超过一千个电子邮件信息，或者在一年内超过一万个电子邮件信息；

（4）（其他用语）任何其他用语与《2003反垃圾邮件法》第3条规定同词同义；

（5）（遵照修正）合众国法典第18编第47章的章分析因为在其末尾增加以下规定而修改：

"第 1037 条（与电子邮件相关的欺诈和相关活动）"

第 2 款（合众国量刑委员会）（指南）根据合众国法典第 28 编第 994 条第 16 款以及本条，合众国量刑委员会应当适当评论与修正量刑指南和政策陈述，以给违反合众国法典第 18 编第 1037 条，也就是本条增加的行为，以及其他可能被大量未经请求的电子邮件的发送所便利实施的行为合适的惩罚；（要求）在执行本款时，量刑委员会应当考虑给根据合众国法典第 18 编第 1037 条被定罪，并且通过不正当的手段，包括未经他人授权而获得网站、专有服务或者其他其他人运营的网络公共平台的用户的电子邮件地址，或者随意通过计算机产生电子邮件地址的手段，这样的人，或者明知该行为涉及到的商业电子邮件信息包含或推广登记者已经提供错误登记信息的网络域名，这样的人，或者给被认定为其他涉及到发送大量电子邮件的罪行，包括涉及到欺诈、身份盗窃、淫秽、儿童色情以及儿童性剥削的罪行，这样的人加刑。

第 3 款（国会认识）国会认识到：

（1）垃圾邮件已经成为发行色情、实施欺诈计划、引发病毒、蠕虫、特洛伊木马至个人和商业计算机系统的人的方法选择；

（2）司法部应当适用所有既有的法律执行制度，以调查和起诉发送大量商业电子邮件以便利联邦罪行实施的人，包括合众国法典第 18 编关于其中和错误陈述的第 47 章和第 63 章、关于淫秽的第 71 章、关于儿童性剥削的第 110 章，以及关于敲诈勒索的第 95 章所包含的合适的制度。

第 5 条（商业电子邮件用户的其他保护）

第 1 款（发送信息的要求）

（1）（禁止错误或者误导性地发送信息）任何人向受保护的计算机发起含有或者伴随实质性歪曲或者实质性误导的抬头信息的商业电子邮件信息或者交易或者关系信息的行为，都是违法的。为了本项的目的，技术上准确但是含有通过虚伪的或者欺骗的借口或者代表而达到的始发电子邮件的地址、域名或者网络服务地址的抬头信息应当认定为实质性误导；准确认出发送该信息的任何人的"发件人"栏（认知或者声称认知发送信息的人的一栏）不一定认定为实质性歪曲或者实质性误导；如果抬头信息因为发送信息的人为了隐瞒信息来源而故意使用另一受保护的计算机以继续或再次发送该信息，导致未能准确认出用以发送该信息的受保护的计算机，该抬头信息应当被认定为实质性误导；

（2）（禁止欺诈的主题抬头）如果事实上知道，或者根据客观情况可以合理推定其知道，信息的主题抬头将可能在当时的情况下合理地在关于信息的内容或者主题事务的实质性事实上（与执行合众国法典第 15 编第 45 章《联邦贸易委员会法》第 5 条所使用的标准一致）误导接收者，任何人向受保护的计算机发起商业电子邮件信息的发送，都是违法的；

（3）（在商业电子邮件中包含回信地址或者相当的机制）（一般规定）任何人向受保护的计算机发起不清楚显著地含有有效的，用户可以使用该机制来按照该信息规定的方式提交回复的电子邮件信息或者其他基于网络的形式，要求收到该信息的电子邮件地址未来不再收到该发送者的商业电子邮件信息，并且能够在发送最初信息后、不少于三十天内收到这些信息或者通讯的回信地址或者其他基于网络的机制的商业电子邮件信息的发送，都是违法的；（更具体的可能选择）发起商业电子邮件信息发送的人可以通过给接收者提供一系列接收者能够从中选择具体其希望或不希望从发送者处收到的商业电子邮件信息的具体种类的目录或者清单，并且该清单包括接收者可以选择不从发送者处接收任何商业电子信息的选择，而遵守前段规定；（临时不能接受信息或者处理要求）如果由于超出发送者控制的技术问题意外地临时不能收到信息或处理要求，并且该问题在合理的期限内得以解决，电子邮件回信地址或者其他机制未能满足第一段要求；

（4）（禁止决绝后商业电子信息的发送）（一般规定）如果接收者要求使用根据第三项提供的机制不从该发送者接收一些或者任何商业电子信息，那么发送者在收到该要求后超过十天后发送给接收者该类商业电子邮件信息，或者代表发送者的任何人明知或者根据客观情况可以合理认定其知道是该类信息而仍然如上发送，或者代表发送者的任何人通过提供或者选择发送信息的地址而帮助明知是或者根据客观情况可以合理认定其明知是前两类的行为，发送者或者任何其他指导接收者已经如上要求了的人为了除了遵守本法或者其他法律条文的任何目的，售卖、出租、交换或者以其他方式转换或者发布（包括通过任何涉及到邮寄含有接收者电子邮件地址的目录的交易和转换）接收者的电子邮件地址，是违法的；（事后确认同意）如果接收者在如上要求后确认同意，前段的禁止不适用；

（5）（在商业电子邮件中包括标识符、不参加和实际地址）任何人向受保护的计算机发送任何商业电子邮件信息是违法的，除非该信息含有清楚明显的标志标明该信息是广告或者揽货，清楚明显地告知根据第三项的拒绝从该发送者接收更多的商业电子邮件信息，含有有效的实际邮政地址；如果接收者已经事先对接收信息给予了肯定的确认，前段不适用于商业电子邮件信息的发送；

（6）（实质地）为了第一项的目的，"实质地"，当在关于错误或误导性的抬头信息的使用时，包括以将损害代表接收者处理信息的网络接入服务、指控违反本条的人或者法律执行机构认知、定位、回复发送该电子邮件信息的人或者调查被指控的违法的能力，或者信息接收者回复发送该电子信息的能力的方式改变或者隐瞒抬头信息。

第2款（关于商业电子邮件的加重违法）（一）（处理受到攻击和代码攻击）（一般规定）任何人向受保护的计算机发起根据第一款是非法的商业电子邮件信息的传播，或者通过提供或者选择该信息将传播的地址帮助该信息的起源，如果该人已经的确知道或者根据客观情况可以合理地推定其知道接收者的电子邮件地址是通过从因特网网站或者他人运营的专有网络服务使用自动方法获得，并且该网站或者网络服务在地址被获得时包括布告说该网站或者网络服务的运营者不会未来发送或者使他人能发送电子邮件信息的目的，给予、售卖或者以其他方式转移该网络或者网络服务维持的地址给任何其他方，或者知道接收者的电子邮件地址是通过以结合名字、字母或者数字为无数序列产生可能电子邮件地址的自动方式获得；（否认声明）本项不在该电子邮件地址中产生任何所有权或者专有利益。

（1）（多个电子邮件账号的自动生成）任何人使用脚本或其他自动方法注册多个电子邮件账号或者网络用户账号以向受保护的计算机发送或者使他人向受保护的计算机发送根据第一款是违法的商业电子信息；

（2）（通过未授权的接入继续或者再次发送）任何人明知地继续或者再次从行为人未授权而进入的受保护的计算机或者计算机网络发送根据第一款是违法的商业电子信息。

第3款（补充规则制定授权）委员会应当根据第13条

（1）修改第一款第四项第一目或者第二目中的十个工作日期限，或者二者皆改，如果委员会认定在考虑第一款的目的，商业电子邮件接收者的利益，和加在合法商业电子邮件发送者上的负担之后认定不同的期限将为更合理；

（2）对第二款适用的其他活动或者做法作出具体规定，如果委员会确定这些活动或者做法实质性地导致根据第一款是违法的商业电子信息的激增。

第4款（在含有性倾向材料的商业电子邮件设置提示标志的要求）

（1）（一般规定）没有人可以在或者影响跨州贸易中向受保护的计算机发起任何含有性倾向材料的商业电子邮件信息的传播，而未能在该电子邮件信息的主体抬头中包括委员会根据本款规定的标志或者警告，或者未能在该信息提供在该信息被任何接收者打开而没有任何进一步的行动之前最初能为接收者看到的主题仅仅包括第二项要求或者授权的标志或者警告，第一款第五项要求的信息，以及性倾向材料如何获取的指示或者获取的机制；

（2）（预先确定同意）第一项不适用于电子邮件信息的传播，如果接收者对于该信息的接收给予了预先的确定同意；

（3）（标志和警告的规定）在不迟于在本法生效后的一百二十日内，委员会经商司法部长后一定清楚规定可识别的标志或者警示，以包括在或者关联于包括性倾向材料的商业电子邮件，来告知接收者该事实并帮助过滤该电子邮件。委员会应当将根据本项规定的标志或者警示公示与联邦登记簿并通知公众；

（4）（定义）在本项中，"性倾向材料"是指任何描绘露骨的性行为（正如合众国法典第18章第2256条定义的同词），除非该描述构成整体的不重要的一小部分，剩余部分并非主要用于性的事物；

（5）（惩罚）任何人明知而违反第一项的，应当判处五年以下监禁，根据合众国法典第18章单处或者并处判处罚款。

第6条 （通过有错误或者误导性传播信息的电子邮件故意促销业务）

第1款（一般规定）行为人促销或者允许促销其贸易或者业务，或者货物、产品、地产或者服务，无论是售卖、提供售卖、出租、或者提供出租，或者以其他方式在违法第5条第一款第一项的商业电子邮件信息中通过该贸易或者业务成为可能，都是违法的，如果行为人同时：

（1）明知，或者在其贸易或者业务的演变进程中应当已经知道，该货物、产品、地产或者服务，无论是售卖、提供售卖、出租、或者提供出租，或者以其他方式通过该贸易或者业务成为可能，正在该信息中促销；

（2）从该促销获得或者期待获得经济利益；

（3）未能采取合理行动以阻止该传播，或者发现该传播并报告给委员会。

第2款（对于第三方的有限执行）（一般规定）除非规定在第二款中，提供货物、产品、地产或者服务给违反第一款的另一人的人（一下称之为"第三方"）不应当认定对该行为负责。（例外）违反第一款的责任应当归于提供货物、产品、地产或者服务给违反第一款的另一人的第三方，如果该第三方

（4）在违反第一款的人的贸易或者业务中完全拥有，或者拥有大于百分之五十的所有权或者经济利益；

（5）明知该货物、产品、地产或者服务在其传播是违反第5条第一款第一项的商业电子邮件中促销并且从该促销获得或者期待获得经济利益。

第3款（联邦贸易委员会的单独执行）第7条第六款和第七款不适用于违反本条的情形。

第4款（补救条款）除非规定在第7条第五款第八项，本条不应当推定为限制或者阻止根据本法关于其他任何一条的任何违法行为可以采取的的任何行动。

第7条（一般执行）

第1款（违法行为是不公正或欺骗行为或做法）除非规定在第二款，本法应当由贸易委员会执行，如同违反本法就是《联邦贸易委员会法》第18条第一款第一项第二目（合众国法典第十五章第57条第一款第一项第二目）规定的不公正或者欺骗行为或做法。

第2款（一些其他机构的执行）为了遵守本法：

（1）根据《联邦储蓄保险法》（合众国法典第12章第1818条），如果是国家银行，联邦分支和外国银行的联邦机构，应当由通货审计员办公室执行，如果是联邦储备系统的成员银行（非国家银行），分支和外国银行的机构（非联邦分支、联邦机构和外国银行的被保险的国家州分支），根据《联邦储备法》第25条或第25条之一（合众国法典第12章第601条和第611条）运营的外国银行、组织所有或者控制的商业借贷公司和持有公司的银行，由董事会执行，如果是联邦储蓄保险公司保险的银行（非联邦储备系统成员）和外国公司的被保险的州分支，由联邦储蓄保险公司董事会执行，如果是储蓄被联邦储蓄保险公司保险的储蓄联合，由思里夫特监管办公室主任执行；

（2）根据《联邦信用社法》（合众国法典第12章第1751条），关于任何联邦保险的信用社，由国家信用社管理委员会执行；

（3）根据《1934证券交易法》（合众国法典第15章第78条第一

款），关于任何经纪人或者交易者，由证券与交易委员会执行；

（4）根据《1940 投资公司法》（合众国法典第 15 章第 80 条第一款），关于投资公司，由证券与交易委员会执行；

（5）根据《1940 投资顾问法》（合众国法典第 15 章第 80 条第二款），关于根据该法登记的投资顾问，由证券与交易委员会执行；

（6）根据州保险法，如果任何人通过可适用的该人定居的州的保险授权参与提供保险，符合《格雷姆 - 里奇 - 比利雷法》第 104 条（合众国法典第 15 章第 6701 条），除非该州的保险授权选择不在任何州执行该权力，符合本法的执行权应当由委员会根据第一款行使；

（7）根据合众国法典第 49 编第七节第一部分，关于任何符合该部分的空运者或者外国空运者，由运输秘书处执行；

（8）根据 1921 打包者与围场法（合众国法典第 7 章第 181 条），（除非规定在该法第 406 条（合众国法典第 7 章第 226 条、第 227 条）），关于任何符合该法的活动，由农业秘书处执行；

（9）根据 1971 农场信用法（合众国法典第 12 章第 2001 条），关于任何联邦土地银行，联邦土地银行联盟，联邦调解信用银行，或生产信用联盟，由联邦农场信用管理处执行；

（10）根据 1934 通信法（合众国法典第 47 章第 151 条），关于任何符合该法条款的人，由联邦通信委员会执行。

第 3 款（行使某些权力）为了在第二款提到的任何机构根据该款提到的任何法律的权力的行使，违反本法被认为是对联邦贸易委员会贸易规制规则的违反。除了根据第二款特别提到的法律条款的权力，为了在符合本法规定的任何要求的前提下的执行，每一个该款提到的机构可以行使法律授予它的任何权力。

第 4 款（委员会的行动）委员会应当阻止任何人以同样的方式、方法，在相同的管辖区、权力和责任违反本法，如同联邦贸易委员会法（合众国法典第 15 章第 41 条）所有可适用的术语和条款都包含在本法成为其一部分。任何违反该小节任何条款的实体都应当以同样的方式、方法，在相同的管辖区、权力和责任受到惩罚和获得联邦贸易委员会法规定的特权和豁免，如同联邦贸易委员会法所有可适用的术语和条款都包含在该小节成为其一部分。

第5款（不需证明明知而获得停止命令和命令救济）不管本法其他任何规定，在任何符合本条第一款、第二款、第三款、第四款的执行程序或者行动中，根据第5条第一项第三款，第5条第一项第二款，第5条第一款第四项第一目第二、第三或者第四种情形通过停止的命令或者指令，委员会和联邦通信委员会都不应当被要求指控或者证明该条或者该款项所要求的心理状态。

第6款（州的执行）

（1）（民事诉讼）在任何一州司法部长或者一州官员或者机构有理由认为该州居民的利益已经受到或者正受到任何违反本法第5条第一款第一项或者第二项的人或者参与违反第5条第一款第三项、第四项或者第五项的模式或做法的人的威胁或不利的影响的情形下，该州司法部长、官员、机构可以代表该州居民在合众国拥有合适管辖权的地区法院提起民事诉讼，以禁止被告继续违反本法第5条，或者代表该州居民获得数额多于这些居民实际遭受的金钱损失或者根据第三项确定的数额的赔偿金；

（2）（不需证明明知而获得禁令救济）不管本法其他任何条款，在根据本款第一项第一目的民事损失中，该州司法部长、官员、机构不应当被要求宣称或者证明第5条第一款第一项第三目，第5条第一款第二项，第5条第一款第四项第一目第二、第三或者第四种情形，第5条第二款第一项第一目，或者第5条第二款第三项要求的心理状态；

（3）（法定赔偿金）

1.（一般规定）为了第二项第二目第二种情形的目的，根据该项确定的数额是通过违法行为数目（每一个单独处理的这些居民接收或者被寄给的非法信息认定为单独的违法行为）乘以最多二百五十美元而计算的数额；

2.（限制）对于任何违反第5条（除了第5条第一款第一项）的

行为，根据第一目确定的数额不能超过二百万美元；

3.（加重赔偿金）法院可以增加赔偿判决到不超过根据本项能获得的数额的三倍，如果法院认为被告明知而积极地犯该法，或者被告的非法获得包括一个或以上的第 5 条第二款规定的加重违法；

4.（减少赔偿金）在评估第一目的赔偿金时，法院可以考虑是否被告人用合理的注意确立和实行了商业上合理的做法和程序以有效地预防此类违法，或者是否尽管有商业上合理的努力试图遵守第一种情形提到的做法和程序，该违法行为还是发生了；

（4）（律师费）在任何根据第一项规定成功诉讼情形中，法院可以裁量判给该州诉讼费用和合理的律师费；

（5）（联邦规制者的权利）该州应当根据第二款事先给予联邦贸易委员会或者适当的联邦规制者书面通知，提供其诉请的副本，除非该事先通知不合理，但此时该州应当在起诉后立即通知。联邦贸易委员会或者适当的联邦规制者应当有权接入诉讼，在接入时获知其中所有的事情，转移该诉讼至合适的合众国地区法院，并且上诉；

（6）（推定）为了根据第一项提起民事诉讼的目的，本法任何规定不应当认定为阻止一州司法部长行使该州法律授予其行为调查、宣誓、作证或者强制正如出庭或者出具文件或者其他证据的权力；

（7）（地点；程序进行）任何根据第一项的行为可以在符合合众国法典第 28 编第 1391 条关于地点的要求的合众国地区法院进行。根据第一项规定进行的行为，程序可以在被告人居住或者保持营业场所的任何地区进行；

（8）（当联邦行动未果时限制州行为）如果委员会或者其他合适的联邦机构已经因为本法的违法根据第二款提起了民事诉讼或者管理行为，州司法部长或者一州官员或者机构，不能根据本款在上述行为未果时对任何在委员会或者其他机构在诉请中指控违反本法的任何行为人提起诉讼；

（9）（有意进行某些民事损失的要件）除非规定在第 5 条第一款第一项第三目，第 5 条第一款第二目，第 5 条第一款第四项第一目第

二、第三或者第四种情形，第5条第二款第一项第一目，或者第5条第二款第三项，在由一州司法部长、官员或者机构提起的因为违反本法而要求金钱赔偿的民事诉讼中，法院应当不给予寻求的救济，除非该司法部长、官员或者机构证明被告的确知道或者根据客观情况可以合理地推定其知道其作为或者不作为构成违法而实施。

第7款（网络接入服务提供商的行为）

（1）（行为授权）受到违反第5条第一款第一项，第5条第二款，或者第5条第四款的行为，或者违反第5条第一款第二项、第三项、第四项、第五项的模式或做法的不利影响的网络接入服务提供商，可以在合众国对被告有管辖权的任何地区法院提起民事诉讼，以禁止被告的继续违法，或者获得大于由于该违法行为而由该网络接入服务提供商遭受的金钱损失，或者根据第三项规定确定的数额的赔偿金；

（2）（"导致"的特别定义）在任何根据第一项提起的诉讼中，本法应当适用为第3条第十二项规定的"招致"的定义是代表"实际知道，或者故意避免知道，不管该人是正在实施还是将要实施违反本法的模式或做法"；

（3）（法定赔偿金）

1.（一般规定）为了第一项第二目第二种情形的目的，根据该种情况确定的数量是通过违法行为的数量（每一个单独处理的，传播到或者试图传播到网络接入服务提供商的设施或者违反第5条第二款第一项第二目第一种情形从网络接入服务提供商处获得的电子邮件地址的非法信息，应当单独认定为一次违法行为）在违反第5条第一款第一项的情形下乘以最多一百美元，或者在其他违反第5条的任何情形下乘以最多二十五美元而计算出来的；

2.（限制）关于违反第5条（除了第5条第一款第一目）的行为，根据第一目确定的数额不超过一百万美元；

3.（加重赔偿）法院可以增加赔偿判决到不超过根据本项规定可以获得的数额的三倍，如果法院认定被告明知而故意实施该行为，或者被告的违法行为包括一个或者以上第5条第二款规定的加重行为；

4.（减少赔偿）在根据第一项规定评估赔偿金时，法院可以考虑是否被告人负责地确立和实施了商业上合理的做法和程序，以有效防止该行为，或者尽管存在商业上合理的努力，试图遵守第一种情形提到的做法和程序，该行为仍然发生；

（4）（律师费）在符合第一项的任何诉讼中，法院可以裁量后要求任何一方负担诉讼费用和评估合理的费用，包括合理的律师费。

第 8 条（对于其他法律的效力）

第 1 款（联邦法）

（1）本法任何规定不应当理解为影响 1934 通信法第 223 条或第 231 条（分别是合众国法典第 47 章第 223 条或第 231 条），合众国法典第 18 编第 110 条（关于儿童性剥削）或第 71 章（关于淫秽），或任何其他类别刑事制定法的执行；

（2）本法任何规定不应当理解为以任何方式影响委员会对在电子邮件信息中的实质性错误或欺骗陈述或违反规则做法根据联邦贸易委员会法执行的权力；

第 2 款（州法）

（1）（一般规定）本法优先于任何一州或者其政治分支明确规制使用电子邮件发送商业信息的任何法令、规章或者规则适用，除非这些法令、规章或者规定禁止商业电子邮件信息或其附带信息的任何一部分中的虚假或欺骗；

（2）（不具体指向电子邮件的州法）本法不应当理解为优先于不具体指向电子邮件的州法，包括侵占、合同和侵权的州法，以及其他关于欺诈行为或者计算机犯罪的州法的适用；

第 3 款（对网络接入服务提供商政策不产生影响）本法任何规定不应当理解为对根据其他任何法律条款，网络接入服务提供商采纳、贯彻或执行拒绝传播、发送、转发、处理或者存储某种类型的电子邮件信息的政策的合法性或非法性产生任何影响。

第 9 条（禁止发送电子邮件登记处）

第 1 款（一般规定）在不迟于本法生效之日起六个月内，委员会应当传给参议院贸易科学和交通委员会和众议院能源和贸易委员会一份报告，详尽地解释确立一个全国性的市场化的禁止发送电子邮件的登记处的计划和时间表，包括解释委员会对于该登记处的任何实践的和技术的安全、隐私、可行性或者其他隐忧，还包括解释该登记处将如何在案件关于电子邮件账号的儿童时适用。

第2款（授权实施）委员会可以确立和执行该计划，但是不早于本法生效之日起九个月。

第10条 （商业电子邮件效果研究）

第1款（一般规定）在不迟于本法生效之日起二十四个月内，委员会经商司法部和其他合适的机构，应当呈交报告给国会，提供本法条款效力和执行的详尽分析以及如果有的国会修改这些条款的需要。

第2款（要求的分析）委员会应当在第一款要求的报告中包括：

（1）技术和市场的发展，包括消费者获得其电子邮件信息的设备的本质的变化，可能影响本法条款可行性和效力的程度的分析；

（2）关于如何解决起源于、通过在其他国家的设备或者计算机发送的商业电子邮件的分析和推荐，包括联邦政府可以通过国际协商、论坛、组织或者惯例寻求的倡议和政策；

（3）关于预防包括儿童的消费者接收和浏览淫秽或色情的商业电子邮件的选择的分析和推荐。

第11条 （通过给违法信息提供奖赏改善执行；标签）

委员会应当传给参议院贸易科学和交通委员会和众议院能源和贸易委员会

（1）一份报告，在本法生效之日起九个月内，详尽地解释奖赏提供关于违反本法信息的人的制度。制度包括：

1. 委员会授予不少于源于违反本法的民事罚款总额百分之二十给确定违反本法的人并且提供导致委员会成功收到民事罚款的信息的第一个人的程序；

2. 向委员会提交关于违反本法的诉请负担最小化的程序，包括允许向委员会电子提交诉请的程序。

（2）一份报告，在本法生效之日起十八个月内，详尽地解释要求商业电子信息，通过遵守因特网工程任务部标准，在主题栏中使用"ADV"字符或者其他相当的标识符，从其主体栏中可被识别的一个计划，或者导致委员会反对该计划的委员会任何担忧的一个解释。

第 12 条（对于其他传播的限制）

1934 通信法第 227 条第二款第一项（合众国法典第 47 章第 227 条第二款第一项）在第一目之前、"合众国"之后加入"或者在该接收者在合众国之内时任何在合众国之外的人"而被修改。

第 13 条（规章）

第 1 款（一般规定）委员会可以发布规章以上述本法条款（不包括第 4 条、第 12 条所修正的条款）。任何这样的规章应当符合合众国法典第 5 章第 553 条。

第 2 款（限制）第一款不应当理解为授权委员会根据第 5 条第一款第五项第一目确定要求在商业电子邮件信息中包括任何具体的用语、字符或者标签，或者在该邮件信息的任何部分（如主题栏或正文）包括第 5 条第一款第五项第一目要求的识别。

第 14 条（对无线电的适用）

第 1 款（对其他法律的效力）本法任何规定不应当理解为排除或优先于 1934 通信法第 227 条（合众国法典第 47 章第 227 条）或者根据电话推销和消费者欺诈和滥用预防法第 3 条（合众国法典第 15 章第 6102 条）制定的规则的适用。

第 2 款（联邦通信委员会规则制定）联邦通信委员会，经商联邦贸易委员会，应当在二百起始日内颁布规则以防止消费者收到不需要的移动服务商业信息。联邦通信委员会在颁布规则时，应当符合第三款：

（1）提供商业移动服务用户，除非用户已经事先明白授权给发送者，避免获得移动服务商业信息的能力，除非第三款另有规定；

（2）允许移动服务商业信息获得者电子表明不再从该发送者接收未来移动服务商业信息的愿望；

（3）在确定是否使商业移动服务提供商受第一项约束时，考虑该服务提供商与其用户之间存在的关系，但是如果委员会认定该服务商应当受到第一项的约定，颁布的规则应当要求该提供商，除了遵守本法其他条款，允许用户，在订购该服务时或者在人任何开票机制中，表明不再从该发送者接收未来移动服务商业信息的愿望；

（4）确定应当服务商业信息发送者如何遵守本法条款，考虑独特的技术方面，包括接收该信息的设备的功能和特征的限制。

第3款（其他考虑的因素）联邦通信委员会应当考虑商业电子邮件信息发送者合理确定该信息是移动服务商业信息的能力。

第4款（定义移动服务商业信息）在本条中，"应当服务商业信息"是指直接发送给商业移动服务（正如该词在1934通信法第332条第四款（合众国法典第47章第332条）的定义）用户就该服务使用的无线设备的商业电子邮件信息。

第15条（可分性）

如果本法的任何条款或者其对于任何人或者情形的适用被认定为无效，本法其余部分条款及其对其他人、其他情形的适用不应当受到影响。

第16条（有效期）

本法条款，除了第9条，应当自2004年1月1日起施行。

美国儿童互联网保护法案①

第 1701 条　小标题

本法案的标题可称为"儿童互联网保护法案"。

第 1702 条　免责声明

（a）关于内容的免责

本法案的内容及修订部分不应当被解释为禁止当地教育机构、中小学或者图书馆不准将其拥有或运营的电脑连接到本法案或其修正部分覆盖内容以外的任何内容。

（b）关于隐私的免责

本法案及其修订部分不应当被解释为要求追踪任何可识别的未成年或成年用户的网络使用痕迹。

第 1703 条　技术保护措施的研究

（a）总原则

国家电信和信息管理局最晚应当在本法案实施后 18 个月内启动通知和评论程序，以：

（1）评估包括商业网络屏蔽和过滤软件在内的现有技术保护措施能否充分满足教育机构的需求；

（2）对如何促进能够满足这些需求的措施的发展提出建议，并且

（3）评估目前在社区投入后运行的本地网络安全政策的发展和效果。

---

① Children's Internet Protection Act（2000）

（b）定义

在本条中：

（1）技术保护措施

"技术保护措施"指的是一种对连接到以下视觉描述内容进行组织或过滤的特定技术：

（A）淫秽，该术语在《美国法典》第 18 条第 1460 节进行了界定；

（B）儿童色情，该术语在《美国法典》第 18 条第 2256 节进行了界定，或者，

（C）对未成年人有害。

（2）对未成年人有害

"对未成年人有害"这个术语意味着具有以下特征的任何图片、图像、图形图像文件或其他视觉描述内容：

（A）作为一个整体，能够引起未成年人对裸体、性别或排泄的好色的兴趣；

（B）以明显不适合未成年人的方式，描述、描绘或表现一种实际或模拟的性行为或性接触，或者实际或模拟的正常或不正常的性行为，或者一种下流的对生殖器的展示；以及

（C）作为一个整体，对未成年人而言缺乏严肃的文学、艺术、政治或科学价值。

（3）性行为；性接触

"性行为"和"性接触"的概念在《美国法典》第 18 条第 2246 节有具体的界定。

第 A 部分　教育机构电脑设备的联邦资助

第 1711 条　某些学校资金使用的限制

针对 1965 年《中小学教育法案》第三条（《美国法典》第 20 条第 6801 节及下列内容的规定），通过在其结尾部分增加下列内容进行修订：

第 F 部分　学校支取部分资金的限制

第 3601 节　学校支取部分资金的限制

（a）网络安全：

（1）总原则

在本法案中，所有依据《1934 年通讯法案》第 254（h）（5）节的条款，以及《儿童互联网保护法案》第 1721 节的规定，没有以折扣价格接受服务的当地中小学教育机构的资金都不得用来购买连接互联网的电脑，或支付连接网络的直接费用，除非这些学校、学校董事会、当地教育机构或对这些学校负有行政责任的其它权威机构可以同时满足以下两个条件：

（A）（ⅰ）已有对未成年人适用的网络安全政策，包括运行对其电脑网络连接的技术保护措施，以防止通过这些电脑接入到具有以下内容的视觉描绘：

（Ⅰ）淫秽；

（Ⅱ）儿童色情；或者

（Ⅲ）对未成年人有害；以及

（ⅱ）在未成年人使用这些电脑时运行这些技术保护措施；以及

（B）（ⅰ）已有网络安全政策，包括运行对其电脑网络连接的技术保护措施，以防止通过这些电脑接入到具有以下内容的视觉描绘：

（Ⅰ）淫秽；或者

（Ⅱ）儿童色情；以及

（ⅱ）在使用的任何电脑上运行这些技术保护措施。

（2）实施时间及适用

（A）总原则

对第（1）节提到的学校负有责任的当地教育机构，应当将确保这些学校符合第（1）节规定的要求作为根据本法案生效后下一个项目资金年及此后项目资金年申请程序的一个部分。

（B）过程

（ⅰ）已有网络安全政策和技术保护措施的学校。

第（1）节涉及的且已有符合该相关网络安全政策要求的学校，对其负责的当地教育机构应当确保其根据此法案在每个年度计划申请周期符合第（1）节的规定。

（ⅱ）没有网络安全政策和技术保护措施的学校。

对第（1）节涉及的但没有符合该相关网络安全政策要求的学校，对其负责的当地教育机构应当：

（Ⅰ）在本法案生效后当地教育机构为本法案的这些学校申请资金的第一个项目年，应当确保其采用包括必要的获取程序建立互联网安全政策等在内的措施，以满足要求；以及

（Ⅱ）在本法案生效后当地教育机构为本法案的这些学校申请资金的第二个项目年，应当确保这些学校符合此类规定。

第（1）节中由当地教育机构负责的学校如果在上述第二个项目年不符合规定，将没有申请第二个及以后项目年资金的资格，直到其达到规定标准。

（ⅲ）豁免

根据第（ⅱ）（Ⅱ）条款规定，当地教育机构不能做出本条款要求的其它认证的学校，如果州或地方的法规、规定或竞争性招标要求禁止本条要求的其它的认证时，可以寻求本条的豁免。地方教育机构应通知局长该条款对学校的适用性。这些通知应确保学校在本法案生效后的第三个项目年开始之前能够符合第（1）节的规定。

（3）特殊情形下的例外

对基于真正的研究或其它合法目的的网络接入，管理员、主管或第（1）节规定的负责机构授权的个人可以停用相关技术保护措施。

（4）不履行情形

（A）《一般教育条款法案》救济的适用

当局长有理由相信根据本法案接受资金的学校不能充分满足本法案要求的，可以：

（ⅱ）根据本法案暂停后续支付；

（ⅱ）以命令暂停或停止资金支付的方式，向其警示，以使其符合规定；或者

（ⅲ）与接收者签订履规协议，以使其符合规定。

授权局长根据《一般教育规定法案》第455、456、457部分在同样的情况下采取同样的措施（《美国法典》，第20节，1234d）。

（B）收回资金的禁止

第（A）小节授权的行为属于学校不能充分满足本节规定而采用的唯一补救措施，局长不应当因这些过失从资金接收者处收回资金。

（C）重新开始拨付

根据第（A）（ⅰ）的规定，被暂停资金拨付的接受者纠正了该错误的，局长（不论通过认证还是其它适当证据）应当根据本法案停止对资金接受者的暂停资金拨付。

（5）定义

在本条款中：

（A）计算机

"计算机"包括所有的硬件、软件或与软硬件相关的附属及连接技术，以及电脑内安装的或其他用于电脑连接的技术。

（B）可接入互联网

如果电脑装有调制解调器或可接入能够连接互联网的网络，则该电脑应当被视为可接入互联网。

（C）获取或运营

如果中小学接受的资金被以下列方式直接或间接的用于获取或运营计算机，则其应被视为接受了本法案规定的资金：

（ⅰ）用于购买、租用或以其它方式取得、获取电脑使用；或者

（ⅱ）用于获取服务、产品、软件或其它措施、材料以支持、连接电脑的运行。

（D）未成年人

"未成年人"是指不满17周岁的人。

（E）儿童色情

"儿童色情"的含义在《美国法典》第18条第2256节有界定。

（F）对未成年人有害

"有害于未成年人"是指具有以下特征的任何图片、图像、图形图像文件或其他视觉描述：

（ⅰ）作为一个整体，吸引未成年人对裸体、性别或排泄的好色的兴趣；

（ⅱ）描写、描述或描绘，公然违背了什么对未成年人才是恰当的，一种实际或模拟的性行为或性接触，实际或模拟的正常或不正常的性行为，或者一个淫荡的生殖器展览；和

（ⅲ）作为一个整体，对未成年人来说，极其缺乏文学、艺术、政治或科学价值。

（G）淫秽

"淫秽"这个术语在《美国法典》第18条第1460节进行了界定；

（H）性行为；性接触

"性行为"和"性接触"在《美国法典》第18条第2246节有具体的界定。

（b）生效日期

本节于《儿童互联网保护法案》实施的120天后生效。

（c）可分性

如果本节的某一条款失效，本节的其他条款并不因此受到影响。

第1712条 图书馆获取部分资金的限制

（a）修订

《博物馆和图书馆服务法案》（《美国法典》第20条9134（b））第224节进行了以下修订：

（1）在（b）部分；

（A）将第（6）段作为第（7）段；并且

（B）在第（5）段之后插入以下新段落"（6）确保各州遵守第（f）节；并且"；并且

（2）在最后增加以下新部分：

"（f）网络安全"

（1）总原则

根据第213（2）（A）或（B）部分规定的图书馆，或者根据1934年《通讯法案》第254（h）（6）部分以及《儿童互联网保护法案》第1721部分增加的规定没有以优惠价格获取服务的图书馆，其根据本法案获得的资金不得用于购买连接网络的电脑，或支付连接网络的直接费用，除非：

这类图书馆：

（ⅰ）已有对未成年人适用的网络安全政策，包括运行对其电脑网络连接的技术保护措施，以防止通过这些电脑接入到具有以下内容的视觉描绘：

（Ⅰ）淫秽；

（Ⅱ）儿童色情；或者

（Ⅲ）对未成年人有害；以及

（ⅱ）在未成年人使用这些电脑时运行这些技术保护措施；以及

（B）这类图书馆：

（ⅰ）已有网络安全政策，包括运行对其电脑网络连接的技术保护措施，以防止通过这些电脑接入到具有以下内容的视觉描绘：

（Ⅰ）淫秽；或者

（Ⅱ）儿童色情；以及

（ⅱ）在使用的任何电脑上运行这些技术保护措施。

（2）获取其它材料

本子法案的规定不得被解释为禁止图书馆限制网络连接或连接其它除第（1）段（A）（ⅰ）的（Ⅰ）（Ⅱ）和（Ⅲ）提到以外的其它材料。

（3）特殊情形下的例外

对基于真正的研究或其它合法目的的网络接入，管理员、主管或其他机构可以停用第（1）节规定的相关技术保护措施。

（4）执行的时机和适用

（A）总原则

对第（1）节提到的图书馆，应当将确保这些图书馆符合第（1）节规定的要求作为根据本子法案生效后下一个项目资金年及此后项目资金年申请程序的一个部分。

（B）过程

（ⅰ）已有网络安全政策和技术保护措施的图书馆。

第（1）节涉及的且已有符合该相关网络安全政策要求的图书馆，应当确保其根据此法案在每个年度计划申请周期符合第（1）节的规定。

（ⅱ）没有网络安全政策和技术保护措施的图书馆。

对第（1）节涉及的但没有符合该相关网络安全政策要求的图书馆：

（Ⅰ）在本子法案生效后的第一个项目年，根据本法案申请资金的图书馆应当确保其采用包括必要的获取程序建立互联网安全政策等在内的措施，以满足要求；以及

（Ⅱ）在本法案生效后的第二个项目年，根据本法案申请资金的图书馆应当确保这些图书馆符合此类规定。

第（1）节中的图书馆如果在上述第二个项目年不符合规定，将没有申请第二个及以后项目年资金的资格，直到其达到规定标准。

（ⅲ）豁免

根据第（ⅱ）（Ⅱ）条款规定，图书馆不能做出本条款要求的其它认证时，如果州或地方的法规、规定或竞争性招标要求禁止本条要求的其它的认证，可以寻求本条的豁免。图书馆应通知博物馆和图书馆服务机构的主管该条款对图书馆的适用性。这些通知应确保图书馆在本法案生效后的第三个项目年开始之前能够符合第（1）节的规定。

（5）不履行情形

（A）《一般教育条款法案》救济的适用

当博物馆和图书馆服务的主管有理由相信根据本法案接受资金的

图书馆不能充分满足本法案要求的，可以：

（ⅰ）根据本法案暂停后续支付；

（ⅱ）以命令暂停或停止资金支付的方式，向其警示，以使其符合规定；或者

（ⅲ）与接收者签订履规协议，以使其符合规定。

（B）收回资金的禁止

第（A）小节授权的行为属于图书馆不能充分满足本节规定而采用的唯一补救措施，主管不应当因这些过失从资金接收者处收回资金。

（C）重新开始拨付

根据第（A）（ⅰ）的规定，被暂停资金拨付的接受者纠正了该错误的，主管（不论通过认证还是其它适当证据）应当根据本法案停止对资金接受者的暂停资金拨付。

（6）可分性

如果本子法案的某一条款失效，本子法案的其他条款并不因此受到影响。

（7）定义

本法案中：

（A）儿童色情

"儿童色情"的含义在《美国法典》第18条第2256节有界定。

（B）对未成年人有害

"有害于未成年人"是指具有以下特征的任何图片、图像、图形图像文件或其他视觉描述：

（ⅰ）作为一个整体，吸引未成年人对裸体、性别或排泄的好色的兴趣；

（ⅱ）描写、描述或描绘，公然违背了什么对未成年人才是恰当的，一种实际或模拟的性行为或性接触，实际或模拟的正常或不正常的性行为，或者一个淫荡的生殖器展览；和

（ⅲ）作为一个整体，对未成年人来说，极其缺乏文学、艺术、

政治或科学价值。

（C）未成年人

"未成年人"是指不满 17 周岁的人。

（D）淫秽

"淫秽"这个术语在《美国法典》第 18 条第 1460 节进行了界定。

（E）性行为；性接触

"性行为"和"性接触"在《美国法典》第 18 条第 2246 节有具体的界定。

（b）生效日期

根据本法案作出的修订在本法案制定后的第 120 天生效。

第 B 部分　普遍服务优惠

第 1721 条　学校和图书馆对网络连接的技术保护措施执行互联网安全政策的要求是普遍服务优惠的条件

（a）学校

《1934 年通讯法案》第 254（h）部分（《美国法典》第 47 条 254（h））进行了以下修订：

（1）将第（5）段作为第（7）段；并且

（2）在第（4）段之后插入以下新的第（5）段：

（3）对拥有互联网连接的电脑的学校的要求

（A）互联网安全

（ⅰ）总原则

除了第（ⅱ）款提到的情形以外，有网络连接电脑的中小学根据（1）（B）部分不享受优惠服务，除非学校、学校董事会、当地教育机构或其它对学校负有管理责任的权威机构，

（Ⅰ）将（B）和（C）部分涉及的认证提交给委员会；

（Ⅱ）将学校根据（Ⅰ）部分已经采用和执行的网络安全政策的认证提交给委员会；并

（Ⅲ）确保根据认证使用电脑。

（ⅱ）适用性

第（ⅰ）款的禁止行为不适用于根据第（1）（B）部分接受优惠服务的学校，仅为了除提供互联网接入、互联网服务或互联网连接以外的目的。

（ⅲ）公告；听证

第（ⅰ）款界定的中小学或学校董事会、当地教育机构或其它对学校负有管理责任的权威机构，应当提供合理的公告，并举办至少1日的公开听证或会议来转达提议的网络安全政策。除1965年《中小学教育法案》（《美国法典》第20条8801）界定的中小学之外，本条款要求的公告和听证会可以限于与学校有关系的公众。

（B）与未成年人有关的认证

本段所提的认证是指学校、学校董事会、当地教育机构或其它对学校负有管理责任的权威机构作出的认证。

（ⅰ）对未成年人执行网络安全政策，包括监视未成年人在线活动和在任何可以连接网络的电脑上运行技术保护措施，以防止通过这些电脑访问以下视觉描绘：

（Ⅰ）淫秽；

（Ⅱ）儿童色情；或者

（Ⅲ）对未成年人有害；并且

（ⅱ）在未成年人使用的任何电脑上运行这些技术保护措施。

（C）与成年人有关的认证

本段所提的认证是指学校、学校董事会、当地教育机构或其它对学校负有管理责任的权威机构作出的认证。

（ⅰ）执行网络安全政策，包括在连接网络的任何电脑上运行技术保护措施，以防止通过这些电脑访问以下视觉描绘：

（Ⅰ）淫秽；或者

（Ⅱ）儿童色情；并且

（ⅱ）在任何一台电脑上运行这些技术保护措施。

（D）成人使用的失效

管理员、主管或根据第（A）（ⅰ）节认证权威机构授权的个人在成人使用过程中，为确保真正的研究或其它合法目的，可以使相关技术保护措施失效。

（E）执行时间

（ⅰ）总原则

依照第（ⅱ）条款，本法案提到的任何学校根据《儿童网络保护法案》第 1721（h）部分的生效日期，应根据第（B）和（C）部分作出确认：

（Ⅰ）本法案生效日后的第一个项目资金年，在此项目资金年开始时不迟于 120 日；并且

（Ⅱ）关于此后的项目资金年，作为这些项目资金年申请程序的一部分。

（ⅱ）过程

（Ⅰ）已有网络安全政策和技术保护措施的学校。

第（ⅰ）条款提到的已有网络安全政策和技术保护措施来满足第（B）（C）部分对认证所要求的必备条件的学校，应当确保在每个项目申请周期与（B）和（C）部分的合规性，除了根据《儿童互联网保护法案》第 1721（h）部分在生效日后的第一个项目资金年，认证需要在此第一个项目资金年开始后的不迟于 120 天内进行。

（Ⅱ）没有网络安全政策和技术保护措施的学校。

第（ⅰ）条款提到的没有适当的网络安全政策和技术保护措施来满足第（B）（C）部分对认证所要求的必备条件的学校，

（aa）本部分关于资金申请之规定生效后的第一个项目年，应采取包括任何必要的采购程序这样的措施，来确立适当的互联网安全政策和技术保护措施以满足第（B）、（C）部分规定的认证的必备条件；和

（bb）本部分关于资金申请之规定生效后的第二个项目年，应确保符合第（B）、（C）部分的合规性。

在第二个项目年不能满足这些规定条件的任何学校，在第二年以

及此后的项目年不符合优惠服务或者以这种价格享受资金，直到这些学校符合本法案的规定。

（Ⅲ）豁免

不能在第二年符合第（B）、（C）部分规定的学校，可以寻求第（Ⅱ）（bb）部分的豁免，如果各州或地方的法规、规定或竞争性招标要求，禁止本条要求的另外认证。学校、学校董事会、当地教育机构或其它对学校负有管理责任的权威机构应当通知委员会这些条款对学校的适用性。该通知将证明出现问题的学校将在学校申请资金生效后的第三个项目年开始时符合规定。

（F）违规

（ⅰ）未能提交认证

故意未遵从本法案要求的与提交年度认证有关的申请指导，将不享受优惠服务或者以这种价格享受资金。

（ⅱ）未能遵从认证

故意未能确保电脑的使用符合第（B）、（C）部分的认证，将偿还一些根据这种认证期间收到的资金和折扣。

（ⅲ）违规行为的补救

（Ⅰ）未能提交

未能根据第（ⅰ）款提交认证的学校，可以通过提交认证来补救这个过失。这种认证一旦提交，学校应当有资格根据本法案享受优惠服务。

（Ⅱ）未能遵守

未能遵守根据（ⅱ）提到的认证的学校，可以通过确保使用电脑符合此认证来补救此过失。一旦向委员会提交认证或这种补救措施的其它适当证据，学校应当有资格享受本法案规定的优惠服务。

（b）图书馆

第254（h）部分在第（5）部分后增加了内容进行进一步修改，本部分通过对（a）部分增加以下内容进行修改：

一些拥有连接互联网的电脑的图书馆的必备条件。

（A）互联网安全

（i）总原则

除了在（i）款提到的，有至少一台电脑可以连接互联网的图书馆可以不根据（1）（B）接受以下优惠服务，除非图书馆

（I）向委员会提交（B）、（C）部分提到的认证；和

（II）向委员会提交根据（I）规定已采用、执行的互联网安全政策的认证；和

（III）确保电脑的使用符合认证的规定。

（ii）适用性

第（i）款的禁止行为不适用于根据第（1）（B）部分接受优惠服务的图书馆，仅为了提供互联网接入、互联网服务或互联网连接以外的目的。

（iii）公告；听证

第（i）款界定的图书馆应当提供合理的公告，并举办至少1日的公开听证或会议来传达提议的网络安全政策。

（B）与未成年人有关的认证

根据本法案，与图书馆有关的认证是：

（i）执行互联网安全政策，包括运行电脑网络连接的技术保护措施，以防止通过这些电脑连接到以下视觉描绘：

（I）淫秽；

（II）儿童色情；或

（III）有害于未成年人；和

（ii）在未成年人使用的任何电脑上运行这些技术保护措施。

（C）与成年人有关的认证

根据本法案，与图书馆有关的认证是：

（i）执行互联网安全政策，包括运行电脑网络连接的技术保护措施，以防止通过这些电脑连接到以下视觉描绘：

（I）淫秽；或

（II）儿童色情；和

（ii）在使用的任何电脑上运行这些技术保护措施。

（D）成人使用的失效

管理员、主管或根据第（A）（i）节认证权威机构授权的个人在成人使用过程中，可以使相关技术保护措施失效，以确保真正的研究或其它合法目的。

（E）执行时间

（i）总原则

遵照第（ii）条款，本法案提到的任何图书馆根据《儿童互联网保护法案》第 1721（h）部分的生效日期，应根据第（B）和（C）部分作出确认：

（I）本法案生效后的第一个项目资金年，在此项目资金年开始时不迟于 120 日；和

（II）关于此后的项目资金年，作为这些项目资金年申请程序的一部分。

（ii）过程

（I）有互联网安全政策和适当技术保护措施的图书馆

对第（1）节提到的有适当互联网安全政策以满足第（1）节要求的学校负有责任的当地教育机构，应当保证其根据此法案在每个年度计划应用周期合乎第（1）节规定。

（II）没有互联网安全政策和适当技术保护措施的图书馆

第（i）条款提到的没有适当的网络安全政策和技术保护措施来满足第（B）、（C）部分对认证所要求的必备条件的图书馆，应当确保在每个项目申请周期符合（B）和（C）部分的规定，除了根据儿童互联网保护法案第 1721（h）部分在生效后的第一个项目资金年，认证需要在此第一个项目资金年开始后的不迟于 120 天内进行。

（aa）本部分关于资金申请之规定生效后的第一个项目年，应采取包括任何必要的采购程序这样的措施，来确立适当的互联网安全政策和技术保护措施以满足第（B）、（C）部分规定的认证的必备条件；和

（bb）本部分关于资金规定之内容生效后的第二个项目年，应确保符合第（B）、（C）部分的规定。

在第二个项目年不能满足这些规定条件的任何图书馆，在第二年以及此后的项目年不符合优惠服务或者以这种价格享受资金，直到这些图书馆符合本法案的规定。

（Ⅲ）豁免

不能在第二年符合第（B）、（C）部分规定的图书馆，可以寻求第（Ⅱ）（bb）部分的豁免，如果各州或地方的法规、规定或竞争性招标要求，禁止本条要求的另外认证。图书馆、图书馆董事会或其它对学校负有管理责任的权威机构应当通知委员会这些条款对图书馆的适用性。该通知将确保出问题的图书馆将在申请资金之内容生效后的第三个项目年开始时符合规定。

（F）违规

（ⅰ）未能提交认证

故意未遵从本法案要求的与提交年度认证相关的申请指导的图书馆，将不享受优惠服务或者以这种价格享受资金。

（ⅱ）未能遵从认证

故意未能确保电脑的使用符合第（B）、（C）部分认证的图书馆，将偿还一些根据这种认证期间收到的资金和折扣。

（ⅲ）违规行为的补救

（Ⅰ）未能提交

未能根据第（ⅰ）款提交认证的图书馆可以通过提交认证来补救这个过失。这种认证一旦提交，图书馆应当有资格根据本法案享受优惠服务。

（Ⅱ）未能遵守

未能遵守根据（ⅱ）提到的认证的图书馆，可以通过确保使用电脑符合此认证来补救此过失。一旦向委员会提交认证或这种补救措施的其它适当证据，图书馆应当有资格享受本法案规定的优惠服务。

（c）定义

本法案第（7）段的内容由（a）（1）部分重新界定，在其后增加了以下内容进行修订：

（A）未成年人

"未成年人"指的是17岁以下的人。

（B）淫秽

"淫秽"一词在《美国法典》第18条第1460节进行了界定；

（C）儿童色情

"儿童色情"一词根据《美国法典》第18条第2256节进行了界定。

（D）有害于未成年人

这个术语意味着具有以下这些特征的任何图片、图像、图形图像文件或其他视觉描述：

（ⅰ）作为一个整体，吸引未成年人对裸体、性别或排泄的好色的兴趣；

（ⅱ）描写、描述或描绘，公然违背了什么对未成年人才是恰当的，一种实际或模拟的性行为或性接触，实际或模拟的正常或不正常的性行为，或者一个淫荡的生殖器展览；和

（ⅲ）作为一个整体，对未成年人来说，极其缺乏文学、艺术、政治或科学价值。

（E）性行为；性接触

"性行为"和"性接触"的术语在《美国法典》第18条第2246节有具体的界定。

（F）技术保护措施

"技术保护措施"是限制或过滤网络连接到根据第（5）或（6）段认证包括的材料的一种具体技术。

（d）一致性修订

本法案第（4）段通过突出第（5）（A）、增加第（7）（A）进行修订。

（e）可分性

如果本法案修订的 1934 年《通讯法案》第 254（h）部分的第（5）或（6）条或其中对一些人或情形的适用被认为是无效的，本段的其它部分以及对其他人或其它情形不因此而受到影响。

（f）法规

（1）要求

联邦通讯委员会应制定法规，以管理本法案修订的 1934 年《通讯法案》第 254（h）部分第（5）、（6）段规定的内容。

（2）最后期限

尽管有法律的其它规定，通讯委员会应根据第（1）段制定规章，以确保这些规章在本法案制定后的 120 内生效。

（g）获取技术保护措施资金的可用性

（1）总原则

尽管有法律的其它规定，根据 1965 年《初等中等教育法案》第 3134 部分或第六部分的 A 部分，或者图书馆服务和技术法案第 231 部分的规定获得的资金，可以用来购买或获取满足本法案和本法案修订部分之要求所必需的技术保护措施。本法案或本法案修订的内容没有授权其他来源用于购买或获取这些技术保护措施的资金。

（2）定义的技术保护措施

本法案中，"技术保护措施"的术语在 1703 部分有所定义。

（h）生效日期

本法案修订的内容在本法案实施之日起 120 日内生效。

第 C 部分　社区儿童的互联网保护

第 1731 条　小标题

本部分可以称作《社区儿童互联网保护法案》。

第 1732 条　必需的互联网安全政策

1934 年通讯法案第 254 部分在最后增加了以下内容进行修订：

（a）学校和图书馆的互联网安全政策要求

（1）一般原则

根据（h）部分履行职责时，该部分适用的每个学校或图书馆都应当

（A）采用和实施互联网安全政策，且强调以下内容：

（ⅰ）未成年人接触互联网和万维网上的不适当内容；

（ⅱ）未成年使用电子邮件、聊天室和其它形式的直接电子通讯的安全和保障；

（ⅲ）未经授权的访问，包括所谓的"黑客"以及未成年人非法的其它在线活动；

（ⅳ）未授权披露、使用和传播未成年人的个人身份信息；和

（ⅴ）限制对未成年人访问对其有害的内容的措施；和

（B）提供合理的公告，并举办至少1日的公开听证或会议来转达提议的网络安全政策。

（2）内容确定的本土化

什么是对未成年人是不适当的决定应当由学校董事会、当地教育机构、图书馆或其它对此决定承担责任的权威机构做出。美国的机构或部门不能

（A）确立此决定的制定标准；

（B）审查由认证的学校、学校董事会、当地教育机构、图书馆或其它权威机构制定的标准；或

（C）考虑由认证的学校、学校董事会、当地教育机构、图书馆或其它根据本法案第（h）的管理机构使用的标准。

（3）可用性审查

经委员会请求，委员会为了审查互联网安全政策，根据本法案可采用的学校、学校董事会、当地教育机构、图书馆或其它对采用这些互联网安全政策负责的权威机构的每个互联网安全政策应当可以被委员会获得。

（4）生效日期

本法案对学校和图书馆在儿童互联网保护法案制定后的第120天

或之后生效。

第 1733 条　实施条例

为实现本法案第 1732 部分增加的 1934 年通讯法案第 254（1）的目的，本法案制定后不迟于 120 日，联邦通讯委员会应当制定条例。

第 D 部分　快速审查

第 1741 条　快速审查

（a）三名法官组成的区域法庭的审理

除非法律另有规定，任何表面上针对本法案或本法案修改部分或其中的其它规定的合宪性的民事诉讼，应当由 3 名法官组成的区域法庭依照《美国法典》第 28 部分第 2284 节的规定进行审理。

（b）上诉审查

除非法律另有规定，对于由 3 名法官根据本法案第（a）部分或本法案修订的内容，或其中的其它规定作出的中间或最终判决、法令或命令，当事人有权直接向最高法院上诉，进行违宪审查。这些上诉应当在这些判决、裁定或命令作出后不多于 20 天的期限内提起。

巴西软件知识产权保护法①

共和国总统声明：

根据国民议会的授权，我批准以下法律。

第一章　基础条款

第1条

软件是包含在任何物理载体中的，基于数字技术或模拟技术的，能够根据其设计目的和运行方式，自动处理或操作数据、设备、工具或外围设备的，一系列有组织的自然语言或代码语言指令的集合。

第二章　版权和注册的保护

第2条

根据本法以下的规定，软件知识产权的保护适用于巴西关于文学作品和版权的保护法律。

（1）除软件作者的请求对软件原创作者确定的情形和软件作者对未授权的对软件进行更改导致软件产生缺陷或功能毁坏，或者其他危害软件作者的荣誉和名誉的修正提出反对的情形之外，道德权利相关的条款不适用软件知识产权的保护。

---

① Law on Protection of Intellectual Property of Software, its Commercialization in the Country, and Other Provisions（1998）

（2）软件版权的保护期限为 50 年，当无法确定软件发表的确切日期的，以软件发表的当年的 1 月 1 日起算。

（3）软件版权的保护不仅限定于注册。

（4）本法对于软件的保护，对于对居住在巴西境外提供软件原始许可的外国公民和在居住在巴西境内的外国公民，具有同等的权利。

（5）本法和巴西版权及邻接权法律所设定的权利，包括排他性的授权、禁止和租赁权利，上述权利不随着出售软件、许可或者任何其他转移软件复制件的行为而消灭。

（6）本法第 2 条第 5 款的规定不适用于软件的（排他性的授权、禁止和租赁权利）本身就是租赁的基本内容的情况。

第 3 条

计算机软件，在巴西科学与技术部的政策规定下，可以基于计算机软件所有者的利益选择，向根据行政机关的法案设立的机构或组织注册。

（1）根据本条的规定提出的注册申请至少应当包括以下信息

I. 能够证明软件作者和软件所有者是由不同的个体，无论是公司个体还是自然人个体；

II. 计算机软件的创新性和功能性说明；

III. 能够有效识别申请软件和判断申请软件独创性的部分软件和其他资料，上述材料由第三方机构和政府机构保管。

（2）本法第 3 条第 1 款第 III 项提及的资料应当是保密的和非公开的，除非是基于法庭命令或软件所有权者的指示。

第 4 条

除非另有合同约定，雇主、服务发包商或者公共机构，对软件拥有全部权利，而排除相关人员对软件的所有权。所谓相关人员是指基于协定参与研发和编写软件过程的人员或者根据法律义务为特定目的而研究和研发软件的人员，或者研发和编写软件是源于本职工作的雇员、服务承包商或者服务人员。

（1）除非另有合同约定，研发和编写软件的工作和服务，应当限定为实现约定的报酬或工资。

（2）在雇佣合同、服务承包合同或者法律义务中未涉及软件开发的内容，并且软件开发没有利用雇主、服务发包商、公共机构的资源、技术信息、贸易和商业秘密、材料的情况下，雇佣人员、服务承包商、服务人员应当拥有软件的全部权利。

（3）本法中的规定适用于软件程序开发人员属于奖学金学生、实习生或者其他类似情况的人员。

第5条

软件所有权人对软件程序的派生权利授权给被授权人后，包括对软件进行经济性利用在内的权利，应当属于被授权人，除非另有规定。

第6条

下列情形不属于对于软件所有权人的侵权：

（1）当软件复制件可以用于备份时，基于备份或电子存储目的，对于合法购买的软件进行的单独一次的复制行为。

（2）当软件权利所有人可以被充分地确定的时候，出于教学的目的，部分地应用软件程序的内容。

（3）当软件的应用功能特性符合研发规律和技术规范，或者软件研发运用了同现有软件不同的其他方式时，研发同现有的软件具有相似性的软件。

（4）基于软件使用者的技术运用需要，在保持软件的关键特性的基础上，软件的专用人将软件同其他应用或者操作系统整合在一起。

第三章 软件程序用户的保障

第7条

软件的许可协议、纳税文件、软件的物理载体或者独立的包装所应当注明的软件商业使用期限，都应当便于用户阅读。

第 8 条

在巴西境内，所有将软件程序用于商业目的的个体，无论其是否是软件的所有权人或者是否有权利用软件进行商业行为，都具有义务在根据软件的不同版本所确定的使用期限内，保证软件的每一个用户能获得足够的技术服务来根据软件的特性合理的使用软件程序。

单独条款。上述义务适用于软件程序在商业流通期间，对于因为软件遭受任何损害的第三方的公平赔偿。

第四章　使用许可协议、商业化和技术转让

第 9 条

在巴西境内软件程序的使用应当是许可协议的内容。

单独条款。在许可协议中不存在软件程序的使用条款时，同购买软件相关的税收文件或者许可文件的复印件应当被用作法律上的证据。

第 10 条

所有同域外软件程序许可协议相关的行为和协定，都应当在遵守巴西纳税和费用规定的基础上，建立关于各自的付款协议并规定在域外定居或域外国籍的软件程序权利所有人的报酬。

（1）下列条款属于无效条款

I. 限制软件程序生产、销售或商业化，违反相关法律规定的条款。

II. 免除任何缔约方因软件程序的滥用、缺陷、后者违反版权法的行为造成的第三方损害的责任的免责条款。

（2）用外币支付上述报酬的汇款人，应当持有相应的汇款账户 5 年以上，所有的账户文件应当作为报酬法律性质和报酬符合本法规定的证明。

第 11 条

在对软件程序进行技术转让的情形下，在该技术转让协议对任何其他第三方产生法律效果之前，国家工业产权中心应当对技术转让双方的协议进行登记。

单独条款

本法所规定的软件程序技术转让登记，软件程序技术转让方必须向被转让方提供完整的技术材料文件，特别是软件程序的注释源代码，软件程序描述备忘录，内部功能规范、图表、流程图和其他吸收该软件程序所需的技术资料。

第五章　违规与责任

第 12 条

侵犯软件程序作者权利的，处以 6 个月至 2 年的有期徒刑或者罚金。

（1）基于商业目的，没有软件程序作者或软件程序作者代理人明确的授权，非法复制或部分复制软件程序的，处 1 年至 4 年有期徒刑并处罚金。

（2）前款规定也适用于基于商业目的，销售、为销售储存、介绍销售、获取、隐藏或储藏任何非法生产的软件程序的原件或复制品的行为。

（3）在出现本条中规定的犯罪行为时，采取适当的行动应当要求投诉的存在，但下列情形除外：

I. 当犯罪行为侵害了公共实体、政府机构、国家股份有限公司、混合所有制公司或者政府机构授权的基金时；

II. 当犯罪行为引发了逃税、税收损失或者任何违反税收法规或者消费法规的情形。

（4）在本法第 12 条第（3）款第 II 项的情形下，对于任何税收、社会费用和相关费用的征收不需要投诉的存在。

第 13 条

在侵犯软件程序著作权的情形下，在进行刑事诉讼和初步的侦查和扣押之前应当先对侵权复制品进行检查，法官可以下令扣押违反著作权法生产的软件程序复制品或者用于商业化的软件程序，包括拥有违反版权法销售、储存、复制和商业化的各种版本的软件程序。

第 14 条

无论在侵犯软件程序著作权刑事诉讼的哪个阶段，受损方都可以提出请求防止侵权者实施犯罪行为，违者将被处以罚金。

（1）本条上述的请求可以同对侵犯软件程序行为造成的损失和破坏赔偿请求共同提出。

（2）无论采用何种临时救济手段，法官可以批准一个禁止救济来禁止侵权者实施本法案所禁止的行为。

（3）在民事诉讼中，搜查和扣押的临时救济应当符合本法案的相关规定。

（4）如果任何被视为机密的信息被带到法庭，为了保护任何一方的利益，法官可以命令诉讼秘密进行，上述机密信息禁止任何第三方基于任何目的加以利用。

（5）任何人基于本法第 12 条、13 条、14 条请求采取救济措施，如果存在欺诈、恶意竞争、无正当理由或者严重错误应当根据民事诉讼法典第 16 条、第 17 条、第 18 条对于造成的损失和破坏承担责任。

第六章　附则

第 15 条

本法自颁布之日起生效。

第 16 条

自本法生效之日起，1987 年 11 月 18 日的 7646 号法案失效。

巴西利亚，1988 年 2 月 16 日，我们独立 117 周年和共和国诞生 110 周年。

大洋洲篇

新西兰电信（拦截和安全）法案①

新西兰议会颁布如下

第1条 标题

本法是《电信（拦截和安全）法案2013》

第2条 生效

（1）第1部分，第2部分的第4小部分和第4部分的第1、2、7、8小部分正式生效日期是该法案得到御准之日起3个月后。

（2）本法案其余部分的生效日期是该法案得到御准之日起6个月之后。

第一部分 初步规定

第3条 解释

在本法中，除了文义另有所指外，年度更新是指根据第69条进行的更新。

申请人是指根据第61条的规定申请登记的人。

被授权人是指被授权执行或协助执行拦截命令或行使其他合法的拦截授权。

关于电信的呼叫相关数据，

（a）是指信息

---

① Telecommunications (Interception Capability and Security) Act (2013) （i）该信息的产生是电信建设的结果（不论通信是否发送或接收成功）；和

（ii）信息标志着通信的起点、方向、目的地或终点；和

（b）包括，没有限制，下列信息：

（i）从电信发出的号码；

（ii）电信发送到的号码；

（iii）如果电信从一个号码转移到另一个号码，这些号码；

（iv）电信发送的时间；

（v）电信的持续时间；

（vi）如果通信是由移动电话产生的，在该通信首次进入网络的点；但是

（c）并不包括通信的内容。

首席执行官是指担任首席执行官职位的人，不论名称如何，或者是行使基本相同职能的人。

机密信息是指信息是——

（a）第102（2）条第（a）至（c）款规定的类型；和

（b）信息的披露可以导致第102（3）条第（a）至（d）款规定的任何事情。

遵从命令是指由高等法院根据第92条作出的命令.

顾客是指接受网络运营商提供的服务的人，以及与网络运营商有账户或结算关系的人。

指定人员是指根据72条的规定获得委任的人。

处长的含义与2003年《政府通讯安全局法案》第4条规定的含义相同。

文件，规定在第4部分的第4小部分，是指网络运营商所有或在其控制之下的文件（2006年《证据法》第4（1）条界定的含义）。

终端用户，与电信服务有关，是指该服务或者其他依赖于该服务的服务的最终接受者。

设备，规定在本部分和第2、第3部分，意味着包括硬件和软件。

全面拦截能力是指第 10 条规定的拦截电信的能力。

信息，规定在第 4 部分第 4 小部分，是指网络运营商所有或控制的信息。

基础设施服务是指提供了电信传输（例如，光缆）的物理介质的任何服务，但是不包括生成、传输或接收电信信号的设施或设备。

情报和安全机构是指：

（a）新西兰安全情报局；或者

（b）政府通讯安全局。

有关私人通信的拦截，包括倾听、听取、记录、监测、获取或接收通信——

（a）这些行为通过电信网络进行；或者

（b）其在电信网络上传输。

访问拦截，就某网络或服务而言，是指第 12 条所描述的功能。

拦截准备，就某网络或服务而言，是指第 11 条所描述的功能。

拦截通讯命令是指根据以下成文法发出的命令：

（a）2012 年《搜索和监视法》第 53 条：

（b）1969 年《新西兰安全情报局法》第 4A（1）或（2）条：

（c）2003 年《政府通讯安全局法》第 15A（1）条第 1 款。

执法部门是指——

（a）新西兰警察；或者

（b）2012 年《搜索与监视法》第 50 条所规定的执法机构，经议会命令根据该条使用拦截装置。

部长是指王室大臣，根据命令或总理的授权，暂时负责这一法案的管理。

通信或信息技术部长是指王室大臣，根据命令或总理的授权，暂时负责通信信息技术。

对政府通讯安全局负责的部长是指根据命令或总理的授权，暂时负责管理根据 2003 年《政府通讯安全局法案》设立的国家部门的部长。

贸易部长是指王室大臣，根据命令或总理的授权，暂时负责贸易。

新西兰的国家安全，包括其经济的繁荣。

网络运营中心是指某组织或网络的任何部分负责控制公共电信网络的操作、性能或安全（不论其任何业务是否是外包的）。

网络运营商是指——

（a）拥有、控制或经营公共电信网络的人；或者

（b）一个为他人提供电信服务的人（不论是通过批发或零售）。

网络安全风险是指从下列事项中产生的任何实际或潜在的安全风险——

（a）对公共通讯网络的设计、建造或操作；或者（b）任何连接到或在新西兰通讯网络之间进行的互联，或者与海外通讯网络之间进行的互联。

号码——

（a）是指由网络运营商或电信服务者使用的地址，为了以下目的——

（i）指导通信到达其预期目的地；并且

（ii）识别通信的来源；并且

（b）包括，但不限于下列事项：

（i）一个电话号码：

（ii）一个移动电话号码；

（iii）对于电信设备的唯一识别符号（例如，电子序列号或者一个媒体访问控制地址）；

（iv）一个用户账户标识符；

（v）一个互联网协议地址；

（vi）一个电子邮件地址。

其他合法拦截权限——

（a）是指根据该法第15A条第1款第2项的授权访问信息基础设施的权限（在2003年《政府通讯安全局法案》所界定的范围内）；和

（b）包括拦截私人通讯的权限（无论是在紧急情况下或其他情况），该权力是根据其他成文法授权给监督机构的任何成员。

外包协议是指在新西兰境内网络运营商和他人（除了监督机构）之间达成的协议（不论是以合同或其他方式），使共享服务满足本法的拦截功能需求的目的。

公共数据网络——

（a）是指全部或部分由公众使用的数据网络，或者打算使用的数据网络；和

（b）包括，但不限于以下设备：

（i）上网；和

（ii）电子邮件访问。

公共交换电话网络是指为了实现在电信设备之间提供通讯，全部或部分由公众使用或打算由公众使用的拨号电话网络。

公共电信网络是指——

（a）公共交换电话网；和

（b）公共数据网。

完全转售电信服务是指任何服务——

（a）提供给网络运营商（A）；

（b）（A）转售、供应或提供给他人而不对该服务进行任何技术性修改。

登记册是指网络运营商根据第 63 条设立的登记册。

注册官是指根据第 73 条指定的网络运营商注册官。

负责部长是指——

（a）负责新西兰安全情报局的部长；和

（b）负责政府通讯安全局的部长；和

（c）警察局局长。

安全风险是指新西兰国家安全的任何实际或潜在的风险。

服务提供商——

（a）是指任何人从新西兰境内或境外，在新西兰为终端用户提供

电信服务（不论是否是作为商业经营部分提供并且不管是否是商业经营的性质）；但是

（b）并不包括网络运营商。

重大的网络安全风险是指对于新西兰国家安全来说是重大的网络安全风险。

监督机构是指——

（a）执法机构；或者

（b）情报和安全机构。

电信设备——

（a）是指任何可以用来在网络上接收或发送通信的终端设备；和

（b）包括电话装置。

大规模网络服务是指一种服务，并非基础设施服务或完全转售电信服务，而是——

（a）由网络运营商（网络运营商A）提供，提供给一或多个其他网络运营商；和

（b）排他性地在由网络运营商A拥有、控制或操作的一或多个网络中提供。

（2）在本法中，除非文义另有所指，网络、电信、电信链接、电信服务以及电话设备的意思是2001年《电信法》第5条所赋予的含义。

第4条 本法对王室具有约束力

本法对王室具有约束力。

第5条 本法有关拦截能力的宗旨

本法有关拦截能力的宗旨是——

（a）确保监督机构能够根据拦截命令或者其他合法的拦截授权有效地对通信进行的拦截；和

（b）确保监督机构在进行通信拦截获取帮助时，不对引进新的或创新电信技术产生障碍；和

（c）确保网络运营商和服务提供商适当为了自己的目的自由选择

系统的设计功能和规格。

第6条　有关拦截能力的原则

根据本法行使与拦截能力有关的权力或者履行职责的人，必须遵守以下原则，如果这些原则与这些权力或职责有关：

（a）通信隐私不受拦截命令或其他合法的拦截授权的限制的原则，该原则必须保持在法律规定的范围内。

（b）根据拦截命令或者其他合法的拦截授权进行的通信拦截不得过分干扰任何通信的原则。

第7条　本法有关网络安全的宗旨

本法有关网络安全的宗旨是防止、充分缓解、或消除所产生的安全隐患——

（a）对公共通讯网络的设计、建造或操作；或者

（b）任何连接到或在新西兰通讯网络之间进行的互联，或者与海外通讯网络之间进行的互联。

第8条　有关网络安全的原则

（1）下列原则必须在切实可行的范围内，适用于董事和每一有关网络安全风险的网络运营商：

（a）如果实施一个拟议的决定、行动方针或者更改可能产生的网络安全风险应查明并尽早解决的原则；

（b）处长和各网络运营商应当紧密合作的原则，并就第一款的原则相互合作。

（2）处长应当遵守以下原则，即处长为了行使根据第3部分规定的职能或权力而要求的任何决定或措施，在没有条例可以适用的前提下，应当尽快作出或实施。

（3）对政府安全通讯局负责的部长在做出根据第3部分规定的有关网络安全风险的任何决定或行使该有关职能或权力时，必须考虑第4款的原则。

（4）作出决定或行使职能或权力应当与网络安全风险相当的原则。

（5）就第 4 款，决定或行使职能或权力与网络安全风险相当是在部长满足下列条件之下，即对网络运营商、顾客或终端用户的费用征收没有超出防止、充分缓解或消除网络安全风险的合理需要的范围。

第二部分　拦截能力的责任

第一节　具有充分拦截能力的义务

第 9 条　网络运营商必须确保公共电信网络和电信服务具有充分的拦截能力

（1）网络运营商必须确保运营商拥有、控制或操作的每一公共电信网络和运营商在新西兰提供的每一电信服务具有充分的拦截能力。

（2）然而，第 1 款——

（a）不要求网络运营商确保第 1 款提到的公共电信网络或电信服务的所有组成部分具有充分的拦截能力；和

（b）第 1 款应当被充分遵守，无论以何种网络运营商认为适当的方式，网络运营商应当确保该网络或服务至少有一部分具有充分的拦截能力。

（3）在不限制第 1 款的情况，该款规定的具有充分拦截能力的义务包括下列义务，即确保拦截能力的开发、安装和维护的义务。

第 10 条　应当遵守的具有充分拦截能力的义务时间

（1）公共电信网络或电信服务具有充分的拦截能力，如果每一根据拦截命令或其他合法拦截授权在该网络上进行通信或服务拦截的监督机构或者网络运营商而言，能够——

（a）识别和拦截通信，而不拦截没有经过命令或合法授权的通信；和

（b）获取有关电信呼叫相关数据（而不是没有经过命令或其他合法授权拦截的通信）；和

（c）以可用的格式获取呼叫相关数据和通信的内容（而不是没有经过命令或其他合法授权拦截的通信）；和

（d）不引人注目地进行通信拦截，不过度干扰通信，以保护通信隐私的方式进行，该通信没有经过命令或合法的进行通信拦截的授权；和

（e）就第（a）到（d）款采取有效的和有力的行动，和

（i）如果在电信传输期间，它是合理可行的；或者

（ii）如果不是合理可行的，在该时间内尽量可行。

（2）如果一个网络运营商、或者网络运营商的雇员或代理人根据第1款代表监督机构承担了进行通信拦截的义务，那么在网络运营商提供了呼叫相关数据或者通信内容，或者两者都提供了的前提下，才视为拦截完成。

（3）为了遵守第1款第3项的规定，网络运营商必须在该运营商的公共电信网络或电信服务上进行通信解密，如果——

（a）通信的内容已经被加密；和

（b）进行通信拦截的网络运营商已经提供了加密。

（4）然而，第3款并不要求网络运营商去——

（a）在运营商的公共电信网络或电信服务上进行任何电信解密，如果该加密以产品的方式提供，即

（i）由非运营商的人提供，并为公众可用；或者

（ii）运营商作为产品的代理人提供；和

（b）确保监督机构具有解密任何通信的能力。

（5）第1款第3项，可用的格式是指——

（a）由根据第42条发出的通知确定的格式；或者

（b）对于网络运营商以及监督机构执行拦截命令或其他合法的拦截授权可以接受的格式。

第二节　减轻责任

第11条　拦截准备

（1）本部分规定的必须确保网络或服务做好拦截准备的网络运营商——

（a）必须在网络或服务的适当和足够的集中点预先部署接入点，以便于允许有关对客户产生影响的拦截手令或其他合法的拦截授权；

（b）必须保留一个或多个的网络接口（即输出口），截取设备可以在其上连接，以使拦截的通信传输给监督机构；和

（c）就第 2 款所提及的每个预留接口而言，必须保留足够的带宽以传输拦截的通信内容和呼叫相关数据给相关的监督机构；和

（d）当面对一个拦截命令或其他合法的拦截授权时，必须是免费的，——

（i）在其公共电信网络或服务上为拦截设备提供合适的接入点；

（ii）与被授权者合作，并允许其进入自己的房地；

（iii）提供足够的环境控制的空间来容纳拦截设备或者提供足够的回程到一个适当的可以容纳设备的位置。

（e）当遵照本法的要求进行测试时，必须遵守第 1 至 4 款的规定。

（2）如果网络运营商的网络或服务仅仅是拦截准备的话，第 13 或 14 条规定的网络运营商没有资格根据第 115 条的规定进行报销。

第 12 条　拦截访问

本部分规定的必须确保网络或服务可以进行拦截访问的网络运营商，在面对拦截命令或其他合法的拦截授权时，必须愿意并能够——

（a）在其公共电信网络或服务中为拦截设备提供合适的接入点；

（b）与被授权者合作，并允许其进入自己的房地；

（c）提供足够的环境控制的空间来容纳拦截设备或者提供足够的回程到一个适当的可以容纳设备的位置。

第 13 条　网络运营商拥有少于 4000 名的客户

（1）第 2 款应当适用，如果——

（a）网络运营商制作并保持其每月所有的顾客数量的记录；和

（b）网络运营商在 6 个月内拥有平均不到 4000 名客户；和

（c）网络运营商在第 2 项提及的 6 个月时期内的每个月均已经制作并保持了第 1 项提及的记录；和

（d）网络运营商已经在第 2 项提及的 6 个月期限的最后一天起 10 日内通知了注册官第 2 和 3 项所述的事项。

（2）如果适用本条的规定，那么网络运营商——

（a）并不必须遵守第 9 条和第 10 条的规定；但是

（b）相反，必须确保运营商所拥有、控制或操作的在新西兰提供的每一公共电信网络和每一电信服务在任何时候均做好拦截准备。

（3）第 2 款继续适用于网络运营商，只要网络运营商——

（a）继续在每个月制作并保持顾客数量的记录；和

（b）继续保持在连续的 6 个月时间内平均每个月少于 4000 名顾客数量。

（4）如果第 2 款所述的网络运营商随后在 6 个月时间内平均拥有 4000 名或更多的顾客（取消 6 个月的资格），——

（a）第 2 款第 1 项的豁免在取消资格的 6 个月后的 6 个月停止生效；和

（b）网络运营商必须遵守第 2 款第 2 项的规定直到豁免停止生效。

（5）本条符合第 19 条的规定。

（6）第 1 款第 1 项所述的记录必须在每个月的同一工作日制作（如果是不可行的话，可以在下一可行的工作日）。

第 14 条　基础设施服务

（1）网络运营商不必遵守第 9 条和第 10 条就由网络运营商提供基础设施服务的规定。

（2）本条符合第 19 条的规定。

第 15 条　大规模网络服务

（1）网络运营商不必遵守第 9 条和第 10 条就由网络运营商提供大规模网络服务的规定。

（2）网络运营商不遵守第 9 条和第 10 条就由网络运营商提供大规模网络服务的规定时，必须保证大规模网络服务是拦截访问。

（3）本条符合第 19 条的规定。

第 16 条　概述第 17 条到 19 条

（1）第 17 到 19 条的宗旨是在监督机构提出申请时，使部长可以
——

（a）在第 13 或 15 条规定的网络或服务应当遵守较低层次的合法
义务的情况下，指示网络或服务或部分网络或服务遵守更高层次的合
法义务；

（b）指示基础设施服务或部分该服务必须遵守更高层次的合法义
务。

（2）下列义务是按照履行义务所需的拦截能力进行排名的（载于
第 1 项的是最高层次的合法义务）：

（a）遵守第 9 和第 10 条规定的义务；

（b）作为拦截准备的义务；

（c）作为拦截访问的义务。

（3）本概述只是一种解释方式。如果本部分的规定与本概述相冲
突，以其他规定为准。

第 17 条　申请指示

（1）监督机构可以在下列情况下根据第 19 条的规定申请指示，
即如果监督机构认为拦截能力或缺乏对网络或服务的拦截能力对国家
安全或法律执行会产生负面影响。

（2）监督机构在申请指示时，应当以书面申请通知受影响的网络
运营商，并在通知中指定时间，该时间在当时的情况下必须是合理
的，在该时间内申请书中的意见可以提交给部长。

第 18 条　申请指示需遵照的程序

（1）受影响的网络运营商可以在第 17（2）条所述的通知中确定
的时限内，将有关的指示申请提交给部长。

（2）部长必须咨询负责的部长和负责通信和信息技术的部长。

（3）部长必须考虑的事项为——

（a）受影响的网络或服务的现有拦截能力是否会对国家安全或法

律执行产生不良的影响；和

（b）守法成本是否会对网络运营商的业务产生严重的不利影响；和

（c）新的义务是否会不合理地损害新西兰电信服务的提供或电信市场的竞争，或者对引进新的或创新技术建立壁垒；和

（d）部长考虑的在当时情况下的其他相关事宜。

（4）部长必须优先考虑第3款第1项所述的问题。

第19条　指示

（1）部长不得根据本条作出指示，除非部长——

（a）如果有的话，已经考虑了第18（2）条所述的主体的意见以及受影响的网络运营商的意见；和

（b）已经考虑了载于第18（3）和（4）条所述的问题；和

（c）满足了下列理由，即该指示对于国家安全或执法，或者对于两者而言是必要的。

（2）部长可以，——

（a）根据第13条，在网络或服务必须做好拦截准备的情况下，指示网络或服务或网络或服务的一部分必须遵守第9条和第10条的规定；

（b）根据第14条，基础设施服务不是必须遵守第9条和第10条规定的情况下，指示服务或该服务的一部分必须——

（i）可拦截访问；或者

（ii）做好拦截准备；或者

（iii）遵守第9条和第10条的规定；

（c）根据第15条的规定，大规模网络服务必须可拦截访问的情况下，指示服务或该服务的一部分必须——

（i）做好拦截准备；或者

（ii）遵守第9条和第10条的规定。

部长必须以书面形式向受影响的网络运营商发出指示。

（4）部长必须在指示中确定时间，该时间在当时的情况下必须是

合理的，网络运营商必须遵守该指示。

（5）在指示中必须说明做出决定的原因，除非该部分原因会导致机密信息的披露。

（6）部长不得将根据本条作出指示的权力委托给任何人，除非对方也是部长。

第 20 条　条例

（1）总督可以根据部长的建议，通过枢密院令制定条例——

（a）规定第 13 条指定类别的网络或服务的所有或部分适用于第 9 条和第 10 条；

（b）规定第 14 条指定类别的基础设施服务的所有或部分适用于——

（i）可拦截访问；或者

（ii）做好拦截准备；或者

（iii）遵守第 9 条和第 10 条的规定；

（c）规定第 14 条指定类别的大规模网络服务的所有或部分适用于——

（i）做好拦截准备；或者

（ii）遵守第 9 条和第 10 条的规定。

（2）根据第 1 款，部长不能对条例的制定提出建议，除非部长——

（a）按照第 3 款规定的程序咨询了电信行业；

（b）已经考虑了第 18 条（3）和（4）规定的事项；和

（c）咨询了负责部长和负责通信和信息技术的部长；和

（d）认为本条例的生效允许符合一个合理的时间。

（3）第 2 款第 1 项规定的咨询程序要求部长——

（a）在财政部运营的互联网站上公布通知——

（i）规定被建议的条例（建议）的作用；和

（ii）要求提交的建议在指定的日期提出；和

（b）考虑提案（如果有的话）的意见。

第三节　有关义务

第 21 条　某些设施不需具有拦截能力

并不要求网络运营商在被用于连接两个或更多公共电信网络的通信连接上具有拦截能力。

比较：2004 年第 19 号第 9 条

第 22 条　网络设计不受本部分的影响

本部分并未授权监督机构或部长——

（a）要求他人对网络或服务采用一种特定的设计或功能；或者

（b）禁止他人对网络或服务采用任何特定的设计或功能。

比较：2004 年第 19 号第 9 条

第 23 条　有关基础设施服务的义务

提供基础设施服务的网络运营商必须，尽管与契约、合同或其他成文法或法律规则相反，——

（a）确保注册官知道所有从供应商处购买基础设施服务的现有顾客名单；和

（b）确保注册官知道新顾客的名称——

（i）至少在给顾客提供或启动基础设施服务之前 10 日内；或者

（ii）如果不能合理切实地遵守第（i）的规定时，只要在给顾客提供或启动基础设施服务之前的合理可行的日期即可。

第 24 条　协助的义务

（1）向监督机构发出拦截命令或者向其授予其他合法的拦截授权时，为了协助执行命令或合法授权，可以要求第 2 款提及的其中一种人或者两者，——

（a）在拦截命令发给情报和安全机构的情况下，复制拦截命令的相关部分；或者

（b）在任何其他情况下，复制命令或合法授权的证据。

（2）这些人是——

（a）网络运营商；或者

（b）服务提供商。

（3）根据第 1 款的规定将拦截命令的副本或命令的相关部分，或者其他合法拦截授权的证据出示给有关人员，该人应当通过下列途径，协助监督机构——

（a）利用其高级职员、雇员或其代理人为监督机构提供合理的技术支持，该技术支持对于监督机构进行通信拦截是必要的，或者对于执行命令或合法的授权能够起到作用；和

（b）采取一切合理的步骤使命令或其他合法的授权产生作用，包括但不限于，协助——

（i）查明并拦截通信，没有经过拦截命令或合法授权的通信不得进行拦截；和

（ii）获取有关电信呼叫相关数据（而非未经拦截命令或合法授权授权进行拦截的通信）；和

（iii）以有用的方式获取呼叫相关数据和通信的内容（而不是没有经过命令或其他合法授权拦截的通信）；和

（iv）不引人注目地进行通信拦截，不过度干扰通信，且以保护通信隐私的方式进行，该通信没有经过命令或合法的进行通信拦截的授权；和

（v）就第（i）到（iv）款采取有效的和有力的行动，和

（A）如果在电信传输期间，它是合理可行的；或者

（B）如果不是合理可行的，在该时间内尽量可行；和

（vi）对该人提供了加密的通信进行解密。

（4）第（3）（b）（vi）款不要求该人——

（a）在该人的公共电信网络或电信服务上进行任何电信解密，如果该加密以产品的方式提供，即

（i）该人作为产品的代理人提供；或者

（ii）由另外的人提供，并为公众可用；和

（b）确保监督机构具有解密任何通信的能力。

（5）网络运营商或服务提供商必须就根据第（3）（b）（vi）条

进行解密最有效的方式问题咨询执行命令或合法授权的监督机构。

（6）就本条而言，网络运营商可以代表监督机构进行通信拦截。

（7）第（3）（b）（iii）条，可用的格式是指——

（a）由根据第42条发出的通知确定的格式；或者

（b）对于下列主体可用的格式——

（i）网络运营商或服务提供商；和

（ii）执行命令或合法授权的监督机构。

（8）本法并不会影响适用于新西兰境外的服务提供商的外国政府强制的普通法国防。

第25条 批发商可以收费

（1）如果

（a）一个批发商根据拦截命令或其他合法的拦截授权的规定向另一网络运营商（A）提供访问批发商的网络接入点；和

（b）向批发商寻求协助，因为A不需要遵守本部分规定的任何义务，批发商可以向A收费，在商业的基础上，对于为了实现命令或合法授权的目的而要求批发商必须提供的任何访问、空间、动力或者其他事项或服务。

（2）指定人员可以以书面形式通知A，即批发商有权根据本条向A收费。

（3）就本条而言，批发商是指提供大规模网络服务的网络运营商。

第26条 尽量减少拦截对第三方影响的义务

每一根据拦截命令或其他合法的拦截授权对通信进行拦截或协助进行拦截的人，必须采取切实可行的在当时的情况下合理的措施尽可能地减少对未经拦截命令或合法拦截授权的通信进行拦截的可能性。

第27条 网络运营商可以共享资源

（1）本法案并不禁止网络运营商对服务进行协作、共享或承包（无论是设备或人员），以满足该法案对拦截能力的要求。

（2）然而，第1款的任何安排并不影响适用于网络运营商的任何义务，并已通过或根据本法加以规定。

第 28 条　有关拦截服务协议的义务

（1）网络运营在订立合同或者为他人提供规定的服务以遵守本部分规定的义务之前，网络运营商必须根据第 48 条的规定通知处长，并遵守第 68 条的规定。

（2）网络运营商必须确保在订立合同或者提供规定的服务以遵守本部分规定的义务时，任何人能够遵守本部分的任何可适用的规定。

第四节　豁免

第 29 条　豁免

（1）指定人员可以，根据第 32 条的规定，——

（a）根据第 2 款授予一个网络运营商或者网络运营商类别对第 9 条、第 10 条规定的所有或任何要求的豁免；

（b）授予网络运营商或者网络运营商类别对第 13 条所有或任何要求的豁免，并且授予与该条规定的网络或服务进行拦截准备的要求有关的第 11 条所有或任何要求的豁免；

（c）授予网络运营商或者网络运营商类别对第 23 条规定的所有或任何要求的豁免；

（d）改变或撤销第（a）、（b）、（c）项所述的豁免。

（2）根据第 1 款第 1 项的豁免不得影响第 10 条的要求，即与未经拦截命令或其他合法拦截授权不得拦截的通信隐私的保护能力有关。

（3）第 1 款的豁免——

（a）可以但不限于，适用于指定的服务或网络或服务或网络类别的所有或部分；和

（b）需要遵循指定人员规定的任何条件。

（4）指定人员可以依据网络营运商的申请或者不依据网络运营商的申请根据第 1 款的规定授予豁免。

第30条　申请豁免

（1）网络运营商可以根据第29（1）条向指定人员申请豁免，或者申请变更或撤销豁免。

（2）指定人员必须在收到申请之后尽快通知申请人。

（3）指定人员必须尽快且在接到申请之后20个工作日内告知其对于该申请的决定。

（4）指定人员可以延长第3款规定的时间，如果——

（a）申请涉及多种服务；或者

（b）申请提出了新的或复杂的技术或法律问题；或者

（c）在此时间段内回应会对监督机构的运作产生不合理的干扰。

（5）如果第4款得以适用，指定人员必须——

（a）将第3款所述的时间延长至不晚于接到申请之日起3个月，或者延长至指定人员与申请人达成一致的时间；和

（b）在接到申请之日起20个工作日内给予申请人延期的通知。

（6）延期通知必须列明延期的理由和新时间，该理由和时间是指定人员必须做出回应的。

第31条　申请豁免或变更的影响

（1）根据第29（1）条提出的申请的影响为，从接到收到申请的通知之日起，至对申请的决定通知之日止，

（a）在申请豁免的情况下，申请人将被视为免除了该项豁免申请中的有关义务；或者

（b）在申请变更豁免的情况下，豁免将被视为变更生效。

（2）第1款并不适用于下列申请，如果——

（a）指定人员基于合理的理由认为：申请人是就同一事项持续或反复地寻求相同或类似的豁免或变更，或者寻求同样的结果，且该申请已经被拒绝；和

（b）指定人员已经相应地通知了申请人。

第32条　决策程序

（1）指定人员在根据第29（1）条考虑是否授权、变更或撤销豁

免时，必须考虑下列事项：

(a) 保障国家安全或执法权益；和

(b) 有关网络或服务的顾客或终端用户的数量；和

(c) 遵守有关申请豁免的相关义务的成本；和

(d) 通过其他途径是否可以实现适当的遵守；和

(e) 其他指定人员考虑的有关事宜。

(2) 指定人员在考虑第 1 款规定的事宜时，必须优先考虑第 1 款第 1 项。

(3) 指定人员就建议的决定必须征询各监督机构和申请人（如果有的话）。

(4) 作出决定的原因必须载于本决定，会泄露机密信息的原因部分除外。

(5) 指定人员必须向申请人就该决定发出书面通知，或者是在类别豁免的情况下，向会受到决定影响的网络运营商发出书面通知。

(6) 根据第 29 条的规定被授予、变更或撤销的适用于网络运营商类别的豁免就 2012 年《立法法》的宗旨而言并非不被允许的手段，并且根据该法第 41 条的规定并非必须提交给众议院。

第 33 条 向部长提出申请

(1) 豁免申请或变更豁免的申请被全部或部分拒绝的网络运营商，或者其豁免已经或将要被撤销时，可以向部长提出申请要求其作出决定。

(2) 向部长提出的申请必须在指定人员就其申请发出决定或者作出撤销豁免的决定之日起 20 个工作日内提出。

(3) 部长在收到申请之后应当尽快进行通知。

(4) 向部长提出的申请不得与原来的申请之间具有重大差异。

第 34 条 部长可以授予、更改或撤销豁免

(1) 部长可以根据第 36 条的规定，——

(a) 根据第 2 款授予一个网络运营商或者网络运营商类别对第 9 条、第 10 条规定的所有或任何要求的豁免；

（b）授予网络运营商或者网络运营商类别对第 13 条所有或任何要求的豁免，并且授予与该条规定的网络或服务进行拦截准备的要求有关的第 11 条所有或任何要求的豁免；

（c）授予网络运营商或者网络运营商类别对第 23 条规定的所有或任何要求的豁免；

（d）改变或撤销第（a）、（b）、（c）项所述的豁免。

（2）根据第 1 款第 1 项的豁免不得影响第 10 条的要求，即与未经拦截命令或其他合法拦截授权不得拦截的通信隐私的保护能力有关。

（3）第 1 款的豁免——

（a）可以但不限于，适用于指定的服务或网络或服务或网络类的所有或部分；并且

（b）需要遵循部长规定的任何条件。

第 35 条　申请豁免或变更的影响

（1）根据第 33 条提出的申请的影响为，从指定人员根据第 32（5）条发布决定之日起，至部长就该申请作出的决定发出之日止，——

（a）在申请豁免的情况下，申请人将被视为免除了该项豁免申请中的有关义务；或者

（b）在申请变更豁免的情况下，豁免将被视为变更生效。

（2）第 1 款并不适用于下列申请，如果——

（a）部长基于合理的理由认为：申请人是就同一事项持续或反复地寻求相同或类似的豁免或变更，或者寻求同样的结果，且该申请已经被拒绝；和

（b）部长已经相应地通知了申请人。

第 36 条　决策程序

（1）部长在就申请作出决定之前，必须征询负责部长和负责通信和信息技术的部长。

（2）部长必须在切实可行的范围内尽快对申请作出决定。

（3）部长在考虑是否授予、变更或撤销豁免时，必须考虑下列事项：

（a）保障国家安全或执法权益；和

（b）有关网络或服务的顾客或终端用户的数量；和

（c）遵守有关申请豁免的相关义务的成本；和

（d）通过其他途径是否可以实现适当的遵守；和

（e）其他部长考虑的有关事宜。

（4）部长在考虑第3款规定的事宜时，必须优先考虑第3款第1项。

（5）作出决定的原因必须载于本决定，会泄露机密信息的原因部分除外。

（6）部长必须向申请人就该决定发出书面通知，或者是在类别豁免的情况下，向会受到决定影响的网络运营商发出书面通知。

（7）根据第34条的规定被授予、变更或撤销的适用于类网络运营商的豁免就2012年《立法法》的宗旨而言并非不可避免的手段，并且根据该法第41条的规定并非必须提交给众议院。

第37条　有关类别豁免的条例

（1）总督可借枢密院令，依据部长的建议制定条例——

（a）根据第2款授予一个网络运营商或者网络运营商类别对第9条、第10条规定的所有或任何要求的豁免；

（b）授予网络运营商或者网络运营商类别对第13条所有或任何要求的豁免，并且授予与该条规定的网络或服务进行拦截准备的要求有关的第11条所有或任何要求的豁免；

（c）授予网络运营商或者网络运营商类别对第23条规定的所有或任何要求的豁免。

（2）根据第1款第1项制定的条例不得影响第10条的要求，即与未经拦截命令或其他合法拦截授权不得拦截的通信隐私的保护能力有关。

（3）根据第1款制定的条例可以但不限于适用于指定的服务或网

络或服务或网络类别的全部或部分。

（4）部长不得根据第 1 款提出制定条例的建议，除非部长——

（a）已经考虑了载于第 36 条第 3 款和第 4 款的事项；和

（b）咨询了负责部长和负责通信和信息技术的部长。

<h2 align="center">第五节　部长指示</h2>

第 38 条　部长可以要求服务提供商遵守与网络运营商相同的义务

（1）部长可以在监督机构依据本条提出申请时，指示电信服务供应商——

（a）遵守下列义务之一：

（i）遵守第 9 条和第 10 条的规定的义务；

（ii）进行拦截准备的义务；

（iii）进行拦截访问的义务；和

（b）根据本部分（除了第 13 至第 20 条，和 23 条）以及第 1 和第 4 部分，被视为与网络运营商具有相同的义务和权利。

（2）只有在下列情况下，监督机构可以申请部长指示——

（a）监督机构认为：该提供者提供的电信服务缺乏的拦截能力会对国家安全或执法产生不利影响；和

（b）在申请时，该提供者提供的一个或多个电信服务，在该服务上监督机构可以合法地执行拦截命令或者其他合法的拦截授权。

（3）监督机构在申请部长指示时必须以书面形式通知受影响的服务提供商，即该申请是根据本条提出的，并且在通知中指定一个在当时的情况下是合理的时间，在该时间内申请书中的意见可以提交给部长。

（4）受影响的服务提供商可以在申请书中向部长提出意见。

（5）部长必须咨询负责部长和负责通信和信息技术的部长。

（6）部长不得作出指示，除非——

（a）如果有的话，已经考虑了第 5 款所述的人的意见以及受影响的服务提供商的意见；和

（b）已经考虑了第 7 款所述的问题；和

（c）满足了下列理由，即该指示对于国家安全或执法，或者对于两者而言是必要的。

（7）部长必须考虑的事项为——

（a）受影响的服务提供商所提供服务的现有拦截能力是否会对国家安全或法律执行产生不良的影响；和

（b）守法成本是否会对受影响的服务提供商的业务产生严重的不利影响；和

（c）新的义务是否会不合理地损害新西兰电信服务的提供或电信市场的竞争，或者对引进新的或创新技术建立壁垒；和

（d）部长考虑的在当时情况下的其他相关事宜。

（8）部长必须优先考虑第 7 款第 1 项所述的问题。

（9）部长不得委托其他部长之外的任何人行使本条规定的作出指示的权力。

第 39 条　审查

（1）如果根据第 38 条作出了指示，受影响的服务提供商可以要求对部长的决定进行审查。

（2）收到审查要求之后，部长必须委任 3 名合格的人士组成审查小组。

（3）就第 2 款而言，如果一个人具备下列条件，即具有合适的资格——

（a）在下列领域具有经验——

（i）电信技术；或者

（ii）保障国家安全或执法；或者

（iii）在电信市场的竞争；或者

（iv）国际关系或国际法；或者

（b）没有与指示有关的利益冲突；和

（c）具有或者能够获得适当的安全检查。

（4）该审查小组必须——

（a）审查向部长提出的所有相关意见，并且考虑所有其他有关资料；和

（b）向部长提出建议，即是否应当将服务提供商作为网络运营商对待。

（5）部长在考虑了审查小组的意见之后，必须变更、确认或撤销指示。

（6）审查小组的建议和理由概要必须提供给受影响的服务提供商，会泄露机密信息的原因部分除外。

第40条 指示通知

（1）如果部长根据第38条作出了指示，指示的书面通知连同理由必须提供给受影响的服务提供商，会泄露机密信息的原因部分除外。

（2）指示——

（a）必须说明受影响的服务提供商必须遵守第38条第1款所述的哪一项义务；和

（b）必须指定一个时间，且在当时的情况下是合理的，在该时间内必须遵守义务；和

（c）部长指定的其他任何条件必须遵守。

（3）指示的作用是：本部分（除了第13至第20条，和23条）和第1、第4部分适用于受影响的服务提供商，根据本法将服务提供商视为网络运营商。

（4）部长在咨询了第38条第5款所述的人之后，可以随时撤销指示。

第41条 与服务提供商有关的条例

（1）总督可借枢密院令，依据部长的建议制定条例指定服务提供商类别必须——

（a）遵守下列义务之一：

（i）遵守第9条和第10条的规定的义务；

（ii）进行拦截准备的义务；

（ⅲ）进行拦截访问的义务；和

（b）根据本部分（除了第13至第20条，和23条）以及第1和第4部分，被视为与网络运营商具有相同的义务和权利。

（2）根据第1款所制定的条例，可以但不限于适用于电信服务或电信服务类别的全部或部分。

（3）部长不得根据第1款提出制定条例的建议，除非部长——

（a）按照第4款规定的程序咨询了电信行业；和

（b）已经考虑了载于第38条第7款和第8款的事项；和

（c）咨询了第38条第5款所提及的人。

（4）第3款第1项所述的咨询程序要求部长——

（a）在由政府部门运营的互联网网站上发布公告，称——

（ⅰ）载列建议的条例（建议）的影响；和

（ⅱ）邀请他人在指定的日期针对建议提出意见；和

（b）如果有的话，考虑对提案的建议。

（5）条例的影响是：本部分（除了第13条到20条和第23条）以及第1和第4部分适用于该当本条例指定类别的服务提供商，根据本法将服务提供商视为网络运营商。

第六节　格式

第42条　通知的格式

（1）部长可以在部长公告上通知，决定相应格式，以使呼叫相关数据和通信内容能够通过拦截命令或其他合法的拦截授权获得。

（2）在根据第1款做出决定之前，部长必须咨询电信行业，通过——

（a）在由政府部门运营的互联网网站上发布公告，称——

（ⅰ）载列建议的通知（建议）的影响；和

（ⅱ）邀请他人在指定的日期针对建议提出意见；和

（b）如果有的话，考虑对提案的建议。

（3）通知可以纳入参考任何部门或人员在任何国家发布的或代表

其发布的全部或部分标准、规范或要求，包括欧洲电信标准协会的标准。

（4）就 2012 年《立法法》而言，通知是不可避免的手段，并且必须根据该法第 41 条的规定提交给众议院。

第 43 条 对材料纳入参考的变化的影响

（1）本条适用于，如果——

（a）网络运营商所具有的拦截能力与第 42 条第 3 款规定的纳入参考的标准、规范或要求相符合；和

（b）该标准、规范或要求在以后被修改或替换。

（2）如果本条得以适用，那么网络运营商没有确保其拦截能力必须符合改变或替换后的标准、规范或要求的义务，只要网络运营商确保拦截能力继续与先前的标准、规范或要求相符合即可。

第 44 条 本法生效之前的格式

在本法生效之前遵守 2004 年《电信（拦截）法案》第 8（1）（c）条规定的，通过一定可由监督机构使用的格式来获取呼叫相关数据或通信内容的公共电信网络或通信服务——

（a）不遵守本法第 10（5）（a）条或第 24（7）（a）条；和

（b）为了实现本法第 10（1）（c）条或第 24（3）（b）（iii）条的目的，可以继续使用在本法生效之前使用的格式。

第三章

第 45 条 本部分适用于网络运营商。

第 46 条 网络运营商诚实信用的义务

（1）网络运营商在意识到拟议的决定、行动的路线或者变更的实施可能会产生网络安全风险时，应当尽快在切实可行的范围内与处长采取行动。

（2）网络运营商在就本部分规定的事项与处长一起采取行动时必须诚实信用。

（3）网络运营商必须使处长能够接触其雇员、承包商或代理商，

在处长看来，他们最能够协助处长办理本部分的有关事宜。

第47条　规定安全利益的领域

（1）就本条和第48条，规定与网络运营商有关的安全利益的领域，是指——

（a）网络运营中心；

（b）合法的拦截设备或操作；

（c）公共电信网络的任何部分管理或存储——

（i）有关显著数量的客户的汇总信息；

（ii）显著数量的客户的身份验证凭证汇总；

（iii）行政（特权用户）的身份验证凭证；

（d）在公共电信网络中，顾客或终端用户所拥有的数据大量积聚的地方，无论是传输中的数据还是存储的数据；

（e）第2款规定的领域。

（2）总督可以通过枢密院令，在考虑对政府通讯安全局负责的部长的建议下，制定条例——

（a）修改或删除第1款所列的特定安全利益领域；

（b）规定的特定安全利益的其他领域。

（3）部长不得根据第2款提出制定条例的建议，除非部长——

（a）部长咨询了根据第4部分注册的网络运营商；和

（b）部长认为条例的规定是必要的或可取的——

（i）需要赶上技术的变化；或者

（ii）解决在网络应用中可能引起安全风险的方式的改变；

（iii）解决公共电信网络设计中架构方法的显著改变。

（4）行政（特权用户）的身份验证凭证是指特权用户的身份验证凭证。

身份验证凭证是指用于确定一个用户、程序或设备身份的信息（例如，密码或用户名）。

特权用户是指拥有授权的人，可以使该人除其他事项外，改变、绕过或规避网络安全保护。

第 48 条 网络运营商必须通知处长

（1）网络运营商必须就下列事项，由其作出或代表其作出的拟议的决定、行动过程或改变通知处长——

（a）采购或收购任何该当特定安全利益领域的设备、系统或服务；或者

（b）任何变化——

（i）就该当特定安全利益领域的设备、系统或服务架构；或者

（ii）可能影响该当特定安全利益领域的设备、系统或服务的所有、控制、监督或监管。

（2）网络运营商必须——

（a）在采取任何措施之前遵守第 1 款第 1 项的规定，并将其作为采购或收购决策过程的一部分，以接近市场（不论是通过要求报价、投标或以其他方式）或者在发展业务或变更提案的过程中遵守第 1 款第 2 项的规定；和

（b）确保给处长的通知遵守第 1 款的规定，即给出处长充分的时间来考虑是否根据第 51 条的规定采取措施。

第 49 条 对 46 条第 1 款或第 48 条的豁免

（1）处长可以书面通知的方式，对网络运营商或者网络运营商类别就第 46 条第 1 款或第 48 条的规定作出豁免，前提是处长认为豁免涉及的事项不会产生网络安全风险。

（2）由处长指定豁免时间并指明处长认为适合的其他条件。

（3）处长可借书面通知，更改或撤销根据本条授予的豁免。

（4）处长可根据本条直接向相关的网络运营商发布有关网络运营商的通知。

（5）根据本条发出的涉及网络运营商类别的通知——

（a）必须公布于政府通讯安全局运营的互联网网站上；和

（b）就 2012 年《立法法》的宗旨而言不是不可避免的手段，并且根据该法第 41 条的规定并非必须提交给众议院。

第 50 条　处长或部长就网络安全风险的考量

（1）在考虑根据本部分是否产生了网络安全风险或显著的网络安全风险时，处长或者如果情况需要，负责政府通讯安全局的部长——

（a）必须考虑产生风险的事项可能导致下列情况的可能性——

（i）对公共电信网络的损害或降低；和

（ii）对网络通信的保密性、可用性或完整性的损害；和

（b）必须考虑第 1 款第 1 项或第 2 项所述的事项所具有的潜在影响，就下列事项的提供而言：

（i）中央或地方政府的服务；

（ii）金融部门的服务；

（iii）能源领域的服务；

（iv）食品行业内的服务；

（v）通信服务；

（vi）运输服务；

（vii）医疗服务；

（viii）教育服务；和

（c）可以考虑其他处长或部长认为相关的其他事项。

（2）就第 1 款第 1 项而言，产生风险的事项是指——

（a）任何拟议的决定、行动路线或者改变，如果其实施了会产生网络安全风险或显著的网络安全风险；或者

（b）能够产生网络安全风险或者显著的网络安全风险的任何已经实施的决定、具有法律约束力的协议或者已经生效的行动路线或者变化。

第 51 条　解决网络安全风险的程序

（1）如果处长意识到由网络运营商提出的拟议的决定、行动路线或变化，在他看来，其实施可能会产生网络安全风险，而非极小的网络安全风险，那么——

（a）处长必须尽快告知此事的网络运营商；和

（b）网络运营商不得实施或落实该拟议的决定、行动路线或者变化——

（i）除非并在一定程度上这些行动符合或实施了由处长根据第 52 条接受的建议或建议的一部分（有关建议的决定、行动路线或者改变）或者是符合或实施了部长根据第 57 条作出的有关建议事项的指示；或者

（ii）除非处长根据第 54 条向负责政府通讯安全局的部长提交了一个事项（从提案中产生）且部长未就该建议作出指示；或者

（iii）除非处长已经通知了网络运营商，即处长没有接受建议但是已经决定根据第 54 条不就该事项向部长提交。

（2）处长必须就涉及第 1 款所述的事项书面通知网络运营商。

（3）网络运营商必须尽快对通知做出书面应对，通过向处长提出防止或充分降低网络安全风险的建议的方式。

（4）依照第 2 款的通知以及依照第 3 款的建议必须遵守根据第 127 条制定的条例的规定。

第 52 条　评估网络运营商的应对

（1）部长必须评估如果实施该建议是否能防止或充分降低网络安全风险。

（2）如果处长认为建议或部分建议如果实施的话，将会防止或充分降低网络安全风险，那么处长必须接受该建议或部分建议并以书面形式告知相应的网络运营商。

（3）如果处长不接受建议或部分建议，处长必须——

（a）在同一时间决定是否根据第 54 条向负责政府通讯安全局的部长提交此事项；和

（b）向网络运营商以相应的书面形式通知他或她的决定。

第 53 条　网络运营商必须实行应对

网络运营商必须实施根据第 52 条第 2 款被处长接受的部分建议（除非后来经处长同意进行了修改）。

第 54 条　处长可以将事宜提交给部长

如果处长认为：建议或部分建议不能防止或充分降低网络安全风险，部长——

（a）可以在遵守第56条规定的前提下，将该事宜提交给负责政府通讯安全局的部长使其根据第57条作出指示；和

（b）如果进行了提交，必须告知网络运营商其可以就该事项向部长直接提交意见书，并且指定一个在当时的情况下合理的时间，在该时间内意见书必须提交。

第55条　不遵守

（1）本条适用于，如果——

（a）尽管根据第51条已经被告知，网络运营商已经订立了具有法律约束力的协议，实施了一个决定或者开始了行动路线或者变化，这些产生了显著的网络安全风险；或者

（b）网络运营商未遵守本部分的规定或者未遵守第78条规定的需提供信息或信息类别，并且已经订立了具有法律约束力的协议、实施了一个决定或者开始了行动路线或变化，这些产生了显著的网络安全风险。

（2）如果适用本条，处长——

（a）可以在遵守第56条规定的前提下，将该事宜提交给负责政府通讯安全局的部长使其根据第57条作出指示；和

（b）如果进行了提交，必须告知网络运营商其可以就该事项向部长直接提交意见书，并且指定一个在当时的情况下合理的时间，在该时间内意见书必须提交。

第56条　安全保证委员的审查

（1）如果处长认为一个显著的网络安全风险存在或者可能出现，并且打算或在考虑是否根据第54条或第55条的规定将此事提交给负责政府通讯安全局的部长，——

（a）处长在提交此事之前，必须告知委员；和

（b）在收到通知以后，委员必须尽快按照本条进行审查。

（2）部长必须将所有的通知处长的意见的材料（包括机密信息）提交给委员。

（3）委员必须考虑处长确定的显著网络安全风险是否会发生或可

能出现，通过——

（a）评估提供给他或她的材料；和

（b）考虑根据第50条第1款的第1项、第2项的规定要求处长考虑的事项；和

（c）考虑处长根据第50条第1款第1项认为相关的其他事项。

（4）委员必须就委员根据第3款的考虑准备一份报告，就处长确定的显著网络安全风险，和——

（a）将报告的副本送交处长；和

（b）将报告的副本送交受影响的网络运营商，除非该部分报告将会泄露机密信息。

（5）委员在进行审查时，不得寻求或接受来自受影响的网络运营商或者处长的任何进一步通信（除非出现第2款规定的情形）。

（6）根据本条提供给委员的任何材料必须保持安全和保密，并在审查完成之后返还给处长。

（7）如果处长决定将此事项提交给部长，处长必须在提交此事项时，根据本条将委员报告的副本交给部长。

（8）根据本条和第57条，委员是指第2条1969年《新西兰安全情报局法》所指的安全保证委员。

第57条　部长可以作出指示

（1）负责政府通讯安全局的部长可以根据本条作出指示，只有当部长——

（a）根据第54条或55条被提交了一个事项；和

（b）已经考虑了受影响的网络运营商提出的意见书；和

（c）已经考虑了委员根据第56条提出的报告；和

（d）已经咨询了通信和信息技术的部长和贸易部长；和

（e）认为根据本条行使其权力对于防止、充分降低或者去除显著的网络安全风险是必要的。

（2）在根据本条作出指示之前，部长必须——

（a）考虑——

（i）网络安全风险的性质和程度；

（ii）在满足指示相关费用的要求时对网络运营商的影响；

（iii）指示可能会对电信市场的竞争和创新所具有的潜在后果；

（iv）防止、充分缓解或者去除网络安全风险对新西兰产生的预期效益；

（v）第8条第4款规定的原则；

（vi）指示对贸易产生的潜在影响；

（vii）部长认为有关的其他任何事宜；和

（b）认为指示与第7条规定的宗旨相一致。

（3）根据本条的指示——

（a）可以要求网络运营商采取由部长指定的措施，防止、充分降低或去除显著的网络安全风险，并且这些措施可以包括——

（i）要求网络运营商停止某项活动或者在未来从事或不从事特定的活动；或者

（ii）指示网络运营商对网络上或与网络有关的任何特定的系统、设备、服务、组件或操作进行改变或者删除；和

（b）可以规定其他有关事项。

（4）部长必须确保指示中确定的并在当时的情况下合理的时间的规定为网络运营商所遵守。

（5）部长必须以书面形式向受影响的网络运营商发布指示，并应写明原因，除非是那部分原因会泄露机密信息。

（6）部长不得将作出指示的权力委托给除部长之外的其他人。

第58条 指导方针

（1）处长可以根据本部分就任何规定发布适用于网络运营商的指导方针。

（2）根据本条发出的任何指导方针没有法律约束力。

（3）然而，在与本法有关的任何程序中，网络运营商遵守根据本条发布的指导方针的证据可视为遵守适用于网络运营商的规定的证据。

第 59 条　处长必须遵守根据第 126 条制定的条例的有关时限

处长必须遵守根据第 126 条制定的条例。

第四章　注册、执行和杂项规定

第一节　注册

第 60 条　网络运营商必须注册

（1）在本条生效时，网络运营商必须在该条生效之日起 3 个月内在登记册上注册。

（2）在本条生效以后，想要成为网络运营商的人必须是在 3 个月内在登记册上注册的人才能成为网络运营商。

第 61 条　申请注册

申请注册必须——

（a）向注册官提出申请；和

（b）包含第 62 条规定的信息；和

（c）伴有网络运营商的首席执行官签署的证明书，以确认申请中包含的信息是真实和正确的；和

（d）以其他注册官要求的格式或方式进行。

第 62 条　注册信息

（1）第 61 条第 2 款所述的信息如下（在一定程度上该信息可用）：

（a）网络运营商的名称；

（b）网络运营商的合适的员工的姓名和联系方式，该员工负责处理监督机构提出的有关拦截能力或拦截命令或其他合法的拦截授权的问题；

（c）网络运营商的负责处理由处长提出的有关网络安全问题的合适员工的姓名和联系方式；

（d）网络运营商的顾客的总数；

（e）在网络运营商提供零售服务的情况下，对所有在电信服务中

的终端用户的估计；

（f）网络运营商的电信服务和公共电信网络的地理覆盖范围（参照区域的名称或覆盖全国）；

（g）任何外包协议的详情（包括协议日期、双方名称以及一般性质）；

（h）由网络运营商提供的电信服务的种类（例如：移动电话、电子邮件或互联网协议语音服务）；

（i）根据该法的通知送达地址；

（j）网络运营商是否受到下列约束——

（i）遵守第9条和第10条规定的义务；或者

（ii）做好拦截准备的义务；或者

（iii）被拦截访问的义务。

（2）本条规定的信息必须在申请之日准备完毕（或者在每年更新的情况下，在更新之日）。

第63条 网络运营商登记册

（1）警务处处长必须设立网络运营商登记册（登记册）。

（2）注册官必须维护登记册。

第64条 登记册的目的

登记册的目的在于协助监督机构依据本法行使或履行其权力、职能或职责。

第65条 登记册的内容

登记册必须包括——

（a）第62条所述的与每一网络运营商相关的信息；

（b）根据第23条提供给注册官的信息（该信息与基础设施服务有关）。

第66条 对登记册的操作和访问

（1）登记册可以以电子登记册的形式保存或者以注册官认为适当的其他方式。

（2）登记册必须可以由监督机构（包括由监督机构的雇员或其他

代表监督机构的人）随时访问和检索，除非根据第 4 款的规定中止。

（3）登记册不得由指定官员或者监督机构（或者其他雇员或代表其行事的其他人）之外的其他人访问或检索。

（4）注册官可以全部或部分拒绝对登记册的访问或者暂停其操作，如果注册官认为提供对登记册的访问是不现实的。

第 67 条　注册官需确保登记册的安全

（1）注册官需采取合理的措施以确保登记册不被指定官员或监督机构（或其他雇员或代表其行事的其他人）之外的人其他人访问或检索。

（2）本条和第 66 条的规定不会对 1982 年《官方信息法》产生限制。

第 68 条　网络运营商必须就主要变化通知注册官

（1）网络运营商必须在变化生效之前的 20 个工作日内就相关变化书面通知注册官。

（2）然而，如果不能合理可行地遵守第 1 款的规定，网络运营商必须在合理可行时就相关变化书面通知注册官。

（3）网络运营商必须就阈值变化在该变化被操作员确定或者理应已经确定之日起 10 个工作日内书面通知注册官。

（4）就本条而言，——

相关变化是指下列事项的变化：

（a）网络运营商的名称；

（b）网络运营商的合适的员工的姓名和联系方式，该员工负责处理监督机构提出的有关拦截能力或拦截命令或其他合法的拦截授权的问题；

（c）网络运营商的负责处理由处长提出的有关网络安全问题的合适员工的姓名和联系方式；

（d）网络运营商的电信服务和公共电信网络的地理覆盖范围（参照区域的名称或覆盖全国）；

（e）网络运营商的外包协议；

(f) 由网络运营商提供的电信服务的种类。

阈值变化是指情况的变化，该变化具有改变根据本法适用于网络运营商的拦截能力义务的效果。

第69条 年度更新

(1) 网络运营商必须在每年的11月向处长提供有关经营者的登记信息的年度更新。

(2) 年度更新必须——

(a) 指出第62条所述的信息发生的改变，从网络运营商上次向注册官提交信息之日起开始（不论是否是在根据第68条规定的通知、以前的年度更新或者根据第61条提出的申请之中）；和

(b) 确认第62条规定的除了第1项所述的变化之外的其他注册官目前所有的信息是正确的；和

(c) 保持注册官规定的形式（如果有的话）；和

(d) 伴有网络运营商的首席执行官签署的证明书，以确认包含在年度更新中的信息是真实和正确的。

(3) 年度更新不需要在本条生效的年份提供。

第70条 注册官可以撤销注册人

注册官可以将一人从登记册中删除，如果注册官认为该人——

(a) 已经不复存在；或者

(b) 不再具备本法规定的网络运营商的义务；或者

(c) 以其他方式不再是网络运营商。

第71条 注册官可以修订登记册

注册官可以修订登记册，如果——

(a) 按照第68条的通知或者年度更新中包含的信息与登记册中注册的信息不一致；

(b) 网络运营商告知注册官信息与登记册上注册的信息不一致；

(c) 注册官在任何时候认为提供给注册官的登记册包含了错误或失误或者遗漏信息。

第二节　注册官和其他指定人员

第 72 条　指定人员的委任

（1）为了实现本法的目的，警务处处长必须在官方公报上委任 1 名或多名合适的人员作为指定人员。

（2）根据第 1 款发出的通知副本必须公布于由新西兰警方或代表新西兰警方维护的互联网站上。

第 73 条　注册官的委任

（1）警务处处长必须在官方公报上委任指定人员中的其中一人担任网络运营商注册官。

（2）根据第 1 款发出的通知副本必须公布于由新西兰警方或代表新西兰警方维护的互联网站上。

第 74 条　指定人员委托的权力

（1）注册官或者其他指定人员可以以一般委托或特别委托的方式将注册官或其他指定人员的职能、职责和除委托权之外的权力委托给任何其他人行使。

（2）委托——

（a）必须以书面形式；和

（b）注册官或指定人员可确定其认为适合的任何限制和条件；和

（c）可在任何时候以书面形式撤销；和

（d）不影响注册官或指定人员行使或履行其职能、职责或权力。

（3）被授权行使和履行其职能、职责或权力的人可以像本法直接赋予其权力而非接受委托一样，以相同的方式行使和履行职能、职责或权力并且具有同样的效果。

（4）一个人根据授权行动在缺乏相反证据的情况下被推定为依照该条款行动。

第三节　秘密级

第 75 条　网络运营商必须提名员工申请许可

（1）网络运营商必须在根据第 2、3、4 款的规定要求这样做之日起 10 个工作日内——

（a）提名合适的员工来申请秘密级政府资助的安全许可（特许）；和

（b）通知被提名的员工；和

（c）将该员工的姓名和联系方式的书面通知提供给注册官。

（2）指定人员可以以书面通知送达网络运营商，要求运营商遵守第 1 款的规定，否则适用于第 13 条。

（3）如果网络运营商被告知其根据第 76 条提出的申请已经被拒绝或者其未在第 76 条第 2 款规定的时间内提出申请，网络运营商必须再次遵照第 1 款的规定（提名另外的员工）。

（4）如果网络运营商被告知其员工的许可已经过期或者以任何原因被撤销，网络运营商必须再次遵从第 1 款的规定（重新提名同一员工（除非他或她的许可被撤销）或者提名另外的员工）。

第 76 条　被提名的员工必须申请

（1）指定人员必须以书面通知送达根据第 75 条被提名的员工，确定员工必须申请许可的方式。

（2）员工必须在根据第 1 款被通知之日起 10 个工作日内申请许可。

第四节　一般信息搜集的权力

第 77 条　指定人员可以要求提供信息以协助监督机构

（1）如果指定人员认为就实现任何特定目的而言是必要或适当的话，指定人员可以以书面通知送达网络运营商，要求运营商——

（a）提供给指定人员或监督机构通知中指定的信息或信息类别；或者

（b）给指定人员或监督机构或者通知指定的代表该机构的人制作通知中指定的文件或文件类别；或者

（c）如有需要，以可用的形式复制或帮助复制通知中指定的文件或文件类别中记录或存储的信息。

（2）就第 1 款而言，特定目的是指协助监督机构去做下列一件或多件事情的目的：

（a）强制遵守根据本法规定的有关拦截能力的义务；

（b）执行拦截手令或其他合法的拦截授权；

（c）其他履行或行使本法规定的与拦截能力或拦截命令或其他合法的拦截授权有关的职能、权力或义务。

第 78 条 政府通讯安全局处长可要求提供信息

（1）如果处长认为就实现任何特定目的而言是必要或适当的话，处长可以以书面通知送达网络运营商，要求运营商——

（a）提供给处长通知中指定的信息或信息类别；或者

（b）给处长或者通知指定的代表该处长的人制作通知中指定的文件或文件类别；或者

（c）如有需要，以可用的形式复制或帮助复制通知中指定的文件或文件类别中记录或存储的信息。

（2）就第 1 款而言，特定目的是指实现下列目的——

（a）强制遵守根据本法规定的有关网络运营商的义务；

（b）其他履行或行使本法规定的与网络运营商有关的职能、权力或义务。

（3）网络运营商必须以通知中指定的方式遵守通知。

第 79 条 遵守的时间

网络运营商必须在接到通知之后尽快遵守根据第 77 条或 78 条规定的通知，但是在任何情况下不得迟于——

（a）通知之日起 20 个工作日；或者

（b）通知中指定时间以后的时间。

第 80 条 尽管其他成文法另有规定或者违反了保密义务，网络运营商必须遵守

（1）网络运营商必须遵守根据第 77 条或 78 条发出的通知，尽管可能与契约或合同或其他成文法的规定相反。

（2）网络运营商必须遵守根据第 77 条或 78 条发出的通知，即使该遵守包括——

（a）商业敏感信息的披露；或者

（b）违反保密义务。

（3）但是，每个人就提供根据第 77 或第 78 条的规定提供信息和文件具有相同的权利，可以作为证人在诉讼中出庭。

第 81 条　杂项规定

（1）针对第 77 条第 1 款第 1 项或第 78 条第 1 款第 1 项的通知提供的信息必须——

（a）是书面的；和

（b）就网络运营商的知识所及，附带证书确认所提供的信息符合通知的要求。

（2）针对第 77 条或第 78 条的通知所制作的文件，第 77 条第 4 款所述的监督机构或者处长（视情况而定）或者向其制作文件的人，可以——

（a）对该文件进行查阅和记录；和

（b）对文件进行复制或者摘录。

（3）第 77 条或 78 条的规定并未允许指定人员或者处长要求网络运营商提供、制作、复制或者帮助复制根据拦截命令或其他合法的拦截授权可能已经获得或应当已经寻求到的信息或文件。

第五节　遵从性测试

第 82 条　指定人员可以要求遵从性测试

（1）如果指定人员认为对于实现协助监督机构履行或行使其依照第 2 部分的职能、权力或责任的目的是必要或适宜的情况下，该人员可以将书面通知送达网络运营商，要求运营商对其设备和程序进行测试——

（a）以确保该设备和程序遵守第 2 部分规定的适用于操作者的义务；和

（b）确定设备和程序涉及规定方面的缺陷。

（2）通知可以指定按阶段完成测试的不同时间，并指定完成测试的最终日期。

（3）每一时间均应在当时的情况下是合理的，并且必须在考虑根据第83条第1款第2项提交的建议后进行指定。

（4）网络运营商必须遵守通知中的时间，并遵守通知指定的方式。

第83条　咨询过程的时间

（1）指定人员在根据第82条送达通知之前，必须——

（a）向网络运营商发出书面通知，述明——

（i）指定人员可根据第82条行使权力；和

（ii）根据第82条的通知可能涉及的电信服务；和

（iii）指定人员考虑行使该项权力的理由；和

（b）给出网络运营商一个提交书面意见的机会，涉及操作人员根据第82条的通知进行测试的一个或多个时间。

（2）指定人员必须在依据第82条送达通知之前至少10工作日内根据第1款送达该通知。

第六节　认证

第84条　指定人员可以要求遵从性认证

（1）指定人员可以以书面通知送达网络运营商，要求运营商的首席执行官在适当调查之后，认证首席执行官认为的如下一个或多个事项：

（a）有充足的资源被运营商分配，以确保遵守第2部分规定的义务；

（b）运营商维护和运行的拦截能力符合本法的规定；

（c）运营商以其他方式遵守第2部分的规定。

（2）如果首席执行官不认为具有第1款所述的事项而无法给予认证时，首席执行官必须向指定人员发出书面通知给出不能给予认证理由，（包括未能遵守本法规定的详细信息以及运营商是否已申请或拟申请根据第 2 部分第 4 分部分的豁免），而非给予认证。

（3）认证（或依据第 2 款的通知）必须在第 1 款通知指定的时间内提出，并以通知指定的方式进行。

（4）第 1 款的通知中指定的时间必须是在当时的情况下是合理的。

第 85 条 适当的调查

（1）根据第 84 条被要求就一定事项进行适当调查的首席执行官并非没有进行调查，如果——

（a）他或她收到了来自他人就该事项的信息或建议，他或她基于合理的理由认为该人是可靠并能干的；和

（b）收到的信息或建议——

（i）是同一种类或标准，因为该信息或建议可以合理地预期到将会在同类职位的同类人员的企业管理的日常事务中供应；和

（ii）未说明或者显示要求的或可能要求的进一步的信息、建议或调查；和

（c）他或她没有理由相信该信息或者建议是或者可能是不正确的。

（2）第 1 款的规定不会限制首席执行官可以进行的适当的事务调查的方式。

第 86 条 指定人员可以向监督机构提供证明文件

指定人员可以将根据本部分获取的信息提供给监督机构。

第七节　实施

第 87 条 解释

就本部分而言——

（a）一个违反本法的行为是轻微的，如果包括了违反了下列任何一条的规定：第 23 条、第 28 条、第 48 条、第 51 条第 3 款、第 60 条、第 61 条、第 68 条、第 69 条、第 75 条、第 76 条第 2 款、第 77

条至81条、第82条第4款以及第84条；和

（b）一个违反本法的行为严重的，如果包括了违反了下列任何一条的规定：第9条、第10条、第11条、第12条、第13条、第15条、第24条、第26条、第53条、第57条以及第88条第4款。

第88条 就轻微的违规可发布违规通知

（1）如果监督机构认为基于合理的理由，本条适用于——

（a）一个人（A）未遵守本法规定的义务；和

（b）其违规的行为是轻微的。

（2）监督机构可以根据本条向A发布一个通知（违规通知），要求A在通知中指定的时间并以指定的方式遵守第1款第1项所规定的义务。

（3）违规通知中必须确定未遵守的义务是什么。

（4）A必须在通知中指定的时间并以指定的方式遵守违规通知的规定（并且未遵守此通知是严重的）。

（5）违规通知中指定的时间必须是在当时的情况下合理的。

第89条 违规通知可能请求同意与第2部分规定的义务有关的进入和检查

（1）如果违规通知涉及未遵守第2部分规定的义务，本条将适用。

（2）为了实现收集与第1款所述的违法行为有关的证据的目的，违规通知可能会要求网络运营商同意监督机构进入相关地方，通过下列方式——

（a）检查和记录有关网络运营商第2部分规定的义务的信息、文件或设备；和

（b）复制这些文件或者从文件中进行摘录。

（3）如果违规通知包含了第2款规定的要求，通知还必须——

（a）告知网络运营商提出该请求的原因；和

（b）告知网络运营商收集到的证据在与违反第1款规定有关的诉讼程序中可用；和

（c）告知网络运营商其既可以同意该请求也可以拒绝同意该请求。

（4）如果网络运营商同意了该要求，监督机构（包括任何雇员或代表其行事的其他人）可以实行进入、检查或其他第 2 款规定的依照同意条款的行动。

（5）就本条而言，相关地方是指一个地方——

（a）由网络运营商拥有、占有或控制；和

（b）该监督机构基于合理的理由相信包含的信息、文件或设备与第 2 部分规定的网络运营商的义务有关。

第 90 条　可对严重违规发出执行通知

（1）本条可以适用，如果网络运营商基于合理的理由认为——

（a）一个人有本法规定的义务；和

（b）该人并未遵守该义务；和

（c）违规行为严重。

（2）监督机构可以根据本条向该人送达通知（一份执行通知）以告知该人监督机构——

（a）认为该人没有遵守通知中指定的义务并且违规行为时严重的；和

（b）可以在指定日期或之后根据本小部分向高等法院提出申请。

第 91 条　申请遵从命令或罚款命令

（1）监督机构可以向高等法院申请第 92 条规定的或第 97 条规定的（或者两者）命令，仅当——

（a）其已经发出来执行通知；和

（b）申请应当在第 90 条第 2 款第 2 项规定的日期当日或之后提出。

（2）然而，监督机构可以就未遵守第 1 款规定的对遵从命令的违反向高等法院提出命令申请。

（3）除了监督机构（或者雇员或代表其行事的其他人），没有人可以根据第 92 条或 97 条的规定申请命令。

第 92 条　高等法院有权下令遵守

（1）如果有人没有遵守本法规定的义务并且该违规行为是严重的

话，高等法院可以就第 2 款规定的宗旨之一或者全部宗旨，制定遵从命令，要求该人——

（a）做任何规定的事情；或者

（b）停止任何规定的活动。

（2）目的是——

（a）弥补、减轻或避免任何未遵守第 1 款所述的义务产生的或可能产生的不利影响；

（b）防止进一步地不遵守这些义务。

（3）遵从命令可以按照高等法院认为适当的条款制定，包括安全规定或者达成一项执行协议。

第 93 条　听证权

在决定遵从申请之前，高等法院必须——

（a）听取申请人的意见；和

（b）听取反对该项命令的人的意见，该人希望进行听证。

第 94 条　对申请作出决定

在考虑了遵从命令的申请之后，高等法院可以——

（a）根据第 92 条制定遵从命令；或者

（b）拒绝该申请。

第 95 条　上诉至上诉法院

（1）有关提出遵从命令申请的当事人或者其他受到不利影响的人，可以在得到上诉法院的许可之后，上诉至该法院，如果高等法院——

（a）已经制定了遵从命令或拒绝了申请；或者

（b）以其他方式作出了最终裁定或者被驳回诉讼。

（2）根据本条向上诉法院提出的上诉，上诉法院具有与高等法院相同的对诉讼作出裁决的权力。

第 96 条　上诉的效力

除非上诉法院另有指示，否则——

（a）根据第 95 条的上诉并不会中止对遵从命令的执行；和

（b）每一个遵从命令均可以同样的方式且在各方面被强制执行，就像上诉没有发生。

第 97 条　违反义务或违反遵从命令的罚款

（1）本条适用于，如果就监督机构的申请，高等法院认为有人——

（a）没有遵守根据本法规定的义务以及该违规行为是严重的；或者

（b）行为违反了遵从命令的规定。

（2）法院可以命令该人向官方支付法院判定的适当的罚款。

（3）本法规定的诉讼程序应当在违法行为被发现或者理应被发现之日起 3 年内开展。

第 98 条　罚款的数额

（1）根据第 97 条的罚款数额不超过 500,000 元。

（2）在持续违反遵从命令的情况下，除了根据第 97 条的规定下达罚款命令之外，高等法院可以在违法行为持续期间每天的全部或部分加罚 5 万元的罚金。

第 99 条　在决定罚款时法庭的考虑事项

在确定适当的罚款数额时，高等法院必须考虑所有相关事宜，包括——

（a）本法的目的；和

（b）违法的性质和程序；和

（c）因为违法行为任何人所遭受的损失或损害的性质和程度，或者违法行为人因违法行为获得的收益或避免的损失；和

（d）在何种情况下发生违法行为；和

（e）是否违法行为人先前已被法院依据本法或其他成文法在诉讼程序中发现从事相似的行为。

第 100 条　民事诉讼规则和民事证明标准的适用

（1）本部分的诉讼程序是民事诉讼程序，且法院的一般规则和民事诉讼程序的证据规则和程序规则得以适用（包括证明标准）。

（2）本条受到第 8 小部分的约束。

第八节　保护机密信息

第 101 条　本小部分的适用

本小部分适用于法院的诉讼程序中有关本法的管理或执行。

第 102 条　机密安全信息和其他条款的定义

（1）就本小部分而言，机密安全信息是指——

（a）与涉及本法的管理或执行的法院诉讼程序有关（或任何预期的诉讼）；和

（b）由监督机构执行；和

（c）该监督机构的负责人以书面方式证明不能披露，除了本部分规定的范围，因为监督机构的负责人认为——

（i）该信息是第 2 款规定的种类的信息；和

（ii）信息的披露是第 3 款规定的种类的披露。

（2）信息属于第（1）（c）（i）规定的信息，如果它——

（a）可能导致信息的鉴定、提供信息的细节、信息来源、信息的性质、内容或范围，或者协助的性质或种类或者监督机构可用的操作方法；或者

（b）是关于已进行的特定操作、或者正在进行或者拟进行的特定操作，该操作与监督机构的职能有关；或者

（c）已经由另一国家的政府或者另一国家的政府机构或者国际组织提供给监督机构，并且是不能被监督机构披露的信息，因为提供信息的政府或机构或组织不会同意该披露。

（3）信息的披露属于第（1）（c）（ii）规定的披露，如果该披露可能——

（a）有损于新西兰的安全或国防或者新西兰政府的国际关系；或者

（b）有损于另一国家的政府或者该政府的任何机构或者任何国际组织在信任的基础上委托给新西兰政府的信息；或者

（c）妨害法律的维护，包括对犯罪的预防、调查和侦查以及获得公正审判的权利；或者

（d）危及任何人的安全。

（4）就本部分而言，——

有关诉讼程序的非官方当事人，是指一人（非官方人员）是法律程序的一方。

预定当事人是指第 105（1）（a）（i）所列的含义。

预定程序是指在诉讼中，预定当事人打算在接到根据第 105（1）（a）（ii）通知后打算开始的程序。

代表包括受聘任的代表当事人的大律师或律师。

特别诉讼人是指根据第 105 条第 2 款受委任的人。

第 103 条 向法院提供机密安全信息的访问的义务

（1）在诉讼程序开展之后，官方必须向法院提供有关这些程序的机密安全信息的访问。

（2）如果一个特别诉讼人在诉讼程序开始前被任命，官方必须向法院提供有关预定程序的机密安全信息的访问。

（3）法律必须保密且不能泄露作为机密安全信息提供的任何信息，即使它认为信息不符合载于第 102 条第 2 款和第 3 款的标准，除非持有信息的监督机构的负责人同意发布。

（4）诉讼程序期间以及诉讼程序结束后第 3 款均可适用。

第 104 条 法院命令

（1）为了遵守第 103 条第 3 款的规定，法院可以制定一项或多项下列命令：

（a）禁止公布作为证据提交的全部或部分的报告或账户或者诉讼中提交的意见书的命令；

（b）禁止公布任何证人的姓名或者可能导致确认证人身份的姓名或细节的命令：

（c）禁止公开机密安全信息或者有关机密安全信息的命令：

（d）将任何人全部或部分排除到法院的诉讼程序之外的命令，包括——

（i）非官方当事人或者非官方当事人的代表；或者

（ⅱ）法院的工作人员。

（2）根据第 1 款制定的命令——

（a）可以在有限期间或永久适用；和

（b）如果是在有限的时间内适用，该命令可以由法院进一步续期；和

（c）如果是永久适用的话，法院可以在任何时间进行复核。

第 105 条　委任特别诉讼人

（1）本条适用于，如果——

（a）法院认为——

（ⅰ）任何人（预定当事人）已经或可能有权启动将会或可能适用本部分的诉讼程序，但是有必要在诉讼程序开始之前委任特别诉讼人；和

（ⅱ）预定当事人已经通知了官方，即当事人准备开始这些诉讼程序并且当事人将申请特别诉讼人的委任；和

（b）诉讼程序已经开展，在这些诉讼程序中呈现的或准备呈现的信息包括机密安全信息；或者

（c）诉讼程序已经开展但是在非官方当事人不能考虑机密安全信息时，非官方当事人的声明不能被充分说明。

（2）法院可以基于预定当事人或者非官方当事人的申请，委任一名大律师或律师作为特别诉讼人就法院指示的条款代表预定当事人或者非官方当事人的利益，如果法院认为有必要这样做是为了确保以下一项或两项：

（a）预定当事人能够妥善的准备并启动诉讼程序；

（b）会举办公正的听证会。

（3）在委任一个人作为特别诉讼人之前，法院必须确保该人——

（a）持有适当的安全许可，该安全许可允许该人查看是或可能是机密安全信息的信息；或者

（b）具有适当的资历或经验，以满足特别诉讼人的作用。

（4）被委任代表预定当事人的特别诉讼人，在诉讼程序开始之后

可以继续作为代表该人（作为非官方当事人）的特别诉讼人，遵守法院指示的条款的规定。

（5）在诉讼程序开始前或开始后，法院可以就委任条款作出指示，并且与第 108 条和第 109 条第 3 款所述的事项有关。

（6）特别诉讼人的委任不会创设要求预定当事人开展诉讼程序的义务。

（7）涉及诉讼程序或预订的诉讼程序的监督机构必须满足特别诉讼人的实际和合理的成本，基于——

（a）特别诉讼人与监督机构的负责人之间的约定；或者

（b）由法院决定（在未能达成协议的情况下）。

第 106 条　对委任人的提名

（1）下列各方可以提名被委任的大律师或者律师为特别诉讼人：

（a）官方；

（b）预定当事人或者非官方当事人（视情况而定）。

（2）法院可以提名根据第 1 款被委任的人或者其他人。

第 107 条　特别诉讼人的作用

（1）特别诉讼人的作用是代表预定当事人或者非官方当事人。

（2）特别是，一个特别诉讼人可以——

（a）代表他人准备和开展诉讼程序；

（b）审查并交叉盘问证人；

（c）向法庭提交口头和书面意见书；

（d）协助诉讼和解。

（3）在任何时候，特别诉讼人必须依照他或她的作为高等法院官员的职责来行动。

（4）特别诉讼人必须保守秘密并且不得泄露机密安全信息，除非本法明文规定或者得到了本法的授权。

第 108 条　法院可以向特别诉讼人提供对机密安全信息的访问

（1）特别诉讼人可以在诉讼程序开始之前或之后，向法院提出访问机密安全信息的申请。

（2）依据法院所指示的条款，法院可以向特别诉讼人提供对机密安全信息的访问。

第 109 条　特别诉讼人与其他人之间的沟通

（1）特别诉讼人可以与相关当事人或者相关当事人的代表人在无限制的基础上进行沟通，直到特别诉讼人获得了对机密安全信息的访问。

（2）特别诉讼人在获得了对机密安全信息的访问之后，他或她不得与任何人沟通有关机密安全信息的事项，除非是依照本法的规定进行的。

（3）特别诉讼人在获得了机密安全信息的访问之后，希望与相关当事人、相关当事人的代表人或者其他第 4 款未规定的人进行沟通时，可以根据法院所指示的条款进行沟通。

（4）特别诉讼人在未得到法院批准的情况下，可以与下列主体就有关机密安全信息的事项进行沟通——

（a）法院；

（b）官方的安全调查的代表；

（c）有关诉讼程序的监督机构的负责人，或者监督机构的安全调查代表。

（5）就本条而言，相关当事人是指预定的当事人或者非官方当事人。

第 110 条　保护特别诉讼人免于承担责任

（1）在某种程度上，特别诉讼人依照本法的规定行动，他或她是无罪的，如果——

（a）就 2006 年《律师和物业转易法》第 7 条或第 9 条规定意义上的不当行为；或者

（b）该法第 12 条所指意义上的不当行为。

（2）尽管有根据 2006 年《律师和物业转易法》制定和批准的任何执业规则的要求，本部分仍然可以适用。

（3）在作为特别诉讼人的能力范围内，依照本法的要求或规定实行的行为或者基于诚信的疏忽行为，不应当对其承担个人责任。

第 111 条　在诉讼程序中有关涉及机密安全信息程序的其他事项

（1）法院必须在提供给它的信息的基础上确定法律程序（无论该

信息是否已经在诉讼中被各方当事人所披露或回应）。

（2）如果，在诉讼中由官方提供的信息或者将要提供的信息包括机密安全信息，那么——

（a）除非诉讼程序是在上诉法院或最高法院进行的，诉讼程序必须经过高等法院首席法官的听证并由其决定，或者由一名或多名由高等法院首席法官提名的法官听证和决定，或者由上述两个主体决定；和

（b）法院基于总检察长的要求并认为这样做对于保护（无论是部分或全部）机密安全信息是必要的情况下，法院必须在下列全部或部分主体缺席的情况下，对（有关部分或全部）机密安全信息进行接收或听证——

（i）非官方当事人；和

（ii）代表非官方当事人的大律师或律师（如果有的话）；和

（iii）记者；和

（iv）市民。

（3）在不限制第2款的情况下，——

（a）对于总检察长呈送的机密安全信息，法院可以批准呈送该信息的摘要，除非在一定程度上，该信息特定部分的摘要自身可能涉及泄密，且可能会损害第102条第3款所规定的利益；和

（b）在法院批准的情况下，摘要的副本应提交给非官方当事人。

（4）尽管任何成文法或者法律规则会有相反的规定，第1款至第3款需适用。

第112条 本小部分的规定不会影响其他授权或要求保留文件的法律规则的实施

本小部分的规定不会影响1950年《刑事诉讼法》第27条的实施，或者其他授权或要求保留文件的法律规则的实施，或者基于披露文件或者回答问题将会损害公共利益的原因而拒绝答复问题的法律规则。

第113条 附带一般措施和程序来保护机密安全信息

（1）一般措施和程序可能对于实施本小部分规定的诉讼程序来说是必要的，并且可确保保护适用于本部分的所有诉讼程序，在本条生

效之后，该一般措施和程序必须尽快得到首席大法官和总检察长的商定，并应不时地进行修改。

（2）一般措施和程序可以根据第 1 款就下列事项达成协议：

（a）有关在本部分涉及的所有诉讼程序中的信息的物理保护措施；

（b）将信息提供给法院的方式；

（c）保护信息完整性的措施，直至上诉被撤回或者做出最终裁定。

（3）第 2 款不会限制第 1 款的规定。

第九节　杂项规定

第 114 条　对于公共电信网络或电信服务的拦截能力的费用

对于公共电信网络或电信服务的拦截能力的开发、安装和维护所花费的成本均应由相关的网络运营商支付。

第 115 条　在协助监督机构的过程中产生的费用

（1）监督机构必须支付给网络运营商或服务提供商根据第 24 条的规定给监督机构提供协助的过程中发生的实际和合理的费用。

（2）监督机构必须在指定的付款日期前支付第 1 款规定的费用，无论网络运营商或服务提供商提供给监督机构的是发票还是其他适当的文件，付款日期不得少于发票或其他适当文件的日期后的一个月。

（3）本条——

（a）不能适用于仅遵守第 11 条规定的义务的网络运营商；和

（b）符合第 116 条的规定。

第 116 条　网络运营商不需要支付费用

（1）本条需适用，如果监督机构基于合理的理由认为——

（a）网络运营商没有遵守本法规定的义务；和

（b）其不遵守义务的行为已经——

（i）大幅度增加监督机构执行拦截命令或授权产生的费用；或者

（ii）大幅增加了执行拦截命令或授权所需的时间；或者

（iii）在执行拦截命令或授权的过程中，严重损害了监督机构。

（2）监督机构不需要支付第 115 条规定的费用，前提是该费用是在根据第24条网络运营商为监督机构提供协助的过程中产生的与执行拦截命令或授权有关的费用。

（3）就本条而言，拦截命令或授权是指一份拦截命令或其他合法的拦截授权。

第117条 对费用产生的争议必须提交调解或仲裁

（1）本条适用于监督机构和网络运营商或服务提供商之间产生的任何争议，该争议是关于根据第24条履行义务的过程中，根据第115条的规定所产生的合理费用或者声称已经产生的合理费用。

（2）如果适用于本条的争议无法通过双方协商解决的话，争议必须提交——

（a）调解；或者

（b）如果双方未能在调解中解决争议的话，仲裁。

（3）如果争议根据第2款第2项提交仲裁的话，1996年《仲裁法》可以适用于该争议。

第118条 免除责任

（1）本条适用于——

（a）每一网络运营商；和

（b）每一服务提供商；和

（c）每一监督机构和处长；和

（d）注册官及其他指定人员；和

（e）每一被第（a）至（d）项规定的主体雇用或聘用的人。

（2）适用于本条的主体不应当承担已经做出的行为或者基于诚信疏忽大意所做的行为——

（a）执行或意在执行本法规定的义务；或者

（b）行使或意在行使本法授予的职能或权力。

（3）本法并不适用于有关根据第57条提出的指示的遵守。

（4）本法并不限制任何成文法规定的豁免权。

第119条 通知

（1）为实现本部分的目的，送达的通知必须——

（a）以书面形式作出；和

（b）由指定人员、处长或者其他声称具有监督机构授权权限的人签署；和

（c）根据第 120 条的规定送达。

（2）所有声称由指定人员、处长或者监督机构的代表签署的文件，根据本法在所有的法院和所有的诉讼程序中均应被视为获得了正式的签署授权，除非有相反的证据证明。

第 120 条 通知的送达

就本部分而言，任何依规定或授权送达给他人的通知可以——

（a）送达给公司，该公司是 1993 年《公司法》所指的公司，并以该法第 388 条规定的方式送达；

（b）送达给海外公司，以 1993 年《公司法》第 390 条规定的方式送达；

（c）送达给任何其他法人团体，如果该法人团体是指 1993 年《公司法》所指的公司，以送达给公司的方式送达；

（d）送达给个人；

（i）以亲自送达或者由代理人（如快递）送达的方式；或者

（ii）以普通邮寄方式寄往该人的惯常居所地或者最后为人所知的居住地或者营业地；或者

（iii）通过传真或电子邮件发送到该人为了实现此目的而提供的传真号码或者电子邮件地址；或者

（iv）以高等法院指示的其他任何方式。

（2）1993 年《公司法》第 392 条的规定适用于第 1 款（a）至（c）项。

（3）在没有相反证据的情况下，向他人送达公告、文件或者通知，依照——

（a）第（1）（d）（ii）的规定，如果通知可能一直在正常的邮寄过程中传递，必须视为已经送达给该人，并且该传递可以充分的证明信件被合理地邮寄和传递。

（b）第（1）（d）（iii）的规定，在通知发出后的第二个工作日必须视为已经送达给该人。

（4）如果一个人不在新西兰，依照第 1 款的规定通知送达该人的在新西兰的代理人时，必须视为已经送达该人。

第 121 条 权力不受限制

本法并不限制监督机构或者其他任何人根据其他成文法拥有的权力。

第 122 条 废除

2004 年《电信（拦截和安全）法案》（2004 年第 19 号）被废除。

第 123 条 相应修订

对法律的修订规定于附表之中并且列于附表之中。

第 124 条 豁免的保留规定

（1）根据 2004 年《电信（拦截）法案》第 11 条授予的本条生效之前立即生效的豁免——

（a）就相同的条款继续生效（包括到期），就像根据本法第 29 条授权的一样；和

（b）可以根据该条进行修改或撤销。

（2）就第 1 款而言，对 2004 年《电信（拦截）法案》规定（2004 年法案条款）的要求的豁免必须被作为对本法规定的要求的豁免，无论本法是否经过修改、变更或者对应于 2004 年法案的规定。

第 125 条 有关网络运营商的过渡性规定

如果网络运营商在首次注册后，拥有的顾客少于 4000 人，——

（a）第 13 条第 2 款适用于网络运营商，只要——

（i）网络运营商依照第 13 条第 6 款的规定保持了每个月其所拥有的顾客数量的记录；和

（ii）从首次注册之日起，网络运营商在每 6 个月期间保持平均少于 4000 名顾客的数量；和

（b）第 13 条第 3 款和第 4 款相应地适用于网络运营商。

第 126 条 根据第 3 部分适用于处长的有关时限的条例

（1）总督可以通过枢密院令，在考虑对政府通讯安全局负责的部

长的建议下，制定条例——

（a）有关处长为了行使第 3 部分规定的职能或权力而必须作出或实行的决定，规定时限，在该时间内必须作出决定或者采取措施；

（b）允许部长在考虑了事实情况并认为适用第 3 项规定的标准之后合理地延长第 1 项规定的时间；

（c）规定有关第 2 项所述的延长时间的标准；

（d）规定其他有关第 2 项所述的延长时间的适用要求。

（2）负责政府通讯安全局的部长在根据第 1 款提出制定条例的建议之前必须咨询部长。

第 127 条 条例

总督可以通过枢密院令制定条例，规定由本法规定的任何事项、必要的管理事项或者必要的令本法生效的事项。

时间表

相应修订

1961 年《刑法》（1961 年第 43 号）

第 216K（4）条，网络运营商的定义，将"2004 年《电信（拦截）法案》第 3 条第 1 款"替换为"2013 年《电信（拦截和安全）法案》第 3 条第 1 款"。

电影、视频和 1993 年《出版物分类法》（1993 年第 94 条）

第 122A 条，网络运营商的定义，将"2004 年《电信（拦截）法案》第 3 条第 1 款"替换为"2013 年《电信（拦截和安全）法案》第 3 条第 1 款"。

2007 年《所得税法》（2007 年第 97 号）

第 EX 20B（11）（b）条，将"2004 年《电信（拦截）法案》"替换为"2013 年《电信（拦截和安全）法案》"。

2012 年《国家动物鉴定和跟踪法》（2012 年第 2 号）

附表 2 第 1 款第 1 项，呼叫相关数据的定义，将"2004 年《电信（拦截）法案》第 3 条第 1 款"替换为"2013 年《电信（拦截和安全）法案》第 3 条第 1 款"。

附表 2 第 1 款第 1 项，网络运营商的定义，将"2004 年《电信（拦截）法案》第 3 条第 1 款"替换为"2013 年《电信（拦截和安全）法案》第 3 条第 1 款"。

1969 年《新西兰安全情报局法》（1969 年第 24 号）

"（g）根据 2013 年《电信（拦截和安全）法案》第 56 条实施与显著网络安全风险有关的审查。"

2012 年《搜索和监视法》（2012 年第 24 号）

第 55（3）（g）条，将"2004 年《电信（拦截）法案》第 3 条第 1 款"替换为"2013 年《电信（拦截和安全）法案》第 3 条第 1 款"。

第 70 条，呼叫相关数据和网络运营商的定义，将"2004 年《电信（拦截）法案》第 3 条第 1 款"替换为"2013 年《电信（拦截和安全）法案》第 3 条第 1 款"。

2001 年《电信法》（2001 年第 103 号）

第 69C 条，分成协议的定义，第（c）（vii）（A）款，将"2004 年《电信（拦截）法案》"替换为"2013 年《电信（拦截和安全）法案》"。

立法史

2013 年 5 月 8 日	介绍（108 - 1 法案），一读并提交到法律和秩序委员会
2013 年 9 月 19 日	法律和秩序委员会的报告（108 - 2 法案）
2013 年 10 月 15 日	二读
2013 年 10 月第 16、17 日	全院委员会
2013 年 10 月 22 日	全院委员会的报告
2013 年 11 月 5 日	三读
2013 年 11 月 11 日	御准

新西兰非应邀电子通讯法案[①]

第 1 条 标题

本法案是 2007 年非应邀电子通讯法

第 2 条 生效

本法案将在获得皇家同意之后六个月实施

第一章 前提规定

第 3 条 本法案的目的

本法案的目的是——

（1）禁止未应邀的商业电子信息通过新西兰链接进行发送，其目的是：

（a）为新西兰境内的信息和交流技术提供一个更加安全、更有保证的环境；

（b）为新西兰境内的商业及其他领域对于信息及通讯技术的有效使用减少障碍；

（c）减少商业及其他领域因为应邀的商业电子信息所增加的费用；

（2）要求商业电子信息包含被授权可以发送信息的人以及功能退订机制的准确信息，其目的是使接收人能够告知发送人没有进一步的

---

① Unsolicited Electronic Messages Act（2007）

信息被发送；

（3）禁止与本法案规定的非应邀的电子信息有关的地址收集软件和地址收集列表被使用；

（4）禁止人们不合理地使用信息和通讯技术。

第4条 解释

（1）除非本法案另有规定

地址收集软件是指具备以下功能——

（a）在互联网上搜索电子地址；

（b）收集、整理、捕获或者通过其他方式收集电子地址；

主管人员是指执行部门的主管人员；

民事责任事件含义规定在第18条。

同意接收

（a）其含义是

无论是相关电子地址持有人还是其他使用该相关电子地址的人发送的，都表示同意。

同意可以从以下内容中合理地推断：

相关人的行为、业务以及其他关系；

规则中明示的其他环境。

下列环境出现时，即表示同意已经发出：

一个电子地址被人在业务中或者正式的场合予以显著地公布；

这种公布并没有伴随相关电子地址持有人不接受非应邀电子信息的声明；

被发送到该地址的信息与该人在业务中或者其他正式场合下的业务、角色、功能或者责任有关。

（b）不包含本规则明确规定没有同意的场合

法庭是指合适的地区地区法院、高级法院或者这两者中的任意一个。

电子地址是指通过下列方式使用的地址——

（a）电子邮件账户

（b）即时通讯账户

（c）电话账户

（d）类似账户

电子信息的含义规定在第 5 条当中。

执行部门是指由首相授权的、行使第三部分规定的权力的政府部门。

执法人员是指通过第 21 条人命为执法人员的人。

物品的含义与 1993 年《消费者权益保护法》第 2 条规定的一致。

政府机关是指——

（a）1975 年《监察专员法案》附表 1 第一部分命名的部门；

（b）2004 年《官员实体法案》第 10 条规定的官方机构。

地址收集列表是指——

（a）电子地址列表

（b）电子地址的收集

（c）电子地址的汇编

该列表的产生、收集和汇编都直接或间接地归属于地址收集软件的使用。

个体是指活着的自然人。

信息是指按照以下形式存在的信息——

（a）文本或写作的形式

（b）数据形式

（c）演讲、音乐或者其他声音的形式

（d）视觉形象的形式

（e）其他任何形式

（f）其他任何混合形式

错误是指一个合理的事实错误。

组织包括：

（a）单一法团

（b）法人团体

（c）非法人团体

（d）合伙组织

（e）政府机关

（f）法庭

人是指——

（a）个人

（b）组织

接受者，在电子信息被发送到一个电子地址的过程中，是指——

（a）相关的电子地址持有人；

（b）其他使用该电子地址的人。

规则是指本法案规定的规则。

相关的电子地址持有人是指对相关电子地址负责的人。

发送包括尝试发送。

服务提供者是指提供电子通讯服务的人。

服务与1993年《消费者权益保护法》第2条规定的含义相同。

电子通讯与2001年《电子通讯法案》第5条规定的含义相同。

电子通讯服务是指启用或者促进电子通讯的物品、服务、设备或设施。

非应邀商业电子信息是指接收者不同意接受的商业电子信息。

（2）如果一个电子信息满足下列一个或者多个条件，其即具有一个新西兰链接：

（a）该信息产生于新西兰；

（b）发送该信息的人是——

发送信息时，该个体在新西兰境内；

发送该信息时，该组织的主要办事处在新西兰境内；

（c）访问信息的电脑、服务器或者设备位于新西兰；

（d）接收者是——

访问该信息时，该个体在新西兰境内；

访问该信息时，该组织在新西兰境内从事商业或其他活动；

（e）如果信息因为相关电子地址不存在而不能被发送，假设该电子地址存在，最合理的可能是该信息已经通过位于新西兰境内的电脑、服务器或其他设备访问；

（f）信息发送到一个电子地址时——

以".nz"结束；

由64国际接入码开始。

第5条　电子信息的含义

（1）电子信息是指——

（a）通过电子通讯服务器发送的信息；

（b）发送到一个电子地址的信息。

（2）但是，列在附表第1条款的信息不实电子信息。

（3）下列情况不重要——

（a）电子地址存在；

（b）该信息到达了其预定地址。

第6条　商业电子信息的含义

商业电子信息

（a）是指以下电子信息：

销售或者促进物品、服务、土地、土地权益、业务或投资机会等；

帮助或者使一个人能够获得金融优势，或者从其他人处获得；

提供一个链接，或者指引收件人获得前两款当中所列事项的一个或者多个。

（b）但是不包含以下信息——

提供一个关于物品或者服务供应的摘引或者评估（如果接收者要求该摘引或者评估的话）；

便利、完成或者确保收件人之前同意与发送者进入的商务活动；

关于收件人使用或者购买物品或者服务的提供保修信息，产品召回信息或者安全保障信息；

提供一下实务的事实信息：认购、成员、账户、贷款、或者包含由发送者授权发送的收件人不断购买或者使用物品或者服务的信息；

提供与接收者现实卷入的、参加的或者注册的就业关系、福利计划现实相关的信息；

提供商品或服务（包括产品更新或升级），收件人有权按照先前与发送者达成的交易接收该商品或服务；

为收件人提供由下列机构提供的物品或服务的信息——政府机关或法庭。

其他本法案规定的目的；

1、行为对官方具有约束力

本法案约束官方。

2、本法案的域外效力

（1）该法案对于有关人士在新西兰境外从事的引发民事责任事件发生的行为有效。

（2）在本条中，相关人士是指——

（a）新西兰居民；

（b）在新西兰从事商务或者其他活动的组织。

第二章　电子信息的、地址收集软件和收集地址列表的限制

第一节　商业电子信息

第3条　非应邀电子信息不能被发送

（1）个人不能发送或者导致发送具有新西兰链接的商业电子信息；

（2）如果收件人使用了和第11条第（1）款第（a）项相同的取消接收选项，那么收件人同意接受发送人发送的商务电子信息则被视为从使用该取消接收选项之日起5个工作日内撤销其效果；

（3）主张收件人同意接受商业电子信息的人负有举证责任。

第10条　商业电子信息必须包含准确的发送人信息

个人不能发送或者导致发送具有新西兰链接的商务电子信息，除

非——

（a）该信息能够清楚准确地辨明授权发送信息的人；

（b）该信息包含收件人能方便与发送人取得联系的准确信息；

（c）能够与本法案中任何明确的规则汇编到一起的（b）中的信息；

（d）（b）中的信息能够保证在发送之后30天内有效的。

第11条 商业电子信息必须包含功能退订机制

（1）个人不能发送或者导致发送具有新西兰链接的商务电子信息（主要信息），除非——

（a）该主要信息中包含功能退订机制，收件人可以利用它来指导发送人并告知其商业电子信息不能被发送到接收主要信息的电子地址；

（b）该退订机制应当以明确显著的方式来表现；

（c）该退订机制允许收件人使用与发送重要信息相同的通讯方法答复发送者；

（d）收件人可免费使用该退订机制；

（e）该退订机制在重要信息发送后至少30天内是有用和有效的；

（f）该退订机制应遵守本法案明确规定的任何情形。

（2）第（1）款不适用于下列情况：

（a）与发送重要信息的发送者达成的合同、安排或者理解不符；

（b）与收件人之间达成的合同、安排或者理解不符。

第12条 豁免

（1）违反第9、10或者11条的规定发送电子信息或者导致电子信息被发送的人，在下列情况下可以免责：

（a）该个人错误地发送或者导致了电子信息被发送；

（b）该信息在超过该个人认知范围情况下发送（例如该信息因为电脑病毒被发送）。

（2）主张（1）中免责的个人对此负有举证责任。

第二节　地址收集软件和地址收集列表

第 13 条　对地址收集软件和地址收集列表使用的限制

（1）个人不能违反本法案第 9 条的规定，使用地址收集软件或者地址收集列表发送非应邀商业电子信息。

（2）第（1）款中的个人是指——

（a）使用时身处新西兰的个人；

（b）使用时在新西兰从事商务或者其他活动的组织。

（3）第（1）款中的禁令不仅适用于被发送的非应邀电子信息，还适用于意欲发送的非应邀电子信息，且该发送通过以下方式进行——

（a）该个人使用地址收集软件或地址收集列表发送；

（b）任何其他人发送。

第 14 条　举证责任

主张自己使用地址收集软件或者地址收集列表与违反本法案第 9 条规定发送非应邀电子信息没有联系的人，对此负有举证责任。

第三节　第三方违反法令

第 15 条　第三方违反法令

个人不能实施以下行为——

（a）协助、教唆违反本法案第 9 至 11 条以及第 13 条的规定；

（b）不能通过威胁、保证或者其他方式促使对本法案第 9 至 11 条以及第 13 条的违反；

（c）不能通过任何方式，直接或者间接地共同或独自违反本法案第 9 至 11 条以及第 13 条的规定；

（d）与他人共谋违反本法案第 9 至 11 条以及第 13 条的规定。

第四节　法案一般应用的规则

第 16 条　申请信息服务

服务提供者不发送电子信息、不导致电子信息被发送、不违反本法案第 15 条，只是因为该服务提供者提供电子通讯服务，以确保电子信息的发送。

第 17 条　授权发送电子信息的人

（1）为实现本法案第 6、10、11 条的目的，如果 A 代表 B 发送了电子信息：

（a）则 B 被授权发送该信息；

（b）A 没有被授权发送该信息。

（2）但是，如果 A 被授权，则其可以代表 B 来发送该电子信息。

第三章　执法规定

第一节　民事责任事件

第 18 条　民事责任事件的含义

在这一部分，民事责任事件是指对下列其中之一或更多条款的违反：

（a）第 9 条第（1）款（非应邀电子信息必须没有被发送）；

（b）第 10 条（商业电子信息必须包含准确的发送者的信息）；

（c）第 11 条第（1）款（商业电子信息必须包含功能退订机制）；

（d）第 13 条第（1）款（限制使用地址收集软件和地址收集列表）；

（e）第 15 条（第三方违反被法案）。

第 19 条　民事责任事件的可能反应

如果一个民事责任事件被指控——

（a）任何受该事件影响的人必须至少做到以下中的一点——

根据本法案第 40 或 42 条，向高级法院申请禁制令；

根据本法案第 46 条向法庭提出赔偿或损害申请；

根据本法案第 47 条申请加入由执法部门或者其他人开启的法庭活动；

（b）执法人员可以实施以下行为——

根据本法案第 23 条发送正式警告；

根据本法案第 24 条发送民事侵权通知；

根据本法案第 51 条规定申请一项搜查令，并实施调查和检取的权力；

（c）执法部门可以实施以下行为——

根据本法案第 34 条接受一项强制执行的承诺，根据本法案第 35 条寻求违反该承诺的命令；

根据本法案第 40 或第 42 条向高级法院申请禁制令；

根据本法案第 45 条向法院申请罚款；

根据本法案第 46 条向法院申请赔偿或损害；

根据本法案第 47 条申请加入任何人开启的法庭活动。

第二节　执法部门和执法人员的功能和权限

第 20 条　执法部门的功能和权限

执法部门——

（a）如果认为在相关环境下调查和采取执法行动是合适的，则可以实施这些行为；

（b）必须公开有关下列情况的信息——

本法案规定的执法部门和执法人员的功能和权限；

本法案的目的和条款；

适用本法案的个人的权利和责任；

（c）必须显示信息和交流技术，以及利用它们发送和接收非应邀商业电子信息的方式；

（d）必须——

建立一个电子地址；

公开关于人们可以怎样使用电子地址的信息；

如果合适的话，针对转发到电子地址的电子信息种类的能否反应，向政府或非政府组织提出建议；

（e）必须努力确保新西兰遵守其参加的关于非应邀电子信息的国际条约；

（f）可以就如何促进和加强禁止非应邀商业电子信息传送和接收的国际化进程问题，咨询、建议、协助政府或者非政府组织以及其他海外人士。

第 21 条　主管人员可以任命执法人员

主管人员可以在永久或暂时的基础上，任命执法人员，以使其行使本法案赋予的权力。

第 22 条　执法人员的权威

（1）主管人员必须向每个被任命为执法人员的人发放委任手令。

（2）委任手令必须——

（a）必须符合规定的形式；

（b）印有持有人的照片和签字；

（c）包含其他规定的情形。

（3）在没有相反证据的情况下，委任手令就足以证明其持有人有权根据下列法条实施相关执法行为——

（a）第 23 条（正式警告）；

（b）第 24 到 31 条（民事侵权通知）；

（c）第 51 到 56 条（调查和检取）。

（4）不再担任执法人员的，必须归还委任手令。

（5）违反第（4）款的，构成犯罪，处以不超过 1000 美元的罚款。

第 23 条　正式警告

（1）执法人员如果有合理的根据相信他人犯下了民事责任事件，便可以向该人发放一个或多个正式警告。

（2）正式警告必须——

（a）符合规定的形式；

（b）按照规定的形式发放。

第 24 条　民事侵权通知

执法人员如果有合理的根据相信他人犯下了一个或多个民事责任事件，则可以向其发放与该事件有关的民事侵权通知。

第 25 条　民事侵权通知的发放

（1）民事侵权通知必须在被指控的最先发生的民事责任事件起12 个月内发放。

（2）民事侵权通知必须按照以下方式发放——

（a）必须向被指控犯下了民事责任事件的当事人发放；

（b）通过邮寄的方式向当事人最后知晓的居住地或经商地发放。

（3）按照第（2）款（b）项向当事人发放的民事侵权通知，其发放时间一般被认为是其邮寄时间。

第 26 条　民事侵权通知的形式

民事侵权通知必须——

（a）包含充足的细节，以告知被发放人该通知的时间、方式，以及被控告的民事责任事件的性质；

（b）明确每个被指控的民事责任事件需要赔付的金额，但金额不能超过本法案规则规定的数量；

（c）明确赔偿款项支付的时间；

（d）对于赔偿数额如何制定出来作出解释；

（e）包含当事人可以就该通知提出异议的陈述；

（f）包含当事人既不赔偿又不提出异议的后果；

（g）包含其他规则当中规定的信息。

第 27 条　对民事侵权通知的异议

（1）对民事侵权通知的异议——

（a）只能根据规则来作出；

（b）必须包含规则当中所明确的全部信息；

（c）必须按照规定的时间和方式作出。

（2）执法人员——

（a）必须考虑每个异议是否按照第（1）款作出；

（b）可以驳回异议，维持该民事侵权通知；或按照本法案第 28 条撤销该民事侵权通知；

（c）只要是合理可行的，必须向异议者作出以下书面通知——

该异议是否被驳回、维持或部分维持；

执法人员的决议的效力。

（3）当事人可能不会就执法人员按照第（2）款（b）项修改的民事侵权通知提出异议。

第 28 条　民事侵权通知的撤销

（1）执法人员可以通过书写通知（撤销通知），向被发放了民事侵权通知的人发放以撤销该民事侵权通知。

（2）为了生效，撤销通知必须在以下日期之后的 20 个工作日内发放——

（a）通知被发放时；

（b）如果可以适用的话，执法人员向对民事责任事件的异议发放最后的回应时；

（3）执法人员必须退还民事侵权通知中规定的罚款，如果——

（a）民事侵权通知中规定的罚款已经支付的；

（b）罚款支付之后，该民事侵权通知被撤销的。

第 29 条　罚款支付以后的结果

（1）本条适用下列情况——

（a）与一个或者多个民事责任事件相关的民事侵权通知发放给当事人，即使该通知在随后被撤销；

（b）罚款按照民事侵权通知的规定支付，即使随后该罚款被撤销。

（2）如果第（1）款适用的话——

（a）被指控犯下民事责任事件并被发放民事侵权通知的人的责任不再追究，除非为实现本法案第 46 条的目的；

（b）按照本法案第 45 条进行的诉讼不再追诉被指控犯下民事责任事件的人。

第 30 条 民事侵权通知对民事诉讼的影响

（1）民事侵权通知发放给当事人，并不会阻止按照本法案第 45 条对犯下民事责任事件的当事人进行诉讼，即使——

（a）当事人没有按照民事侵权通知的规定支付罚款；

（b）与民事责任事件相关的民事侵权通知发放给当事人，但随后未支付罚款时该通知便被撤销的。

（2）民事侵权通知发放给当事人，并不影响按照本法案第 46 条对当事人进行追诉。

第 31 条 未付罚款的追讨

（1）第（2）款规定的结果适用，如果当事人——

（a）已经被发放了民事侵权通知；

（b）在规定时间内没有全部支付罚款的。

（2）结果是执法人员可以在地区法院向当事人追讨罚款，包括——

（a）罚款的未支付部分；

（b）通过法庭向当事人追讨罚款所导致的合理、实际的花费；

（3）根据本条规定，在任何债务追讨的诉讼中，地区法院不能按照执法部门的要求裁判，除非符合本条第（1）款的规定。

第 32 条 申诉权

（1）如果当事人对执法人员作出的下列决定不满意，可以向地区法院上诉——

（a）拒绝了当事人对民事侵权通知的异议；

（b）改变了民事侵权通知。

（2）第（1）款规定的申诉必须在民事侵权通知作出之日起 20 个工作日内向法院提出。

（3）申诉期间不停止对民事侵权通知的执行。

第 33 条 申诉的结果

（1）针对根据本法案第 32 条提出的申诉，法院必须作出驳回或允许的决定。

（2）如果地区法院驳回了当事人的申诉，则该驳回即成为要求当事人支付民事侵权通知规定的罚款的命令。

（3）如果地区法院允许了该申诉，则该允许可以导致根据民事侵权通知所作出的罚款决定——

（a）改变或取消；

（b）如果该申诉在按照民事侵权通知支付或追讨罚款之后被允许，则该罚款应被退还。

第34条　强制执行的承诺

（1）执法部门可以接受与下列情况相关的当事人书面执行申请——

（a）商业电子信息

（b）地址收集软件

（c）收集地址列表

（2）在经过执法部门同意之后，当事人可以在任何时候撤销或者改变该执行申请。

第35条　强制执行

（1）如果执法部门认为根据本法案34条提交执行申请的人，违反了其中一个或多个条款，执法部门可以根据本条第（2）款向法院申请命令。

（2）如果法院认为当事人违反了执行令当中一个或多个条款，法院可以做出以下任意或全部命令。

（a）命令当事人遵守执行令中的相关规定；

（b）命令当事人向执法部门支付因为违反相关条款所直接或间接获得的利润；

（c）任何法院认为合理的命令，指导当事人向因其违反相关条款受到损害的人进行赔偿；

（d）法院认为合理的其他命令。

第36条　执行违反的赔偿评估

为实现本法案第35条第（2）款第（c）项的规定，决定是否有人因为该执行的违反受到损失，并评估所应赔偿的数额，法院可以考虑下列情况——

(a) 受害者为应对该违反所导致的花费；

(b) 该违反对受害者实施商业或其他活动的影响；

(c) 受害者因处理该违反所导致的商业信誉的损害；

(d) 受害者因处理该违反所导致的商业机会的损失；

(e) 法院考虑的其他相关因素。

第三节　法庭权力

第 37 条　地区法院的管辖权

(1) 依照本法案的规定，地区法院可以审判下列事项——

(a) 本法案第 31 条规定的对民事侵权通知所规定的罚款进行追讨；

(b) 本法案第 32、33 条规定的对民事侵权通知进行的申诉；

(c) 本法案第 35、36 条规定的所申请的与执行相关的命令；

(d) 本法案第 45 条规定的罚款申请；

(e) 本法案第 46 条规定的赔偿或损害申请；

(f) 本法案第 47 条规定的加入团体或诉讼的申请；

(g) 本法案第 51 条规定的对搜查令的申请。

(2) 在本条规定的地区法院行使管辖权的范围内，地区法院不能——

(a) 根据本法案第 35 条作出要求当事人支付总和超过 20 万美元的命令；

(b) 根据本法案第 45 条作出要求当事人赔偿超过 20 万美元罚款的命令；

(c) 根据本法案第 46 条作出要求当事人赔偿总和超过 20 万美元赔偿款的命令。

第 38 条　高级法院的管辖权

依照本法案的规定，高级法院可以审判下列事项——

（a）本法案第 35、36 条规定的关于执行命令的申请；

（b）本法案第 40、42 条规定的对禁令的申请；

（c）本法案第 45 条规定的对罚款的申请；

（d）本法案第 46 条规定的对赔偿和损害的申请；

（e）本法案第 47 条规定的加入团体或诉讼的申请。

第 39 条　高级法院的权力不受影响

本法案第 40 到 44 条规定的权力不会影响到高级法院与发放禁令相关的其他权力。

第 40 条　表现禁令

（1）高级法院可以根据执法部门或者其他相关人员的申请，发放一份禁令要求复合下列条件的人做出相应行为——

（a）该人已经拒绝或者未能实施相关事宜，该人正在拒绝或不实施相关事宜，该人计划决绝或不实施相关事宜；

（b）拒绝实施的相关事宜导致了民事责任事件。

（2）法院可以废止或改变本条中发放的禁令。

第 41 条　高级法院可以授予执行禁令

（1）符合下列情况的，高级法院可以发放一份禁令——

（a）相关人员拒绝或者没有实施相关事宜；

（b）如果禁令不发送的话，相关人员即会拒绝或者不实施相关事宜。

（2）第（1）款第（a）项对于相关人员继续拒绝、没有实施相关事宜，或者相关人员计划再次拒绝、不实施相关事宜都适用。

（3）第（1）款第（b）项对于相关人员之前已经拒绝、不实施相关事宜，或者相关人员拒绝、不实施相关事宜会给他人造成严重损害的都适用。

第 42 条　限制禁令

（1）高级法院可以根据执法部门或者相关人员的申请，发放禁令禁止相关人员从事违反本法案规定的行为。

（2）高级法院可以废止或者改变根据本法案发放的禁令。

第 43 条 高级法院可以发放限制禁令和临时禁令

(1) 高级法院可以发放禁令禁止相关人员从事特定行为,如果——

(a) 相关人员已经实施了该特定行为;

(b) 不发放禁令,相关人员即会实施该特定行为。

(2) 高级法院如果认为需要的话,可以发放临时禁令禁止相关人员从事特定行为。

(3) 第 (1) 款第 (a) 项和第 (2) 款适用于法院认为相关人员会再次或继续实施特定行为的情形。

(4) 第 (1) 款第 (b) 项和第 (2) 款适用于相关人员之前已经实施了特定行为或者实施特定行为会给他人造成严重损害的情形。

第 44 条 不要求执法部门做出赔偿承诺

(1) 如果执法部门根据本小部分向高级法院申请临时禁令,法院不能以执法部门做出赔偿承诺为前提向其发放临时禁令。

(2) 但是,在审查执法部门对临时禁令的申请时,法院不得考虑执法部门不需要做出赔偿承诺的情形。

第 45 条 民事责任事件的罚款

(1) 如果肇事者犯下了民事责任事件,法院可以根据执法部门的申请命令肇事者支付一定数额的罚款。

(2) 受第 (3)、第 (4) 款的限制,法院命令肇事者支付的罚款数额必须考虑下列情形以控制在合理的范围内——

(a) 被发送商业电子信息的数量;

(b) 商业电子信息被发送到的电子地址的数量;

(c) 肇事者是否曾经犯下民事责任事件。

(3) 如果肇事者为个人,则法院根据执法部门的申请,要求其支付的罚款数额不得超过 20 万美元。

(4) 如果肇事者为组织,则法院根据执法部门的申请,要求其支付的罚款数额不得超过 50 万美元。

第 46 条　对民事责任事件的配成与损害

（1）本条适用于下列情况——

（a）法院确信肇事者犯下民事责任事件；

（b）受害者因该民事责任事件受到了直接或相关的损失和损害。

（2）法院可以按照第（1）款的规定作出裁决——

（a）根据受害人的申请；

（b）根据执法部门的申请。

（3）如果适用本条，法院可以命令肇事者向受害人赔付下列款项之一或全部：

（a）受害者因该民事责任事件所受到的任何损失；

（b）没有超过肇事者因该民事责任事件所获得收益的损害。

第 47 条　双方合并审理

（1）根据执法部门或者其他相关人员的申请，法院可以：

（a）将根据本法案第 46 条申请的损害赔偿和执法部门根据本法案第 45 条申请的罚款合并审理；

（b）将根据本法案第 45 条申请的罚款与根据本法案第 46 条申请的损害赔偿合并审理；

（c）将两个以上根据本法案第 46 条申请的损害赔偿合并审理。

（2）法院可以根据第（1）款就下列事项作出决定——

（a）在程序中的任何阶段；

（b）按照任何其认为合适的方式；

（c）根据具体情况的优劣。

第 48 条　民事责任补救措施的相互关系

（1）当事人可能因同一起民事责任事件对罚款、赔偿和损害负责。

（2）但是，在考虑当事人支付罚款或赔偿损害时，法院应当考虑下列情况——

（a）当事人是否针对同一民事责任事件支付了补救款；

（b）如果是的话，考虑支付补救款的数量和影响。

第 49 条　证据的应用规则、应用程序和标准

本法案第 45 和 46 条规定的程序，包含了民事诉讼中通常的庭审规则、证据规则和民事诉讼申请程序（包括证据标准）。

第 50 条　申请罚款、赔偿损害的时间限制

（1）罚款申请应当在民事责任事件被发现或应当被发现之日起 2 年内做出。

（2）该时间限制适用于所有损害赔偿的申请。

第四节　搜查与检取

第 51 条　搜查令

（1）执法人员可以根据 2012 年《搜查和监视法案》第四部分的第三小部分规定的方式申请一份搜查令以搜查某地方或某物品。

（2）已被废除。

（3）申请必须交给开证人员（2012 年《搜查和监视法案》第三部分有说明）。

（4）如果有合理根据证明发生了下列情形，则发证人员可以发放搜查令：

（a）民事责任事件正在发生或已经发生的；

（b）有证据证明民事责任事件发生。

（5）适用 2012 年《搜查和监视法案》第四部分的规定。

（6）尽管有第（5）款的存在，2012 年《搜查和监视法案》的第 118 和 119 条仅适用于警员。

第 52 条　搜查令的形式和内容

已废除。

第 53 条　搜查令赋予的权力

已废除。

第 54 条　拥有电脑知识或电脑网络知识的人

已废除。

第 55 条 执行搜查令时的要求

已废除。

第 56 条 对执行搜查令过程中检取的财物的处理

已废除。

第四章　杂项规定

第 57 条 杂项规定

就不属于电子信息的信息列表，总督可以根据枢密院令进行一下修改——

（a）增加一种类型的信息进列表，如果有需要的话，可以对该类信息进行描述；

（b）从该列表中忽略一类信息，如果有必要，可对该类信息进行描述；

（c）修改该列表中的一类信息；

（d）修改对一类信息的描述。

第 58 条 规则

为实现以下目的，总督可以根据枢密院令制定相关规则：

（a）指示收件人可能或者可能不被推断为同意接收电子信息的情形；

（b）将相关电子信息从第 6 条规定的商业电子信息中排除；

（c）为实现第 10 条第（c）项规定的目的制定条件；

（d）为实现第 11 条第（1）款第（f）项的目的制定条件；

（e）为实现第 22 条第（2）款的目的，规定任命执法人员以及包含其他情形的手令的形式；

（f）规定正式警告的形式，以及该正式警告按照本法案第 23 条发放的形式；

（g）制定根据民事侵权通知确定的罚款的最大额，每一个被指控的民事责任事件的罚款不得超过 2000 美元；

（h）为本法案第 26 条第（g）款规定的民事侵权通知指示进一步

的信息；

（i）根据本法案第 27 条，指示——

针对民事侵权通知提出异议的根据；

必须包含在异议当中的信息；

提交异议需要的时间、方式；

（j）已被废止；

（k）授权执法部门可以和包括国际反垃圾邮件执法部门在内的国际执法机构达成合作协议，在国家间执法部门之间分享信息，追求有关垃圾邮件的跨境投诉；

（l）本法案需要涉及的其他事项以及关系到本法案实施、效力的事项。

附表

不属于电子信息的信息

1. 被排除的信息

下列信息不属于本法案规定的电子信息：

（a）通过下列方式的语音呼叫——

标准的电话服务

语音互联网协议

（b）已被废止。

2. 定义

在本附表中，语音呼叫是指以下情况，不论接收者是否通过摁手机键回复——

（a）通常含义下的语音呼叫；

（b）包含记录的或合成声音的呼叫；

（c）和（a）（b）中规定的语音有同等效果，但能够对残疾人有效的呼叫（例如，接收者有听力问题）。

内容

1. 一般

2. 再版的地位

3. 如何准备再版

4. 根据本法案第 17 条第（c）款和 1989 年《规则出版法案》所作出的改变

5. 合并在再版中的修正

记录

1. 一般

本法案是 2007 年《非应邀电子信息法案》的再版，合并了 2013 年 7 月 1 日开始制定的所有修正。

任何包含惯例、储蓄以及不能被整理到再版中的应用规则的修订法规，其相关规定都包含其中，并在重要法规之后按照时间顺序排列。更多信息，请查看 http：//www.pco.parliament.govt.nz/reprints/.

2. 再版的地位

根据本法案第 16 条第（d）款和 1989 年《规则出版法案》的规定，自再版之日起，再版被推定为该法律主体及修正的正确表述。即使根据本法案第 17 条第（c）款及 1989 年《规则出版法案》进行了编辑改动，该推定亦适用。

该推定可以通过制定包括法律主体和修正在内的官方法律案卷及法律规则来排除适用。

3. 如何准备再版

在再版制定过程中，很多修改管理被使用其中。例如，制定字不包含在本法案中，同时废除和撤销的规则也被略去。欲获得更细致的修改管理列表，请查看 http：//www.pco.parliament.govt.nz/editorial-conventions/

4. 根据本法案第 17 条第（c）款和 1989 年《规则出版法案》所作出的改变

本法案第 17 条第（c）款和 1989 年《规则出版法案》授权在再版中对本法案第 17 条第（d）款和第（e）款进行编辑修改，在允许的范围内，再版制定的形式和现行立法保持一致。改变立法效力的变化不被允许。一种新的立法形式在 2000 年 1 月 1 日被介绍进来。立法

起草形式的改变也从 1997 年开始并一直延续下来。在法案第 17 条第
（c）款和 1989 年《规则出版法案》允许的范围内，所有 2000 年 1 月
1 日之后的法律再版都按照新的立法方式来出版，并且反映当前的起
草实践方式。

在大纲上，由法案第 17 条第（c）款和 1989 年《规则出版法案》
授权在再版中做出的编辑改变如下，这种编辑改变已经被应用到了这
次再版当中——

省略没必要的参考文字（例如"本条"、"本法案"）

字体和字体大小

法规布局包括：

缩进

标题位置（数字和标题在法条的上面）

定义的格式（定义要用粗体，同时不要加引号）

批准日期的位置（在法案每一页的前面）

标点（定义后面不要加冒号）

用罗马数字标注的部分换成阿拉伯数字

字母和单词的外观包括：

标题的格式（标题中每一个单词的第一个字母为大写其他为小
写，修改为只有标题中第一个单词的第一个字母为大写，其他都为小
写）

在节和小节引用小型大写字母现在是大写字母

题头（出现在每页最上面的信息）

5. 合并在再版中的修正

非 洲 篇

南非电子通讯及交易法案①

制定本法案的目的是促进电子通讯和交易的发展；发展国家公众电子策略；发展电子通讯和交易的通用渠道以及中小企业对电子交易的运用；促进电子交易中的人力资源发展；禁止滥用信息系统；鼓励政府电子服务的使用；促进相关事务联系。

章节安排

第一章　解释，目的和应用

1. 定义
2. 法案目的
3. 解释
4. 应用范围

第二章　利益最大化和政策框架

第 1 部分　国家电子战略

5. 国家电子战略
6. 通用渠道
7. 先前的弱势群体

---

① Electronic Communications and Transactions Act（2002）

第十三章　网络犯罪

第十四章　一般规定

第一章　解释、目的和应用

定义

第 1 条　在本法案中，除非上下文另有指示——

根据数据信息，"收件人"是指将要接收由发送人发送的数据信息的人，而不是中间人；

"先进的电子签名"是指一个通过权威认证过程的电子签名，该权威认证在第 37 节中提供；

"认证产品或服务"是指用来识别电子签名持有人的产品或服务；

"认证服务提供者"是指其身份认证产品或服务已经被认证权威机构根据第 37 节或 40 节确认的人；

"机构"是指南非网域名称机构；

"自动交易"是指全部或部分进行电子交易，该电子交易是通过电子信息的方式对一方或双方的数据信息进行审核，而不再是通过自然人在普通的业务中进行；

"浏览器"是指可以让一个人阅读超链接数据信息的计算机程序；

"缓存"是指高速内存，其可以在计算机的控制下在相对较短的时间内存储数据，其目的是为了加快数据传输和处理；

"国家代码顶级域"是指在互联网领域高级水平的国家代码域名，它是根据两个字母代码按照国际标准 IS 0 3 166 – 1 分配的（代码是国家名称的代表和他们的分区）；

"认证服务提供者"是指提供一种身份验证产品或服务的人，这种身份验证或服务是按照与数据信息连接的数字确认的方式进行的；

"消费者"是指任何一个进入或者打算进入电子交易领域，并作为由供货商提供的商品或服务的最后使用者的自然人；

"消费者事务委员会"是指按照 1988 年第 71 号法案消费者事务（不公平商业做法）法案第 2 条建立的消费者事务委员会；

"重要数据"是指关涉国家共和和经济安全保护以及居民的社会安定重要性的数据，这些数据由官方在第 53 条中宣布；

"重要数据库"是指以电子形式搜集的可能被访问、复制或提取的重要数据的集合；

"重要数据库管理员"是指负责重要数据库管理和控制的人。

"秘密产品"是指任何利用了加密技术的产品，被数据电文的发件人和收件人应用，以确保：

（a）这些数据只能被相关人员使用；

（b）数据的真实性；

（c）数据的完整性；

（d）该数据源可以被正确地确定；

"加密提供者"是指任何在共和国内提供或者计划提供加密服务或产品的人；

"加密服务"是指为数据信息发件人或收件人再或任何储存数据的人提供的一种服务，这种服务是为方便使用密码技术而设计，其目的是为确保：

（a）这种数据或数据信息只能由确定的人按照可以理解的方式访问或进入；

（b）这些数据或数据信息的真实性或完整性能够被确认；

（c）数据或数据信息的完整性；

（d）这些数据或数据信息的来源能够被正确的确认；

"网络检察"是指在第十二章提到的检察者；

"数据"是指任何形式的电子信息；

"数据控制者"是指任何一个运用电子形式从数据主题中请求、收集、整理、储存个人信息的人；

"电子信息"是指通过电子方法产生、传送、接收、储存的数据，它包括：

（a）在自动化交易中应用的声音；

（b）一个储存记录；

"数据主体"是指，本法施行后，任何一个其个人信息被要求、收集、整理、加工、储存的自然人；

"部门"是指通讯部门；

"总干事"是指部分总干事；

"域名"是指在互联网上通过电子地址或其他资源注册或分配的字母数字标示；

"域名系统"是指将域名转化为 IP 地址或其他信息的系统；

"电子政府服务"是指由任何共和国里的公共机构以电子方式提供的任何公共服务；

"电子剂"是指在自动交易中的一种用于部分或全部启动一个动作或数据相应消息或演出的计算机程序或电子及其他自动装置；

"电子通讯"是指通过电子信息方式实现的通讯；

"电子签名"是指和其他数据连接或纳入其他数据当中并被使用者用来作为签名的数据；

"e-mail"是指电子邮件，即在电子通讯当中被作为邮件信息在发件人和收件人之间使用的数据信息；

"主页"是指一个网站的主入口点；

"超链接"是指通过指导浏览器或者其他功能使一个数据信息和另一个数据信息或者将一个数据信息的一部分和该数据信息的另一部分相连接的媒介方法；

"ICANN"是指一个分配用户名和号码的互联网公司，是按照美国加利福尼亚州的法律建立的一个非盈利性公益组织；

"信息系统"是指一个发送、接收、储存、显示或者以其他方式显示处理信息的系统，包括因特网；

"信息系统服务"包括提供链接，信息系统设施的操作，提供进入信息系统的渠道，在被用户指定的点之间的数据信息的传输和路由，信息储存过程；

"中介"是指一个代表另一方的，不论年轻与否，传送、接收或储存特殊数据信息或者提供关于该信息的其他服务的人；

"互联网"是指连接在世界各地使用 CPAP 及其未来版本的电脑的网络互联系统；

"IP 地址"是指标示一个计算机的连接点或者标示其他链接到因特网的设备的数字；

"部长"是指通讯部长；

"开创者"是指声称已经发送或者在储存之前已经产生该数据信息的人，该"人"不包括对该信息只起到中介作用的人，该"人"包括公共机构；

"个人信息"是指一个可以识别个人的信息，包括但不限于：

（a）有关民族、性别、是否怀孕、婚姻状况、族裔或社会出身、肤色、性取向、年龄、身体或心理健康、福祉、残疾、宗教、良心、信仰、文化、语言和个人出生；

（b）有关个人的教育或医疗、犯罪或就业的信息，以及个人涉及的金融交易的信息；

（c）任何识别数字、符号或者其他分配给个人的信息；

（d）个人的地址、指纹和血型；

（e）个人意见、看法和个人的喜好，但关于另一个人的赞扬、奖励等排除在外；

（f）个人发送的，隐含或者明确地表明私下个人特性的通信，或者会揭示该通信的原始内容的未来通信；

（g）其他人关于该个体的看法和观点；

（h）其他人关于给该个体表扬或者奖励的看法和特点，但不包括伴随其他个体的看法或观点出现的其他个人的名字；

（i）和其他个人信息一同出现的该个体的名字，其他个体信息必须和该个体有关，或者名字自身的披露可能会揭示该个体的信息；

但不包括已经死了 20 多年的个人的信息；

"规定"是指本法确定的规定；

"私人机构"是指：

（a）从事或者曾经从事一定行业、业务或者专业的自然人；

（b）从事或者曾经从事一定行业、业务或者专业的合伙；

（c）或者任何前任或者现任法人，但并非公共机构；

"公共法人"包括：

（a）国家级或者省级范围内的任何政府部门或者政府局部范围内的市；

（b）满足以下条件之一的任何其他机构——

根据宪法或者省级地方性法规行使权力或者履行职责；

根据任何法律行使权力或者履行职责；

"注册人"是指申请或者拥有一个域名的人；

"登记员"是指由管理局许可来更新资源库的人；

"注册表"是指由管理局授权来具体管理和控制一个具体子域的实体；

"储存库"是指通过寄存器维持的信息的普通注册表；

"二级域名"指在紧接的国家代码顶级域下的子域；

"中小型及微型企业"是指根据 1996 年的 102 法案小型企业发展

的计划表所确定的小型、中型以及迷你企业；

"子域名"是指在第二域名当中运行的南非域名的一部分；

"TCP/IP"是指被连接到因特网的信息系统所使用的传送控制协议/因特网协议；

"顶级域名"指域名系统的顶级域名；

"第三者"，就服务提供者而言，是指订阅服务提供者服务的人，或者任何其他使用服务商提供的服务的人，或者信息系统的用户；

"交易"是指一个商业或者非商业性质的交易，包括信息提供和电子政府服务；

"普遍通道"是指由共和国公民进行互联网连接或者电子交易的通道；

"WAP"是指无线应用协议，由无线应用协议论坛有限公司制定的开放的国际标准，该协议是由该公司按照英国法律制定的，包括无线通讯应用和手机上网；

"网页"指 World Wide Web 上的数据报文；

"网站"是指在因特网上包含了一个主页或者一个网页的任何位置；

"万维网"是指信息的浏览框架，其允许用户找到并访问存储在远程计算机上的信息，并按照从一台计算机到引用另一台计算机上的相关信息。

法案目的

第 2 条

（1）该法案的目的是为了公共利益，促进和推进电子通讯和交易，并为以下目的——

（a）认识到信息经济对于共和国经济和社会繁荣的重要性；

（b）初级的促进服务不足区域的基本接入；

（c）推进对理解和接收共和国电子交易数额的增长；

（d）去除和预防共和国电子通讯和交易的阻碍；

（e）促进关于电子通讯和交易的信心和法律确定性；

（f）促进电子通讯和交易的法律应用过程中的技术中立；

（g）推进电子政府服务，公共和私营机构，机构和公民之间的电子通讯和交易；

（h）确保共和国的电子交易符合最高国际标准；

（i）鼓励共和国内电子交易的投资和改革；

（j）为自然人、法人和政府进行电子交易提供一个安全、可靠、有效的环境；

（k）促进满足用户和消费者需求的电子交易服务；

（l）关于电子交易服务的提供，确保特殊群体的特殊需要，地区和残疾人的特殊需要也应当考虑；

（m）在电子通讯和交易的发展和提供过程中，要确保遵守公认的国际技术标准；

（n）促进共和国电子交易的稳定性；

（o）促进电子交易环境中人力资源的发展；

（p）促进中小型企业的电子交易环境；

（q）确保南非域名空间的有效使用和管理；

（r）确保共和国的国家利益不会因为电子通讯的使用受到损害。

解释

第3条

该法不能被解释为排除其他成文法或者普通法对于电子交易、数据信息或者本法案提到的其他事物的应用。

应用范围

第4条

（1）除本节有任何相反规定，本法案适用于任何电子交易、数据信息；

（2）该法案不能被解释为——

（a）要求任何人只能通过电子方式产生、通讯、生产、经过、传递、接收、记录、保持、储存或者展示任何信息、文件及签名等；

（b）禁止任何人通过任何方式建立需求以让他人接收数据信息；

（3）附表1第B列中提到该法的条文并不适用于该附表的A栏提到的法律；

（4）该法不能被解释为在25所述的任何交易赋予效力附表2；

（5）该法并没有限制明确授权的任何法律的实施，也没有禁止或者归管数据信息的使用，包括对以张贴或者其他方式显现的信息的需求，或者按照指定的方式传输的法律信息或文件。

第二章　利益最大化和政策框架

第1部分　国家电子战略

国家电子战略

第5条

（1）该法案颁布后24个月内，部长必须为共和国发展一项为期3年的国家电子战略，并提交内阁批准。

（2）内阁必须接受国家电子战略，并宣布将实施国家电子战略作为国家优先项目。

（3）部长在制定国家电子战略时——

（a）必须为公共服务和管理确定涉及电子政务咨询服务的所有事项；

（b）必须确定每个人、每个实体、每个部门在发展国家电子战略过程中的具体角色；

（c）必须作为负责人的部长，去统筹和监察国家电子战略的实施；

（d）如果部长认为必要，可以做相应的调查；

（e）可以掌握并研究电子通讯和交易在共和国和国际范围内的相关事态发展；

（f）必须不断调查和评估国家电子战略发展目标的进程；

（g）可以联络、咨询公共机构、私营部门或者任何其他个人并与他们合作；

（h）部长可以决定咨询财政部长、任命专家或其他顾问；

（4）（a）与内阁其他成员协商的同时，部长必须决定国家电子战略的主题事项和需要管理应用的原则；

（b）在提出任何目标和原则之前，部长必须通知任何利益相关方发表自己的意见，并认真考虑收到的意见；

（c）国家电子战略必须包括——

共和国的电子交易战略，区分区域、国家、洲际和国际战略；

实现普遍接入的程序和手段，人力资源发展和中小型及微型企业的发展；

促进共和国对电子交易的整体准备情况的程序和手段；

促进共和国成为国际市场上的电子首选供应商和电子交易用户的方式；

直接或者间接地对国家电子战略产生影响的现有政府措施，以及怎样利用这些现有政府措施为国家电子战略服务；

可让私营部门在国家电子战略中扮演相应的角色，政府需要采取相关措施以让私营部门扮演这样的角色；

定义的目标，包括目标实现的时间框架；

实现国家电子战略目标所需要的资源。

（5）经内阁批准以后，部长必须在公报上公布国家电子战略。

（6）为了实现国家电子战略，部长可以同商务部长协商。

（7）部长必须每年向内阁汇报进展情况、目标的实现等部长认为相关的事项。

（8）部长必须每年审查国家电子战略，并在同内阁相关人员商议后对其进行相应的修改。

（9）国家电子战略的任何修改必须经过内阁批准，否则无效。

（10）部长必须在内阁公布国家电子战略中的任何重大修改。

（11）部长必须向内阁提交关于国家电子战略执行进展情况的年度报告。

通用渠道

第 6 条　对于普遍接入，国家电子战略必须确定一下战略和计划——

（a）为弱势群体连接因特网；

（b）鼓励私营部门发起计划提供普遍接入；

（c）为实现普遍接入促进新技术的采纳和使用；

（d）激发公众认识、理解、接受互联网连接和电子交易的好处。

先前的弱势群体

第 7 条

（1）在指定国家电子战略时，部长必须提供相应方式，最大限度地使历史上处于不利地位的人或群体获得电子交易带来的好处，这些好处包括但不限于——

（a）确保基础设施应用于这些人或群体，以使他们的商品或服务的营销或销售实现电子交易；

（b）为此类设施或基础设施提供或确保支持服务，帮助其实现电子交易的有效施行；

（c）通过有效适用或利用电子交易的方式为这些人或社区提供帮助或建议。

人力资源的发展

第 8 条

（1）在发展国家电子战略时，部长必须按照现行法律确定的程序和结构，提出促进人力资源开发及政府的综合人力资源开发战略的方式；

（2）部长必须和劳动部长、教育部长一起商议；

（3）除（1）（2）外，部长必须在以下领域促进技能发展——

（a）信息技术产品和服务，以支持电子交易；

（b）为中小型及微型企业和其他企业利用电子交易的经营策略；

（c）关于电子交易的部门、地区、国家、洲际和国际政策制定；

（d）在公共和私营部门实施电子交易的项目管理；

（e）南非区域空间的管理；

（f）与其他非洲国家进行磋商的非洲大陆的 IP 地址系统的管理；

（g）影响电子交易的通讯技术之间的融合行动；

（h）电子交易的技术和业务标准；

（i）关于电子交易的性质、范围、影响、经营、使用和收益的教育；

（j）和电子交易相关的其他事务。

中小企业

第9条 经过与贸易和工业部长协商，部长必须评估现有的流程、程序和基础设施是否能够满足中小型及微型企业进行电子交易的需要，根据有关规定对利用评估，可——

（a）建立或者协助建立为中小型及微型企业设立的电子通信中心；

（b）方便网站和网站门户的发展，这将使中小型及微型企业能够进行电子交易并获得关于市场、产品的信息和技术援助；

（c）为中小型及微型企业提供专家和专业援助和咨询，以使其能够有效利用电子交易促进其发展。

第 2 部分 电子交易政策

电子交易政策

第 10 条

（1）部长必须遵守本法指定电子交易政策；

（2）在拟定（1）中预期的政策时，部长必须——

（a）与受到该政策制定影响的内阁成员协商；

（b）充分考虑到——

本法案的目的；

电子交易的特性、范围和影响；

国际最佳实践和其他司法管辖区和国际机构对于法律和指引的一致性；

共和国内现行的法律和他们的管理范围；

（3）部长必须在宪报上公布共和国内关于电子交易的政策指引；

（4）在实施这一章中，部长必须创新信息系统的发展相关行业的增长。

第三章 推进电子交易

第 1 部分 数据信息的法律要求

数据信息的法律承认

第 11 条

（1）当信息全部或者部分以数据信息的形式存在时，它是有法律效力并且有效的。

（2）当数据没有被声称具有法律效力的数据信息包含，只是在这些数据信息中被提到时，它就具有法律效力。

（3）纳入协议中的、并不存在于公共领域的信息，被视为已经被纳入一项数据电文，如果这些信息是——

（a）在一个合理的人参考相关信息时被提到；

（b）可以被访问的，通过以下方式：另一方可以阅读、存储或者检索该信息，无论是电子或计算机打印输出，只要这些信息是合理能够由减少到电子表格方纳入它。

书写

第 12 条

文件和信息在写作过程中能够满足一个法律要求，如果该文件或者信息是——

（a）按照数据电文的形式；

（b）以备日后查用的方式访问。

签名

第 13 条

（1）当一个人的签名依法是必须的，但是法律没有具体规定签名的形式，那么只需要一个先进的电子签名应用于数据电文中即可。

（2）除第（1）项以外，以电子形式存在的电子签名也是有法律效力的。

（3）当电子签名必须由电子交易双方当事人签署，但当事人没有约定电子签名的形式时，数据电文满足下列条件之一时电子签名有效——

（a）用于识别该人，并且指明该人批准所传达的信息的方式；

（b）考虑到当时所有相关情况下使用的方法，并且该方法对于传达信息的目的是合适的。

（4）凡高级电子签名已经被使用的，并且该签名被认为是一种有效的签名方式，同时能够正确应用，除非有相反情况证明。

（5）当不要求电子交易的当事人签署电子签名时，意图或者其他陈述的表达在以下情况下也是有法律效力的——

（a）按照数据电文的形式；

（b）它不是由电子签名证明，而是由其他手段证明，该其他手段是从该人的意图或其他语句可以被推断出来。

原件

第 14 条

（1）当法律要求数据信息的出示或者保留必须以其原始形式时，数据电文具有以下情况之一的即满足该法律要求——

（a）当一个信息按照其成为数据电文的最终形式产生时，它的完整性已经按照第（2）项通过了评估；

（b）当一个信息被提交给特定人时，它能够显示和生成。

（2）为了第（1）项 a 部分的目的，信息的完整性必须通过以下方式评估——

（a）通过考虑信息是否保持完整和不变，除此外的任何代言和它产生的任何改变通信，存储和显示正常；

（b）以信息生成的目的为参照；

（c）已经考虑到了所有其他相关情况。

数据信息的容许性和证明力

第 15 条

（1）在任何法律程序，证据规则的运用在以下情况不能否定一项数据电文的可接受性——

（a）该证据是由一个数据信息构成；

（b）当它不是自己的原始形式，但该数据电文是最好的证据并且援引它的人有望合理的获得胜利；

（2）对于以数据电文为形式的信息必须给予应有的证据力；

（3）在评估一项数据电文的证据力，就必须得——

（a）该数据电文产生、储存、交流方式的可靠性；

（b）该数据电文保持完整性方式的可靠性；

（c）鉴别它的发端人的方式；

（d）其他相关因素。

（4）一个人在日常事务过程中所发出的数据信息，或者通过相关人员加以证实的数据电文的副本、打印输出或者摘录，是根据任何法律或者纪律程序在民事、刑事、行政等方面产生的，接纳为针对任何人的证据和包含在这样的纪录、复制、打印或提取物的事实推翻的证据。

保留

第 16 条

（1）凡法律要求保留资料，这些要求通过采用数据电文保留相关信息的方式被满足，如果——

（a）包含在数据消息中的信息可以调取，也可以使用为后续参考；

（b）该数据信息是处在其被生成、发送、接收时的格式，或者处在一种能够准确标示生成、发送或者接收时的信息的格式；

（c）该数据消息的始发地和目的地，以及它被传送或者接收的时间能够被确定。

（2）拟在第（1）部分下的保留信息的义务并不扩展到任何信息，其唯一目的是为了使消息发送或者接收。

文件或信息的产生

第 17 条

（1）除了第 28 条，凡法律要求任何人出示文件或者信息，如果一个人通过数据电文的方式出示了该文件或者信息，那么该要求即被满足，如果——

（a）考虑该数据电文被发送时的所有相关信息。生成该文件的电子形式的方法，该文件所载的信息提供了保证完整性维护的可靠手段；

（b）在数据电文被发送的时候，期待其中包含的信息能够被用来做随后的参考是合理的。

（2）就第（1）部分而言，包含在一个文件当中的信息的完整性能够被保持，如果保持的很完整同时没有被改变，但是以下情况除外——

（a）加任何批注；

（b）在正常的沟通、储存、显示的过程当中产生任何重大变动。

公证状、确认和明证

第 18 条

（1）凡法律要求签字、声明或者文件需要经过公证、确认、验证或宣誓做出时，若被授权履行这些行为的人的比较先进的电子签名附属于或者与数据信息联系在一起，则满足该法律要求。

（2）如法律要求或允许任何人可以提供文件的核证副本，且该文件以电子形式存在，如果该人提供了一份打印的文件，且该文件真实地再现了原文件及资料，则满足该法律要求。

（3）如法律要求或者允许任何人可以提供文件的核证副本，且该文件以纸质或者其他物理方式存在，如果该文件的一个电子副本，经验证是真正的副本，且是通过较先进的电子签名加以确认的，则满足该法律要求。

其他要求

第 19 条

（1）法律对于一个文件的多个副本同时提交同一收件人的要求是，提交的单个数据信息能够被该收件人再现。

（2）法律用语的表达，无论是用作名词还是动词，包括术语"文档"、"记录"、"文件"、"提交"、"寄存"、"交付"、"发布"、"出版"、"写"、"打印"等具有类似表达效果的词，必须被认为包含或者允许数据信息的形式，除非本法有例外规定。

（3）凡密封按法律规定要贴到文档，同时该法律没有规定可以使用电子方式对文件进行密封，如果文件表明其需要通过密封人的较先进的电子签名进行密封，也符合法律规定。

（4）凡法律要求或允许任何人以挂号或认证邮寄或类似的服务通过一个文件或资料，如果该文件或资料的电子版发送至南非邮局有限公司，由该邮局登记，由邮局发送到发送者提供的电子地址，则满足法律要求。

自动交易

第 20 条　在自动化交易当中——

（a）当一个电子代理商执行在法律诉讼当中需要的行为的时候，一个协议才可能形成；

（b）交易各方或者有任意一方使用电子代理，则该协议可以形成；

（c）使用电子代理从而形成一个协议的一方受第（d）款支配，假定受该协议的条款，不论绑定不论该人是否审查了电子代理人的行为或条件协议；

（d）通过电子方式形成一个协议的一方当事人，不受该协议形式的约束，除非这些条件都能够被由代表该方事先达成协议自然人审查形成；

（e）如果一个自然人直接与另一方的电子代理人进行交易，并且在创建信息的过程中发生了重大错误，同时符合下列条件之一的，该协议不会形成——

该电子代理商没有为该自然人提供阻止或者纠正错误的机会；

一方当事人认识到该错误的时候，通知另一方当事人该错误；

如果该自然人遵照另一方当事人的要求撤销其行为，该自然人采取了合理的措施，按照另一方当事人的要求将所有相关信息全部返还；

该自然人还没有从另一方的行为中获取任何重大利益。

第 2 部分　数据信息的通讯

协议各方之间的变化

第 21 条　本部分仅适用于参与生成、发送、接收、储存或者以其他方式处理数据电文并且没有形成协议的当事人。

协议的形成和有效性

第 22 条

（1）如果一个协议是部分或者全部通过电子通讯的方式形成的，则其有法律效力。

（2）当事人以数据电文形式达成的一项协议，包含了受要约人在何时何地收到了要约人的邀约。

通讯派遣、接收的时间和地点

第 23 条　一个数据信息——

（a）在一项协议当中使用时，必须是经由发送人发送进入信息系统并脱离了发起人的控制，如果发送人和收件人处于同一信息系统，则必须使收件人能够重新获取该信息；

（b）只有进入了收件人指定的或者使用的信息系统，并且能够被该收件人获取时，才属于数据信息到达了该收件人；

（c）必须是经由发件人通常的办公及居住地点发出，并且被收件人的通常的办公及居住地点接收。

目的或其他陈述的表达

第 24 条　具备以下条件之一的，在发件人和收件人之间的数据信息的意思表示是有效的——

（a）它是一种电子数据形式；

（b）它没有通过电子签名的方式被确定，但是能够通过其他方式表明其意思表示的。

数据信息或自始材料的分配

第 25 条　符合下列条件之一的，该数据信息是由发件人发送的——

（a）是由发件人个人发送的；

（b）被发件人授权的人发送该数据信息的；

（c）由或代表发端人编一个信息系统，除非能够证明该信息系统没有自动运行，正确地执行这样的程序设计。

数据信息接收的确认

第 26 条 （1）接收数据电文的确认并不是必须具备法律效力的。

（2）接收数据电文的确认可能通过以下方式——

（a）无论是自动或者其他方式，由收件人发出；

（b）通过足以向发件人证实收件人确认该数据信息的收件人的行为。

第四章 政府电子服务

对文件的电子归档和分配的接收

第 27 条 根据任何法律，任何公共机构——

（a）接收文件的提交，或者要求创建文档及保留文档；

（b）发布任何许可、执照或者批准；

（c）提供接收款项的方式可能与下列相关法律不同——

接收该等文件的提交，或者以数据电文形式创建或者保留该等文件；

通过数据电文的形式发布任何许可、执照或者批准；

通过电子途径接收或者获取相关款项。

可能被具体化的要求

第 28 条

（1）在公共机构进行任何在第 27 条所指的任何功能的情况下，这样的机构可以通过宪报公告指定——

（a）数据电文提交、创造、保留和发行的方式和格式；

（b）数据电文必须加以签署电子签名的情况下；

（c）附属于并且和数据信息联系在一起的电子签名的形式和格式；

（d）必须由任何身份验证服务来满足身份或标准，提交的数据信息或有关认证使用的人提供，服务提供商必须是首选的身份验证服务提供商；

（e）适当的控制流程和程序，以确保数据信息和付款的诚信及安全性；

（f）数据信息和付款的其他要求。

（2）为了实现（1）d 的目的，南非邮局有限公司是一家首选的身份验证服务提供商，部长也可以根据普遍接入等因素任命其他服务提供商为首选的身份验证服务提供商。

第五章　密码服务提供者

密码服务提供者的注册

第 29 条

（1）总干事必须建立并维护加密提供者的注册。

（2）总干事记录以下加密提供者在注册过程中的特殊情况——

（a）加密提供者的姓名和地址；

（b）加密服务或者加密产品类型的描述；

（c）其他特殊的能够充分确认加密提供者及其服务、产品的情况。

（3）加密提供者不必公开其加密产品及服务的秘密信息和商业秘密。

登记部门

第 30 条

（1）任何人都不得在共和国内提供加密服务或加密产品，除非其已经根据 29 条注册；

（2）加密提供者必须按照指定的方式向总干事提交需要的信息，并且按照指定的方式缴纳相应的管理费用；

（3）加密服务或者加密产品按照以下方式提供，则被认为在共和国内提供——

（a）从共和国的场所；

（b）给一个在共和国内的人，并且该人利用了加密服务或加密产品；

（c）一个为了共和国内的生意或者从共和国开始的生意的人，并且其利用了加密服务或产品。

信息披露的限制

第 31 条

（1）载于第 29 条所规定的登记信息不能透露给任何人，其中不包括负责保存它的人员。

（2）第一款的规定不适用以下情况——

（a）向正在调查刑事犯罪或者进行刑事诉讼的相关部门透露；

（b）根据官方请求，向负责共和国安全的政府机构透露；

（c）向网络督察透露；

（d）根据信息获取法案（法案 2000 年第 2 号）第 11 或 30 条的规定透露；

（e）对于加密产品或者加密服务的提供涉及到的民事诉讼，加密提供者是一方当事人。

章节的应用和罪行

第 32 条

（1）本章的规定并不适用于按照情报服务法（法案号 1994 年 38）第 3 条条款成立国家情报机构。

（2）违反或者不遵守本章规定的，构成犯罪，判处罚金或两年以下有期徒刑。

第六章　认证服务商

第 1 部分　认证机构

定义

第 33 条　在本章中，除非上下文另有说明——

"认证"是指由评审当局识别身份验证的产品或服务。

认证机构和其他官员的任命

第 34 条

（1）就本章而言，总干事必须充当评审当局的负责人。

（2）经与部长协商，评审当局负责人可以委任副手及其他成员。

资源认证

第 35 条

除第 30 条，在没有任何其他授权的情况下，任何人都可以在共和国内销售或者提供认证的产品或者服务。

认证机构的权利和义务

第 36 条

（1）评审当局可以——

（a）监督认证服务提供者的行为、系统和操作，以确保其履行本法案第 38 条及其他相关法条规定的义务；

（b）暂时吊销或者撤销认证服务或产品的认证；

（c）委任独立核算事务所对认证服务提供者进行定期审核，以确保其履行本法案第 38 条及其他相关法条规定的义务；

（2）评审当局必须维持关于下列情况的可公开访问的数据库——

（a）按照第 37 条认可的认证服务及产品；

（b）在第 40 条条款确认认证的产品和服务；

（c）撤销的认证和许可；

（d）其他相关资料。

第 2 部分　认证

鉴定产品和服务的认证

第 37 条

（1）评审当局可以认可支持先进电子签名的认证产品或服务。

（2）认可的程序必须——

（a）由评审当局按照指定信息所确定的方式作出；

（b）伴随一个不可退换的认证费用。

（3）任何人虚假的显示出其产品或服务通过了评审当局的认证的，构成犯罪。

认证标准

第 38 条

（1）评审当局可能不认可认证的产品或服务，除非评审当局相信该认证的产品或服务与下列电子签名有关——

（a）该电子签名唯一地连接到用户；

（b）该电子签名能够用来识别该用户；

（c）该电子签名是在用户的唯一控制方法下创建；

（d）该电子签名按照一种特殊的方式连接到所涉及的数据或者数据信息，该方式是指一种任何后续变化都可以被检测的方式；

（e）该电子签名是基于脸对脸识别的用户。

（2）就第（1）款，评审当局在评审认证产品及服务之前，必须考虑一下关于认证服务提供商的因素——

（a）其财务和人力资源，包括其资产；

（b）它的硬件和软件系统的质量；

（c）处理产品或服务的程序；

（d）给依赖于认证产品或服务的第三方的信息的可用性；

（e）由一个独立的机构负责的审计的规律和范围；

（f）在第（4）款中提到的产品和服务是由认证服务提供者提供的因素；

（g）可予证明的任何其他相关因素。

（3）为施行第（2）款的 b、c，硬件和软件系统必须至少——

（a）必须有效地防止入侵和误用；

（b）为可用性、可靠性和正常运营，提供一个合理的标准；

（c）合理地适合于执行其预定功能；

（d）坚持普遍接受的安全程序。

（4）对于第（1）款而言的产品和服务由认证产品服务提供者提供，评审当局在认证产品或者服务之前，可以规定——

（a）技术和其他要求的证书必须满足；

（b）颁发证书的要求；

（c）该认证要求的做法报表；

（d）认证服务提供者的职责；

（e）认证服务提供者的义务；

（f）他们必须保持的记录的备存及以何种方式和时间长度；

（g）要求以适当的证书暂停和撤销程序；

（h）有关证书的暂停和撤销充分通知程序要求。

（5）评审当局评审认证的产品或服务时，可施加必要的任何条件或限制。

撤销或终止认证

第 39 条

（1）如果认证服务提供者不再符合第 38 和第 40 条规定的要求、条件和限制，评审当局可以暂停或者撤销认证。

（2）在符合第（3）款的规定下，评审当局可能不会暂停或者撤销拟在第（1）款中的认证或许可，除非它——

（a）书面通知其有意身份验证服务提供商这样做；

（b）给出了违反第 38 和第 40 条规定的要求、条件和限制的描述；

（c）为认证服务提供者提供机会去——

以书面形式回应指控；

在合理时间内纠正涉嫌违规。

（3）如果对认证服务提供者的持续认证会对共和国内消费者及任何与电子交易有关的人造成无法挽回的损害的话，评审当局可在 90 天内，暂停根据第 38 条、第 40 条给予的认可，并按照第（2）条规定的程序执行。

（4）其产品或服务已经通过本章规定加以认证的验证服务提供商，可以在任何时候终止这种认证，也可以在符合条件的情况下随时申请认证。

外国产品或服务的认证

第 40 条

（1）部长可借宪报公告，并由他或她来决定外国人许可接受的条件，在任何外国司法管辖区承认认证或类似承认认证服务提供者并承认其提供的验证产品及服务。

（2）验证服务提供商虚假地提供自己的服务或者产品已经根据（1）获得部长的承认的，构成犯罪。

认证规则

第 41 条　部长可以就以下情况订立法规——

（a）提供认证产品或服务的人的权利和义务；

（b）评审当局必须管理和监督遵守这些义务的方式；

（c）关于授予、暂停、撤销认证的相关程序；

（d）需要支付的费用；

（e）信息安全的要求和指引；

（f）任何其他规定监督遵守义务的相关事项。

第七章　消费者保护

申请范围

第 42 条

（1）本章规定仅适用于电子交易。

（2）第 44 条并不适用于电子交易——

（a）金融服务，包括但不限于，投资服务，保险和再保险业务，银行业务和经营与证券交易；

（b）通过拍卖的方式；

（c）用于食品的供应，饮料或其他物品供日常，提供给家庭、居住地或消费的场所消费；

（d）经过消费者的同意，根据第 44 条在 7 天内提供的服务；

（e）如对商品价格或服务的供应依赖于波动的金融市场并不能由供应商来控制；

（f）商品——

根据消费者的规格制定；

个性化很明确；

由于其性质不能返还；

很可能会变质或过期迅速；

（g）其中录音或录影或计算机软件是由消费者启封；

（h）供出售报纸，期刊，杂志和书籍；

（i）为提供博彩及彩票服务；

（J）以提供住宿，交通，餐饮和休闲服务，其中供应商承诺，在交易结束后，在特定日期或特定期间内提供这些服务。

（3）本章不适用于建立一个法律上的规管机构，如果法律规定有关电子交易的消费者保护条款。

信息提供

第 43 条

（1）一名供应商通过电子交易的方式提供商品或服务的出售、出租或者交换时，必须在网站上向消费者提供该服务或产品的以下信息——

（a）它的全名和法律地位；

（b）它的地址和联系电话；

（c）它的网站地址和电子邮件地址；

（d）任何自我监管或认证机构的成员到了供应商属于或认购及该机构的详细联系方式；

（e）供应商提供的行为代码以及该行为代码如何以电子的方式由消费者访问；

（f）对于法人而言，它的注册号码，办公地名称和它的注册地；

（g）供应商接收法律服务文件的地址；

（h）供应商提供的商品或服务的主要特点应当有足够的说明，以使消费者在电子交易过程中做出知情决定；

（i）全价的商品或服务，包括运输费用，税金及任何其他费用或成本；

（j）付款方式；

（k）应用于交易的任何条款的协议，包括担保协议，以及这些条款如何被消费者访问、储存、转载；

（l）货物被寄发或者交付的时间以及服务被呈现的时间；

（m）消费者可以访问和维护一个完整的交易记录的方式和期限；

（n）供应商关于退货、换货、退款的政策；

（o）供应商提供的任何替代性纠纷解决代码，以及该代码怎样由消费者通过电子方式访问；

（p）供应商就付款、付款信息及个人信息的安全程序和隐私政策；

（q）在适当的情况下，产品或服务需要持续或反复提供的协议的最短持续时间；

（r）消费者在第 44 条的权利（若适用）。

（2）供应商必须提供消费者一个机会——

（a）回顾整个电子交易；

（b）纠正错误；

（c）在最后订购之前，可以退出交易。

（3）如果供应商没有遵守本条第（1）款和第（2）款的规定，消费者可以在收到货物或服务后的 14 天内取消交易。

（4）如果一笔交易根据第（3）款取消——

（a）消费者必须返还供应商提供的商品，停止使用提供的服务；

（b）供应商必须退还除退回货物的直接成本以外的消费者支付的费用。

（5）供应商必须利用一个支付系统，该支付系统应当参考公认的技术标准以及交易的时间和类别，进而足够安全。

（6）因为没有遵守本条第（5）款的规定而给消费者造成损失，全部由供应商来承担。

冷静时期

第 44 条

（1）消费者在下列情形下，有权无原因且无惩罚地取消任何交易及相关信贷协议——

（a）收到货物之日起 7 天内；

（b）在该协议签订之日起 7 天内。

（2）可对消费者收取的是回收商品所需的直接必要费用。

（3）如果在消费者行使第（1）款中权利之前，商品或服务的付款已经生效的，消费者有权获得全额退款，退款必须在取消之日起 30 日内作出。

（4）此部分不得解释为损害任何其他法律所规定的消费者的权利。

主动提供的产品、服务或通讯

第 45 条

（1）任何向消费者发送未经请求的商业通讯的，应当赋予消费者以下权利：

（a）取消对于对该人邮件列表的订阅的权利；

（b）该人取得消费者的个人信息时，应消费者的要求，应为消费者提供请求源的辨别资料。

（2）消费者不对不请自来的商业通讯做出回应的，则无协议签订。

（3）任何人不遵守或者违反第（1）款的规定，构成犯罪，并按照第 89 条处罚。

（4）任何人发送未经请求的商业沟通给他人，但当事人已告知寄件人这种通信是不受欢迎的，发件人即构成犯罪，并按照第 89 条第（1）款处罚。

性能

第 46 条

（1）供货商必须在接到订单之日起 30 天内执行该订单，除非当事人另有约定。

（2）如果供应商为在 30 天内或者约定的期限内执行该订单，则消费者有权在 7 天内以书面形式取消该订单。

（3）如果供应商无法履行该协议，理由是订购的商品或服务不可用，供应商必须立刻通知消费者这一事实，并且在自通知消费者之日起 30 日内退还货款。

外国法的应用

第 47 条　本章向消费者提供的保护，适用于本协议涉及的不同法律制度。

非排他性

第 48 条　协议当中的条款排除本章的规定的，无效。

向消费者事务委员会投诉

第 49 条　对于供应商违反本章的任何规定，消费者都可以向消费者事务委员会投诉。

第八章　个人信息的保护

个人信息保护的范围

第 50 条

（1）本章仅适用于已通过电子交易获得的个人信息。

（2）数据控制者可以通过记录协议主体的相关事实，自愿申请第 51 条所规定的规则。

（3）数据控制者必须订阅所有在第 51 概述的原则，而不是仅仅其中的一部分。

（4）就违反第 5 条 1 概述的原则，双方的权利和义务由它们之间的任何协议的方式的管辖。

通过电子途班收集个人信息的途径

第 51 条

（1）就收集、整理、加工或披露任何个人信息的资料而言，数据控制者必须获得明确的书面许可，除非他或她是法律要求或允许这么做的。

（2）数据控制者可能无法以电子方式申请、收集、整理、加工存放信息主体的一类个人信息，这类信息对于合法目的不是必须的。

（3）数据控制者必须以书面形式向资料当事人透露对于所要求、收集、整理、加工或贮存的个人信息的具体用途。

（4）相比于其他目的，数据控制者只有在有资料当事人的明确的书面许可的前提下才能披露个人信息，除非他或她是法律允许或要求这样做。

（5）只要该个人信息的使用期限为至少一年，数据控制者必须对个人信息及个人信息收集的具体用途进行记录。

（6）数据控制者不能向第三方提供其所掌握的个人信息，除非法律要求或者允许，再或者数据控制者得到了资料主体的特别书面授权。

（7）只要该个人信息的使用期限为至少一年，数据控制者必须记录该数据信息披露给了哪些第三方，及披露的时间和目的。

（8）数据控制者必须删除或销毁过时的个人信息。

（9）控制个人信息的一方当事人可能会利用个人信息来进行编译配置文件，以达到统计目的，同时可能对这些数据信息进行贸易，只要访问或统计数据不能被链接到任何特定第三方数据为准。

第九章 关键数据库的保护

重要数据库保护的范围

第 52 条

本章的规定只适用于一个关键的数据库管理员和关键数据库或其部分

重要数据和重要数据库的确认

第 53 条 部长可借在宪报刊登——

（a）声明本章的数据库是有很大的重要性的，包括保卫共和国的国家安全的信息，保卫经济和社会福祉的信息等。

（b）根据本章的目的，建立应遵循的关键数据库的识别程序。

重要数据库的登记

第 54 条

（1）部长可借在宪报刊登确定——

（a）本部门或者部长确定的其他部门的重要信息库注册的要求；

（b）注册步骤；

（c）关于注册的其他事项。

（2）对于本章的目的，重要数据库的注册是指记录由该部门或者其他部长确定的部门的储存器内储存的以下信息：

（a）关键数据库管理员的全名，地址和联系方式；

（b）关键数据库的位置，包括零部件及其在未储存在单一位置的关键数据库的位置；

（c）储存在关键数据库中的数据的种类的概述，不包括其具体内容。

重要数据库的管理

第 55 条

（1）部长可针对以下情形规定最低标准或禁令——

（a）关键数据库的一般管理；

（b）关键数据库的获取、传输和控制；

（c）基建以及程序规则和用于保护关键数据的完整性和真实性要求；

（d）在对关键数据库进行存档或归档过程中使用的程序和技术方法；

（e）在关键数据库或零件丢失的情况下的灾难恢复计划；

（f）对关键数据库进行充分保护、管理和控制所需要的其他事项。

（2）对于由公共机构管理的关键数据库，拟在第（一）所有规定必须与受本章规定的内阁的所有成员咨询后形成；如果第 52 条第（2）款中的信息能和以下情形形成合力妥协，则部长不能记录该信息——

（a）这种数据库的安全性；

（b）在控制关键数据库的过程中一个人的人身安全。

（3）本章内容不得被解释为损害公共机构根据其他法律获得履行职责的权利。

数据披露的限制

第 56 条

（1）载于第 54 条所规定的登记信息不能透露给任何人，但负责保管该信息的部门人员除外。

（2）第（1）款的规定并不适用于信息披露给以下人员——

（a）正在调查刑事犯罪或者为刑事诉讼目的的部门；

（b）根据正式要求负责共和国内安全的政府机构；

（c）第 57 条规定的网络督察；

（d）根据 2000 年信息获取法第 11 和 30 条的规定；

（e）对于其中涉及到的关键数据或其部分的任何民事法律程序的目的。

检察权力

第 57 条

（1）总干事可能不时检察重要数据库管理员以衡量其是否遵守了本章的规定。

（2）审计可以由网络督察或者独立审计师进行。

不守规则

第 58 条

（1）应考虑在第 57 条审计揭露违规的关键数据库管理员，总干事必须通知关键的数据库管理员，以书面形式说明——

（a）审计报告的结论；

（b）纠正不遵守规定的行动；

（c）在其中必须执行的补救行动期间。

（2）关键数据库管理员在通知中列明的期限内未采取有效补救措施的，构成犯罪。

第十章　域名管理机构和管理

第 1 部分　域名管理机构的建立

机构的建立

第 59 条　被称作域名管理机构的法人，设立的目的是为了对域名空间负责；其设立由部长通过宪报刊登，并向相关部门通知设立的日期和目的。

机构的设置

第 60 条

（1）在本法案开始实施 12 个月内，部长必须采取一切必要措施按照公司法的规定完成管理局的注册。

（2）共和国的所有公民和永久性居民有资格获得管理局的会员资格，且必须通过注册和缴纳象征性的费用完成会员注册，不需要遵守任何手续。

（3）为管理局注册成立的目的即部长和 Namespace ZA 的成员在申请之日起一个人掺入必须被认为是管理局成员。

机构的备忘录的团体条款

第 61 条

（1）管理局的章程必须和本章的规定相一致，除非本章及公司法有相反的规定。

（2）尽管公司法有规定，根据本章规定对管理局章程做出的修订，不具有任何法律效力，除非部长以书面形式同意该修订，该同意不得无理拒绝。

（3）关于公司名称的保留，章程的注册及营业执照的领取，按照公司法的规定，不需要支付费用；

（4）该备忘和管理局的章程必须提供一下内容——

（a）董事会会议的召开及举行的规则，包括所需的法定人数及这些会议纪要的保留；

（b）决议作出的方式；

（c）管理局执行特定功能部门的设立；

（d）委员会的设立和运作，包括管理委员会；

（e）董事会、协助管理局的委员会及处理特定事项的委员会的增选；

（f）董事会按照管理局每年计划的活动准备的年度计划；

（g）由董事会实施银行存款及基金的投资；

（h）规范规定的方式和程序，专业知识的人为了获得进一步的对象权威：

（i）通过仲裁做出的针对管理局章程的争端的决定；

（j）权力和职责董事，委员会和员工的分配代表团：惟董事会可

———

不因授权或分配被剥夺权力或责任；

变更或者推翻通过授权或者按照分配所做的决定；

（k）建立或者分离二级领域的步骤和标准；

（l）上诉机制；

（m）董事的任期；

（n）董事职位终止的方式和情形；

（o）取消董事资格的标准；

（p）确定向参加会议的董事支付津贴的方法；

（q）董事的权利及职责。

第 2 部分　机构的管理和人员

机构董事会

第 62 条

（1）管理局是由董事会来管理和控制的，该董事会由九名董事组成，其中一个人为主席。

（2）任命过程如下：

（a）部长必须委任由五人组成的遴选委员会，对于这五个人，公

众尊重他们的公平意识、智慧，以及对网络、文化、语言、学术问题等的理解，他们的名字必须在宪法公报中刊登；

（b）部长必须邀请通过覆盖全国的报纸、在线新闻服务、广播以及借助于宪报刊登提名的董事会成员；

（c）提名必须提交给（a）中的遴选委员会；

（d）遴选委员会需通过对第（3）款所列的上市利益相关者的考虑，向部长推荐作为董事的九人名单；

（e）如果部长认为遴选委员会选出的九人名单不符合第（3）款的规定，部长可以要求遴选委员会重新考虑并作出新的人选决定；

（f）部长必须任命董事会的成员，并且将他们的名字在宪报公报上公示；

（g）部长必须在遴选委员会选出的董事会成员当中选出一名董事会主席。

（3）（a）从整体来看，本公司董事会必须能够广泛地代表国家的人口，性别和残疾也要考虑进去；

（b）在第（2）款第二项中规定的利益相关者是指：

现有域名界

学术和法律部门

科学、技术和工程部门

劳动者

企业和私营部门

文化和语言

公共部门

互联网用户群体

（4）董事必须是致力于公平、公开、负责且符合本法规定的人。

（5）董事在业余时间行使职能。

（6）董事会的任何空缺都必须按照第（2）款和第（3）款的规定来填补。

机构人员

第 63 条

（1）由董事会委任的管理局的行政总裁，必须执行任何附带管理局职能的工作。

（2）行政总裁必须由董事会任命的工作人员予以协助。

（3）董事会必须决定首席执行官及其他工作人员的工作条件、工作报酬及福利。

（4）如果首席执行官出于任何原因不能履行他或她的职能，董事会可以指定一个管理局的工作人员代替首席执行官履行职能，直到首席执行官恢复办公。

第 3 部分　机构的职责

登记员许可和登记

第 64 条

（1）任何人不得更新存储库或管理一个二级域名，除非该人被管理局授权这样做。

（2）申请作为登记员的许可或者登记必须以指定的方式进行并支付相应的费用。

（3）评估在第（2）款所提述的申请时，当局必须应用规定的条件和标准。

机构职责

第 65 条

（1）管理局必须——

（a）管理、经营域名空间；

（b）在管理域名空间时必须遵守国家通常惯例；

（c）许可和规范登记；

（d）许可和规范登记人；

（e）根据下列情况发布指引——

对域名空间的一般行政管理；

进行域名注册的要求和程序；

适当考虑到部长不时在宪报发出的通知，维护公众获取信息库；

（2）管理局必须加强对域名注册的经济和商业利益的公众意识。

（3）管理局——

（a）如果认为必要，可以进行这样的调查；

（b）必须进行研究，并跟上共和国及其他地区域名系统的发展形势；

（c）必须不断探讨域名空间满足共和国国民的程度；

（d）可以不时发出共和国关于域名的注册信息。

（4）管理局平时可以，但当部长要求时就必须针对域名空间的相关事宜向部长提出政策上的建议。

（5）管理局必须不断评估本法案的有效性，以及针对域名空间的管理所做的相关事宜的有效性。

（6）管理局可以——

（a）和其他任何人或者机构进行联络、协商和合作；

（b）委任符合管理局自身确定的条件的专家和其他顾问。

（7）管理局必须尊重和维护自域名空间建立时就积极参与其管理和行政的人员的既得利益，但——

（a）上述各方必须被授予一个为期六个月期间，在此期间内，他们可以继续就他们现存的委托子域进行操作；

（b）六个月期限届满后，上述各方必须正式申请成为本部分规定的授权注册商。

第 4 部分　财政和报告

机构财政

第 66 条

（1）管理局收到的所有款项必须在一个银行账户存入，该银行账户所涉及的银行是根据银行法建立的管理局下属银行或者根据互惠银行法建立的互惠银行。

（2）行政总裁是管理局的会计人员，必须确保——

（a）管理局所有金融交易，资产及负债适当的记录都被保存；

（b）尽快，但不迟于一个财政年度结束后的三个月，反映管理局收入和支出的账户和管理局资产和负债的平衡表在财政年底应当向董事会和部长提交。

（3）管理局的资金来源如下——

（a）向管理局投资或借出的资本；

（b）为此目的由国会拨款；

（c）按照本法案，通过对许可批文、产品、技术、服务或专业知识的销售或其他商业开发获得的收入；

（d）管理局提出贷款；

（e）任何出售资产所得款项；

（f）通过管理局的现金结余和资金投资所获得的收入和利息；

（g）通过补助金，捐款，捐赠或继承来自共和国内部或外部的任何来源方式收到钱。

（4）管理局的资金必须用于满足自身的支出，和本法案规定的管理局的运作、业务和经营。

（5）（a）这笔钱只能根据部长已经批准一份声明中所确定的管理局的预计支出和收入来使用；

（b）按照第（3）款的 g 项通过补助金、捐款、捐赠或继承的方式获得的资金必须按照授权者、贡献者、捐赠者或遗嘱的规定使用；

（6）（a）董事会必须在每个财政年度，由部长决定，向部长提交一份关于下一财政年度预计收入支出的声明；

（b）董事会可在财政年度期间的任何时间，将一份有关本财政年度管理局的财政收入和支出的补充声明提交给部长审批；

（c）在财政部长同意的情况下，部长可以批准 a 中的提案；

（d）管理局的支出不能超过 c 中批准的总的支出数额。

（7）董事会可以为与管理局职能有关的目的设立一个储备基金，已经被部长批准，可以将储备基金分配到第（6）款规定的收入和支出的声明及补充声明当中。

（8）针对该管理局由国家提供启动资金的情况，60 页。

报告

第 67 条 每一会计年度结束后，董事会必须尽快向部长提交一份其本年活动的报告，部长将会在国会当中公布该报告。

第 5 部分 规则

机构的规则

第 68 条 经过部长的批准，管理局可以做出下列规定——

（a）注册机构和注册必须满足的以便获取认可的要求，包括有关操作的准确性、稳定性、耐用性和效率的客观标准。

（b）注册可能被分配、注册、更新、拒绝、或者通过注册表并适当考虑撤销，明确承认的群体和群体成员内的权利，共和国认同，使用或传达文化，语言，传承地域，土著或任何其他表达形式，包括任何视觉或听觉的元素或属性物的情况或方式；

（c）价格政策；

（d）关于域名注册和滞纳金处罚的规定；

（e）在注册域名时，登记者必须采纳和使用的该登记册和域名注册协议的条款，包括隐私，保护消费者和替代性纠纷解决等问题；

（f）避免不公平和反竞争行为的流程和程序，包括偏见，或实际或潜在注册人，注册机构或注册，协议或产品优惠待遇；

（g）确保每个域名包含行政和技术联系的要求；

（h）创建新的子域；

（i）确保检测遵守本法案及本章规定的程序，包括定期和域名空间技术审核；

（j）其他需要提前声明以实现本章目标的关于域名的空间的相关事宜；

（k）由管理局申请的政策。

第6部分 替代性纠纷解决

非纠纷解决机制

第69条

（1）与贸易和工业部长协商后，部长必须制定解决域名空间纠纷的替代性机制。

（2）规则在制定过程中必须充分考虑现有的国际先例。

（3）该条例可规定——

（a）与域名注册有关的特定类型的纠纷解决程序；

（b）该管理局在必须履行管理争议解决程序中的作用；

（c）任命，作用和争端解决评判功能；

（d）审理纠纷时需要遵守的程序和规则；

（e）有关域名的非法活动，以及刑事和民事责任之间的区别；

（f）防止针对域名的非法活动的措施；

（g）决定作出的方式、成本和时间；

（h）关于争端解决程序的决议实现；

（i）对登记和注册的赔偿责任所确定的限制；

（j）决议的公布和执行。

第十一章 服务提供者的责任限制

定义

第70条 本章当中，"服务提供者"是指任何提供信息系统服务的人。

代表身份的确认

第71条

（1）应服务提供者的行业代表的申请，部长可以根据第72条承认这种团体。

（2）只有满足下列条件时，部长才能承认（1）中的团体——

（a）它的成员会受到行业准则的约束；

（b）会员具备的条件要充分；

（c）行为守则需要继续坚持实施适当的标准；

（d）代表机构能够充分地监控和实施行为守则。

资格条件

第 72 条 通过本章建立的责任限制适用于服务提供商只有在——

（a）服务提供者是在第 71 条所指的代表机构的成员；

（b）服务供应商应采纳并实施了代表机构的行为准则。

连线服务者

第 73 条

（1）服务提供者只要符合下列情况，即不会通过其控制的信息系统提供信息系统的操作设备，提供传输、储存数据信息的途径：

（a）不启动传输；

（b）没有选择收件人；

（c）在不选择数据的情况下，通过一种自动的和技术的方式执行其功能；

（d）不修改包含在传输中的数据。

（2）在（1）中提到的传输、路由以及其他方式包括对传送信息的自动的、中间的和瞬间的储存。

（a）在信息系统中传输的唯一目的；

（b）用一种通常情况下只能到达预期收件人的方式；

（c）不超过运输所需的合理时间。

（3）虽然本章有所规定，但是主管法院可以按照其他法律命令服务提供者终止和禁止进行非法活动。

缓存

第 74 条

（1）通过其控制下的信息系统传输由服务接受者提供的数据服务提供者，对于目的在于使数据传送对于收件人而言更有效的，数据自动、中级、暂时的储存不负责任，只要服务提供者——

（a）不修改数据；

（b）符合条件地访问数据；

（c）遵守按照广泛认可的指定的方式及广泛用于工业中的有关数据的更新；

（d）不干扰按照广泛认可的方式使用的并用于工业的信息的合法使用，以获取有关资料的适用信息；

（e）在收到符合本法第 77 条通知时，删除或禁止访问其存储的信息。

（2）虽然本章有所规定，但是主管法院可以按照其他法律命令服务提供者终止和禁止进行非法活动。

托管

第 75 条

（1）提供为服务接受者提供的数据进行储存的服务提供者，按照服务接受者的要求对数据信息加以储存发生损害的，不负责任，只要服务提供者——

（a）并没有实际认识到该数据信息或者与数据信息有关的活动侵犯了第三者的权利；

（b）没有认识到数据信息的侵权活动或者侵权特性特别明显；

（c）在收到符合本法第 77 条通知时，删除或禁止访问其存储的信息。

（2）由本条设立责任限制并不适用于服务提供商，除非它已指定代理人收到侵权的通知，并通过它的服务提供，其中包括在其网站上的地点向公众开放名称、地址、电话号码和代理的 E - mail 地址。

（3）虽然本章有所规定，但是主管法院可以按照其他法律命令服务提供者终止和禁止进行非法活动。

（4）当服务接受者通过授权或者在服务提供者的控制下实施的行为不适用第（1）款。

信息定位工具

第 76 条

如果服务提供者通过使用信息定位工具，包括目录、索引、引用、指针或者超链接等为使用者提供了一个包含侵权数据信息或侵权活动的网页链接，从而造成他人损失的，在下列情况下，服务提供者不承担责任——

（a）对于有关数据信息及活动侵犯了他人权益不具有实际的认识；

（b）没有认识到数据信息的侵权活动或者侵权特性特别明显；

（c）并未从侵权行为中获得商业利益；

（d）当被告知该数据信息或者与该数据信息相关的活动侵犯了他人权益，在合理时间内，删除或禁止访问与该信息及活动相关的链接。

可拆卸的通知

第 77 条

（1）就本章而言，非法活动的通知必须通过书面形式，由投诉人向服务提供商或者其代理人发出，同时应满足以下条件——

（a）投诉人的全名和地址；

（b）投诉人的书面或电子签名；

（c）涉嫌被侵权的权利的鉴定；

（d）对于被称为非法活动主体的材料或者活动的识别；

（e）服务提供商需要采取的有关投诉的补救措施；

（f）投诉人的电话的或者电子的联系方式，如果有的话；

（g）投诉人是真诚行事的声明；

（h）投诉人声明他的认识是真实无误的。

（2）任何人扭曲事实，递交服务提供商进行非法活动的通知的，应当为其错误造成的损失承担赔偿责任。

（3）服务提供商对于错误取下的通知不承担责任。

监控器的非通用责任

第 78 条

（1）提供本章规定的服务时，服务提供商没有义务——

（a）检测它传送或储存的数据；

（b）积极寻求暗示非法活动的事实或情况。

（2）在符合宪法第 14 条的情况下，部长可以为服务提供商制定以下程序——

（a）告知公共主管当局，他们的服务提供者所从事的涉嫌非法的活动或信息；

（b）在主管部门的要求下，向他们传达能够识别服务接受者身份的信息。

救助

第 79 条

本章不影响——

（a）协议规定的责任；

（b）其他法律规定的服务提供者的责任；

（c）基于普通法律或宪法限制赔偿责任的权利。

第十二章　网络督察

网络检察的任命

第 80 条

（1）总干事可委任该部门的任何员工为网络督察并有权执行本章规定的功能；

（2）一个网络督察必须被提供一份由总干事或代表总干事签名的任命证书，以证明他或她已经被任命为一名网络督察；

（3）在（2）中提供的任命证书必须有先进的电子签名；

（4）网络督察按照本法规定履行职责时，他或她必须——

（a）拥有一份（2）中提到的任命证书；

（b）将该证书出示给以下人——

受调查的人或其雇员；

要求查看证书的人。

（5）任何人——

（a）阻碍或妨碍网络督察按照本法规定履行职责的；

（b）错误地认为自己是一名网络督察的；

即属犯罪。

网络检察的权力

第 81 条

（1）一名网络督察可以——

（a）监督检查在公共领域的任何网站或信息系统的活动，并向相关当局报告任何非法活动；

（b）对于加密服务提供者——

调查该加密服务提供者的活动，以确信其是否遵守本法案的规定；

通过书面形式告知该加密服务提供者应当遵守本法案的规定。

（c）对于认证服务提供者——

调查该认证服务提供者的活动，以确信其是否遵守本法案的规定；

声称其身份、产品或服务已经获得管理局的认可或者或得在第六章规定的部长的认可的，网络督察应调查该认证服务提供者的活动；

通过书面形式告知该认证服务提供者应当遵守本法案的规定。

（d）就关键的数据库管理员，履行第 57 条规定的审计。

（2）任何法定机构，包括南非警察组织，履行检察、搜查或检取的职责时，可以向网络督察申请帮助其调查，但——

（a）请求主体必须按照指定的方式向该部门申请协助；

（b）该部门可以在一定条件下批准这种协助。

检察、搜寻和抓捕的权力

第 82 条 一名网路督察在履行他或她的职责时，可以在任何合理的时间，未经事前通知，按照第 83 条第一款的授权，对任何住所或者信息系统进行调查，同时——

（a）搜查该处所或信息系统；

（b）基于合理理由相信，对该住所中的任何人所拥有的物品、文件或者记录需要进行调查，可以搜查该特定个人；

（c）对处在调查过程中的信息系统相关书籍、文件或记录进行提取或摘抄；

关法律规定，检查相关执照和登记证；

对处于调查过程中的和信息系统相关联或链接的设施进行检查；

（f）有机会获得和检查任何计算机的操作或者信息系统的构成部分，同时可以获得和检查网络督察合理怀疑与犯罪相关的任何设备和材料；

（g）使用或促使任何使用信息系统或部分搜索包含或提供这种信息系统中的任何数据；

（h）需要网络督察有合理理由怀疑使用或者曾经使用该计算机或者信息系统的本人及其代理人，或者任何控制或以其他方式参与计算机及信息系统操作的人，按照本章的目的，提供合理的技术援助或其他援助；

（i）进行有必要的查询，以确定本法案的规定及其他任何与调查相关的法律已经被遵守。

（2）拒绝合作及阻碍按照本节规定进行的合法搜查和扣押的，属于犯罪行为。

（3）1977 年刑事诉讼法（1977 年第 51 号法案），适用本法案对搜查和扣押做出的必要修改。

（4）在本法案，1977 年的刑事诉讼法提及的"处所"和"物品"包括信息系统和数据消息。

获得许可证

第 83 条

（1）对于网络督察的请求，任何裁判官和法官必须按照 1977 年刑事诉讼法（1977 年第 51 号法案）第 25 条的规定，发放本章规定的网络督察手令。

（2）就第（1）款而言，在下列情况下，裁判官或法官可以发放手令——

（a）在共和国内犯罪的；

（b）调查的主体是——

南非公民或者通常居住在南非共和国的居民；

手令申请时，出现在共和国内；

（c）与调查相关的信息可以在法院管辖范围内获取。

（3）进入，搜查，扣押的手令可以在任何时间内发放，同时必须
——

（a）确定需要进入和搜查的处所或信息系统；

（b）指定哪些行为可以由获得手令的网络督察发出。

（4）进入或搜查的手令有效期至——

（a）该手令已经被履行；

（b）该手令已经由发放它的人取消，当发放者不在时，由具有相
似权力的人取消；

（c）发放手令的目的失效；

（d）自发放之日起届满一个月的。

（5）进入和搜查处所的手令必须在当天执行，除非发放它的法官
或裁判官授权其可以在任何时间执行。

秘密的保护

第 84 条

（1）除本法目的、针对某罪行起诉或根据法院命令起诉的，依据
本章赋予的权利获取相关信息的人，不得将该信息披露给任何其他人。

（2）任何人违反第（1）条，即构成犯罪，判处罚金或者六个月
以下监禁。

第十三章　网络犯罪

定义

第 85 条　在本章中，除非上下文另有提示，否则——

"侵入"是指一个人在获得一些信息之后，意识到自己没有权限
访问该数据，但依然继续访问的情形。

未授权获取、拦截或干扰数据

第 86 条

（1）违反截取和监控禁止法，一个人未经授权或许可故意访问或

拦截相关数据，构成犯罪。

（2）一个人在没有被授权的情况下，故意干扰数据，导致该数据被修改、销毁或失效的，构成犯罪。

（3）非法生产、销售或许诺销售，采购使用、设计或适应使用，分配或拥有任何设备，包括主要用来克服数据保护的安全问题的计算机程序或组件的；或者对于密码执行相关行为、访问代码或者其他相类似的数据，意图非法利用这些项目违反本条的，构成犯罪。

（4）利用第（3）条提到的设备或计算机程序，非法克服保护数据和访问的安全问题的，构成犯罪。

（5）意图干扰信息系统的访问，从而构成否认，包括对合法用户的部分拒绝服务，因此犯本节规定的任何行为的，构成犯罪。

与网络有关的敲诈勒索、诈骗和伪造

第 87 条

（1）实施或者威胁实施本法第 86 条规定的任何行为，并以停止该类行为或还原任何该类行为造成的损失为条件，要求获取非法专有优势的，构成犯罪。

（2）以获取非法优势为目的，制造虚假数据且意图将其视为真实数据，从而实施本法第 86 条规定的行为的，构成犯罪。

企图、帮助和煽动

第 88 条

（1）犯本法第 86 条、第 87 条规定的罪行的，按照本法第 89 第（1）、第（2）款的规定处罚。

（2）教唆或帮助他人犯本法第 86 条、第 87 条规定的罪行的，按照本法第 89 条第（1）、第（2）款的规定处罚。

惩罚

第 89 条

（1）犯本法第 37 条第（3）款、第 40 条第（2）款、第 58 条第（2）款、第 80 条第（5）款、第 82 条第（2）款或第 86 条第（1）（2）（3）款规定的罪行的，判处罚金或不超过 12 个月的监禁。

（2）犯本法第 86 条第（4）（5）款或第 87 条规定的罪行的，判处罚金或不超过 5 年的监禁。

第十四章　一般规定

法院管辖

第 90 条

在下列情况下，法院对犯罪有管辖权——

（a）犯罪行为发生在共和国内的；

（b）犯罪预备行为、犯罪行为的一部分、犯罪结果发生在共和国内的；

（c）该犯罪行为是由南非公民、南非永久性居民或者在南非从事商业的人实施的；

（d）犯罪发生在在南非注册的船舶或航空器上，或者发生在从南非离开或者前往南非的飞机航班上的；

普通法救助

第 91 条　本章规定并不影响普通法对于刑事和民事责任的规定。

废除 1983 年法案的第 57 条

第 92 条　1983 年的计算机证据法现予废除。

责任限制

第 93 条　国家、部长及国家的任何雇员，在行使本法案规定的职能时出现疏漏，出于诚信且没有重大过失的，不承担责任。

规则

第 94 条　部长可以根据本法案就需要规定的事项及有利于本法案实施和管理的相关事项制定规则。

简称及生效日期

第 95 条　本法案被称为电子通讯和交易法 2002，生效日期由总统在宪报刊登。

图书在版编目（CIP）数据

域外网络法律译丛．行政法卷 / 于志刚主编；田刚
分册主编．—北京：中国法制出版社，2015.7
ISBN 978-7-5093-6434-5

Ⅰ.①域… Ⅱ.①于…②田… Ⅲ.①法律-汇编-
世界②行政法-汇编-世界 Ⅳ.①D911.09②D912.109

中国版本图书馆 CIP 数据核字（2015）第 118285 号

策划编辑/刘峰（52jm.cn@163.com）　　责任编辑/韩璐玮　　封面设计/杨泽江

域外网络法律译丛·行政法卷
YUWAI WANGLUO FALÜ YICONG · XINGZHENGFAJUAN

主编/于志刚
经销/新华书店
印刷/北京京华虎彩印刷有限公司
开本/640×960 毫米 16　　　　　　　　　　印张/ 25.5　字数/ 246 千
版次/2015 年 7 月第 1 版　　　　　　　　　2015 年 7 月第 1 次印刷

中国法制出版社出版
书号 ISBN 978-7-5093-6434-5　　　　　　　　　　定价：78.00 元

北京西单横二条 2 号　　　　　　　　　　　　值班电话：66026508
邮政编码 100031　　　　　　　　　　　　　　　传真：66031119
网址：http://www.zgfzs.com　　　　　　　　编辑部电话：66053217
市场营销部电话：66033393　　　　　　　　　邮购部电话：66033288

（如有印装质量问题，请与本社编务印务管理部联系调换。电话：010-66032926）